周口

地域文化

王云彪　主编

中国教育出版传媒集团

高等教育出版社·北京

图书在版编目（ＣＩＰ）数据

周口地域文化 / 王云彪主编. -- 北京 ： 高等教育
出版社，2022.12
ISBN 978-7-04-059542-0

Ⅰ．①周… Ⅱ．①王… Ⅲ．①地方文化-研究-周口
Ⅳ．①G127.613

中国版本图书馆CIP数据核字(2022)第213102号

周口地域文化
ZHOUKOU DIYU WENHUA

策划编辑	包小冰	责任编辑	包小冰	封面设计	王 洋	版式设计 徐艳妮
责任校对	刘丽娴	责任印制	刘思涵			

出版发行	高等教育出版社	网　　址	http://www.hep.edu.cn
社　　址	北京市西城区德外大街 4 号		http://www.hep.com.cn
邮政编码	100120	网上订购	http://www.hepmall.com.cn
印　　刷	北京汇林印务有限公司		http://www.hepmall.com
开　　本	787 mm×960 mm　1/16		http://www.hepmall.cn
印　　张	22.25		
字　　数	300 千字	版　　次	2022 年 12 月第 1 版
购书热线	010-58581118	印　　次	2022 年 12 月第 1 次印刷
咨询电话	400-810-0598	定　　价	58.00 元

本书如有缺页、倒页、脱页等质量问题，请到所购图书销售部门联系调换
版权所有　侵权必究
物 料 号　59542-00

《周口地域文化》编委会

主　编：王云彪

副主编：陆相欣　丁恩全

编　委（按姓氏笔画顺序）：

王国民　任　动　刘运动　刘　坤

杨　蕾　张冬冬　唐旭东　常　威

焦华丽　谭泽宁

序：传承地域文化，增强文化自信

周口师范学院党委书记　王云彪

文化是民族的血脉，是人民的精神家园，蕴含丰富的民族古老生命记忆和活态文化基因，体现着民族的智慧和精神。文化自信是一个国家和民族对自身文化价值的认同以及践行，是对自身文化生命力的坚定信心。中国共产党人高度重视文化自信。党的十八大以来，以习近平同志为核心的党中央高度重视文化建设，突出强调增强中国特色社会主义文化自信。

百年大计，教育为本。教育是国之大计、党之大计，对实现中华民族伟大复兴具有决定性意义。《中华人民共和国教育法》是教育领域的基本法，是全面推进依法治教的法律基础，是推动教育高质量发展的重要保障。2021 年 4 月 29 日，第十三届全国人民代表大会常务委员会第二十八次会议通过了《全国人民代表大会常务委员会关于修改〈中华人民共和国教育法〉的决定》，2021 年 4 月 30 日起施行。修订的五个条款中，第七条修改为："教育应当继承和弘扬中华优秀传统文化、革命文化、社会主义先进文化，吸收人类文明发展的一切优秀成果。"这一修订，强调了继承和弘扬中华优秀传统文化、革命文化、社会主义先进文化对教育内容的统领作用，有利于进一步增强大学生的文化自信。在这样的背景下，地方高校课程体系融入地域特色文化资源，具有重要的现实意义。

一

地方高校课程体系融入地域特色文化资源，传承地域特色文化，不仅能够密切地方高校与学校所在地的联系，对地方社会经济文化的发展起到有力的推动作用，而且能够让大学生系统学习学校所在地独特的地域特色文化，在提高自身人文素养的同时，积淀自己的文化底蕴。在经济全球化时代文化面临同质化危险的语境中，这种教育理念体现出的积极意义是不言而喻的。

周口师范学院位于河南省周口市。周口市是黄淮平原上一颗璀璨的明珠，历史上处于中原文化、楚越文化、东夷文化的交汇地带，有源远流长的历史和博大精深的文化，素有"华夏先驱、九州圣迹"之誉。周口市文化积淀深厚，具有伏羲文化、老子文化、姓氏文化和农耕文化等地域特色文化资源优势。另外，周口市入选国家级非物质文化遗产名录的项目有越调、太康道情、太昊伏羲祭典、槐店文狮舞、官会响锣、心意六合拳、淮阳泥泥狗、买氏中医外治法共8项。

在周口这片土地上生活过的人们，创造了极为灿烂的地域特色文化。中国文化史上的伏羲画卦，不仅是中国易卦文化的发端，而且是结束结绳记事产生中国文字的端源。老子所撰写的《道德经》，玄奥深邃，不仅是中国道家文化的源头，也为世界哲学史作出了卓越贡献。先秦时期的周口人民就能歌善舞，《诗经·陈风》在这片土地上广为传唱，表达人们对生活真善美的执着追求。从伏羲氏正姓氏、通媒妁、制嫁娶到周武王把舜帝后代妫满封在周口，据统计，源于周口的和后来把周口作为郡望的姓氏多达130个，涉及4亿多人口。周口不仅是中华姓氏的滥觞之地，也是今天人们寻根谒祖之所。周口人民热爱生活，善于以艺术去表现，周口的越调和道情戏，均被列入国家级非物质文化遗产。越调是河南三大剧种（豫剧、越调、曲剧）中最为古老的，有着独特的表演风格和广泛的观众基础。而道情由曲艺曲种变为戏曲剧种之后，因为富于表演，展示性强，更加受到群众欢迎。周口是羲皇故都、老子故里、陈楚故地，具有传承特点的庙会文化极为兴盛，其中太昊伏羲陵朝祖庙会以其谒祖人数和成熟的信俗在全国首屈一指。

作为周口地域特色文化重要组成部分的周口文学，更是有着悠久的传统。周口文学的渊源可以上溯到遥远的《诗经》时代，《陈风》十首以其优美的抒情色彩、浓郁的民俗风情、强烈的批判精神，形成独具特色的艺术品格，堪称上古诗歌艺术的瑰宝。春秋时期伟大的思想家老子的《道德经》，既是诗的哲学，又是哲学的诗；老子及道家思想给予中国传统文学以最深刻的影响，启迪了中国式的文学理论思维，熔铸了中国文学自然隽永的艺术风范，塑造了中国作家风流倜傥的独立人格。此后两千多年，周口文学人才辈出，群星璀璨。汉魏六朝时期，陈郡应氏、袁氏、谢氏、殷氏家族，以其文学成就在文学史上占有重要地位，为中国文学史贡献了应劭、袁宏、谢灵运、殷芸等大批优秀作家，他们和留下的作品成为研究世家大族与中古文学的重要内容。唐宋时期，旅陈的文学大家苏轼、苏辙、张耒等人为周口留下许多动人的诗篇。元杂剧《秋胡戏妻》《陈州粜米》等，使人对周口的人文风物产生许多想象。明清以来，诗人如李梦阳、高梅阁、王新祯、张伯驹等，或闻名遐迩，直接参与文学史进程，或名噪一时，为地方、时人所推崇。中华人民共和国成立以后，特别是新时期以来，周口文学更是取得了突出成绩，形成了"周口作家群"。

周口市丰厚而独特的地域文化资源，为周口师范学院开展进行地域特色文化教育、地域特色文化传承，提供了得天独厚的条件，在提高学生人文素养的同时，使他们拥有鲜明的个性。周口师范学院作为周口市最高学府，具有较强的学术优势，同时是河南省文化改革发展人才培养基地和非物质文化遗产研究基地，理应主动承担、实践自己的文化责任，对在校大学生进行区域内的地域特色文化传承教育。

作为一所地方本科高校，周口师范学院课程体系融入地域特色文化资源，传承地域特色文化，要从以下两个方面入手：一方面要对周口市丰厚而独特的地域文化资源进行整理，归纳梳理周口境内所有主要的地域特色文化资源，为向学生进行地域特色文化的教育，做好充分的准备；另一方面要认真研究如何将周口市丰厚而独特的地域文化资源，转化为教学资源，对学生进行地域特色文化的教育。

二

　　文化兴则国运兴，文化强则民族强。"地方特色文化是校本课程开发的优质资源。具有独特地区文化的学校就占有了一座丰厚的资源宝库。"[①]周口历史悠久，文化璀璨，是羲皇故都、老子故里、陈楚故地，被誉为"人之祖、史之初、文之源、国之根"[②]，地方特色文化资源极为丰厚，这就为把周口地域特色文化资源融入周口师范学院课程体系，开发校本课程，提供了丰厚而优质的资源宝库。

　　"我国各家通史都是从'太昊伏羲氏都宛丘''炎帝神农氏都于陈'写起的。'宛丘'和'陈'，都是指周口的淮阳县，这说明以淮阳为中心的黄淮平原，是中国古文明的摇篮，亦是中华民族古老文化的发祥地。"[③]现今的河南省周口市，其地域与历史上的"宛丘"和"陈"大致相当，古属豫州之域，是中华民族文化发祥地之一。现今的周口市辖商水县、西华县、扶沟县、太康县、鹿邑县、郸城县、沈丘县、项城市、川汇区、淮阳区共7县2区1市。社会的变革，朝代的更迭，如潮起潮落；地域的划分，名称的转变，似斗转星移。陈地几度沧桑，建置或国、或郡、或州、或府，名称数度更易，但周代陈国为陈奠定了基本区域，此后陈地的区域无大变化，其辖区均相当于今天的河南省周口市。周口地域特色文化在学界亦称"陈楚文化"。"陈楚地区，即今河南周口所辖区域与安徽西北部分区域。……所谓陈楚文化，概指产生发展于陈楚地区的一种地域性文化，是有史以来生活在陈楚地区的人们所共同创造的一切文化的总称。"而且，"中华文化是多种地域文化交流、融汇的产物，陈地正处在多种地域文化

---

① 赵益平：《"老腔探魅"校本课程的开发研究》，《宝鸡文理学院学报（社会科学版）》2015年第2期。

② 舒乙：《中华文化的特点》，周口市文学艺术界联合会编：《飞翔之梦："中国杂技之乡"周口市杂技艺术发展纪实》，河南文艺出版社，2013年，第5页。

③ 韩利锋：《周口太昊文化初探》，《湖北第二师范学院学报》2009年第3期。

交流的中心地带，在文化史上的地位十分重要，对中华主体文化的形成和发展作出了巨大贡献。"①

著名学者叶舒宪一直"倡导一种着眼于'地方性知识论'的本土观点"②。著名作家冯骥才也说："在全球化时代，世界各国各民族都日益重视自己的民族民间文化。世界文化的大走向是本土化。这因为民间文化是一个民族精神情感的载体，是民族凝聚力与亲和力所在，是民族特征与个性最鲜明的表现，是民族文化的根基与源头。"③地域特色文化其实就属于典型的"地方性知识"，是一个特定区域内广大人民群众的智慧结晶，承载着浓郁的民族文化基因和民族精神情感，蕴含着民族凝聚力与亲和力，将地域特色文化融入高等学校的课程体系，必然会让高校大学生了解地域特色文化的根基与源头，让他们树立正确的世界观、人生观和价值观，增强他们的民族文化自尊心、自信心和自豪感。

"教育的一个主要目的就是传承文化。地域文化是中国传统文化的重要组成部分，地域文化教育是传统文化教育的一个重要途径。以学生熟悉而鲜活的地域文化为主要内容，深化教育教学改革，对大学生进行传统文化教育，能够使学生更加认同自己的文化根基，意识到自己文化的特殊性，从而培养其高度的文化自觉和文化自信，增强传承与发展民族文化的使命感与责任感，并在其基础上提高大学生人文素养，锤炼和养成真正的民族精神。"④周口地域特色文化，同其他多种地域文化一起，为中华主体文化的形成和发展作出了巨大贡献。由于文化具有的浸润与教化作用，地方高校受到地域特色文化的深刻影响，反过来，地域特色文化又成为地方高校打造学科特色、培养优秀人才、服务地方建设的重要内容。周口师范

① 王剑：《漫说陈楚文化》，《周口晚报》2018年9月6日。
② 叶舒宪：《本土文化自觉与"文学"、"文学史"观反思——西方知识范式对中国本土的创新与误导》，《文学评论》2008年第6期。
③ 冯骥才：《紧急呼救：民间文化拨打120》，文汇出版社，2003年，第25页。
④ 俞海洛：《依托地方文化，走出地方高校特色发展之路》，《中国高等教育》2013年第9期。

学院为了提高学生的人文素养，让学生锤炼和养成真正的民族精神，感受周口地域特色文化的历久弥香，进而养成喜爱中华优秀传统文化，爱周口、爱周师、爱学习的良好习惯，经认真研究，特意安排面向全校学生的周口地域特色文化传承系列讲座。

在充分准备与认真研究的基础上，2011年9月，周口师范学院面向全体2011级新生，开展了周口地域特色文化传承系列讲座活动。活动历时三周，其间，周口师范学院的全体新生都接受了"周口文化""易卦文化""姓氏文化""老子文化"等专题的周口地域特色文化的传承教育。讲座活动结束以后，在周口地域特色文化座谈会上，新生代表畅所欲言，发表自己的心得和感受。大家一致认为通过系列讲座，他们既丰富了历史文化知识，开阔了眼界，又培养了对中华优秀传统文化的浓厚兴趣，受益良多。一些外地的学生表示，来周口师范学院之前，对周口、对周口的文化几乎一无所知，听了系列讲座之后，才知道周口地域特色文化非常丰富、厚重，而且是中华优秀传统文化的重要组成。他们开始喜欢周口这个城市，喜欢自己所就读的学校。可以看出，周口师范学院的学生对学校开展周口地域特色文化传承教育系列讲座活动是满意的，并对以后开展这样的活动充满了期待。同时，他们更深刻地体会到："进校后感到大学教师有学问，河南地方有文化，作为中国青年人有信心。"[1]

实践证明，周口师范学院面向大学生开展周口地域特色文化传承系列讲座活动，取得了良好的社会反响。《河南日报》等多家主流媒体多次进行了报道："周口师范学院始终牢记大学要发挥文化传承创新职能，立足于发掘和利用周口历史文化中的优秀传统文化资源，把'周口地域文化校本特色课程'列入人才培养方案，每年面向大一学生开展周口历史文化系列讲座，……帮助学生了解周口深厚的历史文化底蕴，在教育教学实践过

---

[1] 俞海洛：《地方院校应立足地域文化形成特色》，《中国教育报》2013年6月11日。

程中形成了独特的家校情怀和人文精神风貌。"①

　　周口师范学院是在周口这块土地上发展起来的一所本科高校，汲取了周口深厚的文化历史底蕴，理应为地方的经济文化与社会发展服务。周口师范学院秉承服务社会、服务地方经济与文化建设这一办学理念，高度重视对地域特色文化的教学和研究工作。周口师范学院 2006 年成立了陈楚文化研究所，2020 年成立了周口作家群研究所等科研平台。迄今为止，周口师范学院已出版《陈楚文化》《万姓同根》《特色文化品牌周口作家群》等学术专著多部，主持完成"陈楚地域文化的形成及其在中华早期文化中的地位及影响""陈楚文化的保护、开发与利用研究""周口作家群研究""老子美学对周口作家群的影响研究"等省厅级项目 30 多项。与此同时，周口师范学院还积极参与中华姓氏文化节、国际老子文化节等活动及学术研讨会的承办工作。学院以现有成果为基础，制定详细周密、操作性强的教学计划，完全能够胜任对周口师范学院的学生进行地域特色文化的教育。

　　党的十八大、十九大一再提出弘扬繁荣中华文化、建设文化强国的国策，文化与文学研究形成热点，传承中华文化及地域文化成为时代要求。教师的职责要传承地域文化与文学，教师的专业发展也受出生地文化与文学的影响。因此，地域特色文化资源融入各级各类学校课程体系具有很强的现实性和必要性。同时，地域特色文化与文学的精华具有很强的魅力，融入地方高校课程体系，可极大提高大学生的学习积极性，也影响着大学生的职业发展与专业发展。目前，周口师范学院已经连续多年开展了周口地域特色文化传承系列讲座活动，取得了明显成效，形成了新颖的教学模式，充分证明了周口师范学院课程体系融入地域特色文化资源的可行性，也为其他高校课程体系融入地域特色文化资源、传承地域特色文化、增强学生文化自信，提供了足资借鉴的范本。

---

① 韩新愚、林凤秋：《历史讲座传承地域文化》，《河南日报》2018 年 9 月 28 日。

目　录

第一章　周口地理与社会／1

第一节　周口地域的地理特性／3

第二节　周口地域的社会发展演变／13

第二章　盘古女娲创世文化／27

第一节　传世文献中的盘古女娲创世神话及其文化精神／29

第二节　周口地区的盘古女娲创世神话／34

第三节　周口盘古女娲创世文化的文化精神／41

第四节　周口创世文化遗存与精神内涵／46

第三章　伏羲文化／59

第一节　伏羲名号考释／60

第二节　伏羲"画八卦"／63

第三节　伏羲"定姓氏""制嫁娶"／68

第四节　伏羲与图腾文化／75

第五节　伏羲的"发明"神话／84

第六节　伏羲文化的内涵和现实价值／87

第四章　　老子文化／91

第一节　老子其人／93

第二节　《老子》其书／105

第三节　《老子》的思想渊源／110

第四节　《老子》的哲学体系／114

第五节　历代《老子》学／121

第五章　　周口古代文学／129

第一节　先秦文学／130

第二节　汉魏六朝文学／135

第三节　隋唐文学／146

第四节　宋元文学／152

第五节　明清文学／158

第六章　　"周口作家群"与周口现当代文学／163

第一节　周口现当代文学概览／164

第二节　异军突起的"周口作家群"／165

第三节　陈楚文脉与"周口作家群"／170

第四节　刘庆邦、邵丽——"周口作家群"的两面旗帜／184

第七章　　书院义塾与周口传统教育／189

第一节　书院义塾的兴盛与周口传统教育的勃兴／190

第二节　大程书院与周口传统教育的进境／193

第三节　弦歌书院与周口传统教育的发展／198

周
口
地
域
文
化

第四节　周口义塾教育概况／202

第五节　周口书院义塾教育的当代价值／205

第八章　周口漕运文化／207

第一节　周口漕运的开端——鸿沟水系的形成／208

第二节　周口漕运的发展——宋代四大漕运的疏通／216

第三节　周口漕运的继续发展——元代贾鲁河的疏通／218

第四节　周口漕运的繁荣——明清时期周家口的崛起／222

第五节　周口漕运的衰落——贾鲁河的淤废／225

第六节　周口漕运的复兴——通江达海战略的实施／226

第九章　周口戏曲文化／231

第一节　周口戏曲沿革与发展／232

第二节　周口戏曲声腔与演剧／236

第三节　周口戏曲文物遗存与班社习俗／243

第十章　周口碑刻文化／249

第一节　源远流长　浩如烟海——碑刻发展简史／250

第二节　条分缕析　行之维艰——周口碑刻的整理与价值认知／251

第三节　树碑立传　名碑荟萃——周口碑刻历史文化探析／253

第四节　翰墨丹青　争奇斗艳——周口碑刻艺术赏析／273

第十一章　周口红色文化／287

第一节　中国共产党的创立初期与大革命时期（1922—1927）／288

第二节　　土地革命战争时期（1927—1937）／ 293

第三节　　全民族抗日战争时期（1937—1945）／ 302

第四节　　解放战争时期（1945—1949）／ 310

主要参考文献／ 317

索引／ 331

后记／ 335

第一章　周口地理与社会

周口作为地级市，位于豫东南一隅。在地理形势上以淮阳为中心，现管辖川汇区、淮阳区2个市辖区，项城市1个县级市，扶沟县、西华县、商水县、沈丘县、郸城县、太康县、鹿邑县7个县。周口行政区管辖内河流密布、沟渠交错，沙颍河横贯东西，贾鲁河跨越清水河、涡河，蜿蜒曲折。周口气候温和、雨量充足、土地肥沃、资源丰富。传说这里曾是太昊伏羲氏仰观俯察、开物成务、制嫁娶、造琴瑟、作网罟、举渔猎、养牺牲充庖厨、建屋庐始定居之地，也传说是神农尝百草、蓺五谷、教民稼穑、开辟远古农业的地方，是中华民族古老文化的发祥地之一。这里具有极其丰富的光辉历史文化积淀。古代中国创造了灿烂的农业文化，自然地理条件对中国文化的区域差异产生重大影响。自然地理条件中尤以地貌、土壤、气候和水文条件最为重要，它们直接决定着农业生产情况和经济发展水平，也决定着人口分布。周口的地理环境对周口这块古老土地经济的发生、发展和繁荣都起到了很大的作用。

　　周口位于豫东平原，是华北平原的一部分。其地貌区划大致以沙颍河为界分为南北两部分，北部为黄河冲积平缓平原区，南部为淮河及其支流冲积低缓平原区。黄河冲积平缓平原区，多以泛淤平原为主，主要由洪积和河积塑造，海拔多在50米以上，自然坡降稍大，地势平缓。淮河及其支流冲积低缓平原，主要是河积、湖积塑造，海拔多在50米以下，自然坡降较小，地势低缓。有关周口的土壤、气候、降水、水文特点可概述如下。

　　土壤特点：周口的主要土壤是洪水冲积性黄褐土和砂质洪水冲积性潮褐土。由于受气候、大地构造、黄河和沙颍河冲积及人们社会生产活动的影响，市区土壤大致以沙颍河为界，以南多为砂礓黑土，以北是在黄河历代南泛的冲积物上经过人们辛勤耕耘形成的潮土。这两种土壤土质疏松肥沃，都适于农作物种植，为周口的农业生产提供了优越的自然条件。

　　气候特点：周口地处中纬度地带，属暖温带半湿润季风型气候，四季分明，降水不均。所谓：冬季寒冷雨雪少，夏季炎热雨集中，春秋温暖季节短，春夏之交多干风。光、热、水资源比较丰富，有利于多种作物及林木生长，适合农林牧业的综合发展。

降水特点：周口降水量丰富，大多集中在农作物生长季节，基本能满足农作物生长的需要。夏季降水较集中，约占全年降水量的一半，且时空分布不均，多暴雨、大雨，雨量从周口东南向西北呈递减趋势；冬季降水较稀少。

水文特点：周口有沙颍河、涡河、西肥河、汝河四大扇形水系。其中沙颍河是淮河的最大支流。沙河发源于河南省鲁山县西部，颍河发源于嵩山，两条河流在川汇区汇合，称沙颍河。沙颍河水系占周口总流域面积占一半以上。周口的四大水系纵横交织，不仅形成了自然灌溉系统，而且形成了美好的自然景致。

由于周口地处中纬度黄淮之间，冬夏分别受蒙古冷高压和太平洋副热带高压大气环流交替影响，属暖温带半湿润季风型气候。其特征是冬冷夏热，四季分明，冬夏长、春秋短，兼有南北地理条件之所长，具有发展农、林、牧、副、渔业多种经营的得天独厚的自然环境。同时，这种特殊的地理环境条件，使周口融汇南北，包容四方，熔铸成独具特色的地域文化风格。

第一节　周口地域的地理特性

一方水土养一方人，特别的地理环境孕育着特殊的生产生活方式，地理环境对人们生产生活的影响非常大。周口地区文化积淀深厚、历史悠久。这里有中国最早的轩辕皇帝伏羲故里，有中国最早的城市遗址平粮台，有神农尝百草的历史故事……周口被誉为华夏之源，应在情理之中。但我们不禁要问，为什么周口这一方水土中孕育出了这么古老的文化？而且这种文化沿袭至今，经久不衰，在人们的心目中根深蒂固，被我们的祖先一辈一辈地继承、发扬？要回答这个问题，恐怕要从这里特殊的地理环境开始。周口有着特殊的土壤条件、便利的交通条件。

一、周口的地理空间属性

一般来说，大环境决定小环境。如果我们把周口看作小环境的话，那整个华北平原就是一个大环境，其次是豫东平原，周口就处在豫东平原的腹心地带。探讨周口的地理空间属性，首先要搞清楚华北平原和豫东平原的形成发展过程，这样有利于深入了解周口一带的地理空间特点。

（一）华北平原的沧海桑田变迁

据《山海经》记载，8 000 年前，太行山以东只有山东泰山露出海平面。据研究发现，大约距今七八千年前，人类历史上迎来冰河世纪的末期，因为全球气温的上升导致冰河融化加速，气候炎热，雨量增多，洪水沿着太行山至泰山之间的谷地肆意流淌，大地饱受大洪水的困扰。现在的整个华北平原大部分都淹没在海水里，经过长年累月的淤积，在太行山和泰山之间，渐渐形成了一片大平原，这就是如今河南、河北、山东一带的华北平原。因此可以说华北平原是冲积扇平原。华北平原主要由黄河、淮河、海河、滦河冲积而成，土壤主要以黄土为主，黄土具有土质疏松、矿物质丰富、便于农作物耕种的特征，所以华北平原耕作历史悠久。

（二）豫东平原的形成

大约在距今 1.3 亿年前的地质时期，强烈的燕山运动使河北西部边境隆起，形成东北—西南走向的太行山脉，东侧则断层下陷为海水所淹没，天长日久，形成一个大海湾。到了新生代，喜马拉雅构造运动期，河北西部的山地再次抬升，东侧进一步降落。这个长期下沉区域是各条大河交叉汇流、泥土集聚堆积的理想场所。黄河从黄土高原上携带大量泥沙首先在山前河口一带形成一系列大小不同、形状不一的冲积扇，冲积扇不断扩展延伸，逐渐向山东丘陵和淮阳丘陵推进乃至连接，斗转星移，就形成了今日的豫东平原。又据古地理学研究，周口一带属中纬暖温带季风性气候环境，自第四纪以来，没有受大陆冰川的直接侵袭，中亚地区的干燥气候特点对周口地区也无较大影响。因此，这里仍保留着第三纪植物区系的不少植物，形成周口地区植物类属繁多的特点。这些自然条件为古人类的生活提供了极为有利的环境。此外，周口一带多为黄土地层，土壤质地均匀，结构松软多孔，既有利于简陋农具的耕耘，又利于农作物根系的生长。尤其是这里的土壤中含有大量的钙、磷、氮、钾等多种矿物质，其中碳酸钙含量较高，含其他矿物质成分五十余种，这对原始农业的发展来说都是不可多得的有利条件。加之这里气候温和宜人，沟河交叉纵横，降水充足丰沛，物产茂盛富饶，更是古人类生活、居住和休养生息的理想地方。多年来，周口不仅发现了数十万年前的恐龙、象、鹿等动物化石，而且发现了多处新石器时代的古文化遗存。生活在这里的远古时代先民，长期居住在涡河和沙颍河流域繁衍生息，并用勤劳和智慧，创造了中华民族的古老文化。以太昊伏羲为祖先的我国先民，很早以前就居住、劳动、生息、繁衍在周口这块古老的热土上，这里是中华民族文化的最早发祥地之一，也是孕育中华古代文化最为光辉的摇篮。

（三）黄河泛滥区

黄河泛滥区又称黄泛区。本书所说的黄泛区不是通常所说的1938年黄河花园口堤岸遭到破坏后的受灾区，而是指在历史时期由于黄河向南泛滥或决口形成的黄水灾害区。黄泛区的形成时间大概始于南宋建炎二年（1128）黄河进入南流期。经过数千年的冲积沉淀，形成了特点鲜明的地表土壤微地形。

1. 地表类型

黄泛区按其特征可分为三种类型。

（1）河间槽形洼地。主要是沙颍河水系沿岸的槽形洼地，海拔高度50米至55米，地下水位0.0米至1.5米。因地势低洼，受沙颍河水系的影响，加之夏秋降水集中，历来是沙颍河水系的滞洪区。2021年7月，郑州的特大洪水灾害发生后，这里就成了泄洪区。其成土母质原为河湖相沉积物，后因黄水南泛和沙河、颍河的泛滥，在其表层又覆盖一层沉积物，多为黏土。

（2）黄河泛滥平地。此类地区分布面积大，海拔高度52米至60米，地下水位1.2米至3.5米，属于近期黄河、贾鲁河及沙河、颍河的泛滥沉积物。质地多为沙土，是小面积的壤土和黏土。

（3）贾鲁河故道滩地。贾鲁河自西北向东南纵贯扶沟、西华两县，沿河两岸呈带状分布，海拔高度60米左右，地下水位1.0米至1.5米。其为贾鲁河多次改道后留下的主流沉积物，主要是沙土，质地较粗、易受风蚀。

2. 沉积物

河流沉积物主要由黄土高原的泥沙组成，随黄河水流而下的泥沙进入周口地区因流速降低而先后沉淀。原来地形起伏，造成流速不同。在1938年到1946年长达8年的黄水泛滥过程中，其汇积物粒级的变化复杂，即在一个土体中，上部和下部沉积物的质地有着明显的层次变化。在水平分布方面，一个极小的范围内就有多种质地变化。按质地粗细，分为三种类型。

（1）沙质沉积物。主要分布在黄河泛滥的主流地带，沉积物的颗粒粗，地形部位较高，在此母质上发育成沙土。

（2）壤质沉积物。主要分布在距泛滥河道稍远的缓斜平地上，沉积物粒级较细，以壤质为主，在此种母质上发育成两合土。

（3）黏质沉积物。主要分布在距河道较远的准平地带，沉积物的颗粒细，以黏粒为主，这种母质发育成淤土。

河湖相沉积物主要分布在沙颍河水系沿岸的洼地上。早期为河湖沉积物，近期受到河流冲积的影响，在地表又有近代河流沉积物的覆盖，形成了二元母质，质量黏重。它的主要表现特征为具有明显的质地层次，这种层次性是沉积作用的结果，而不是土壤发生学层次；这种层次的厚度和土体中分布部位，对农业生产具有重要意义。

二、夏商周以前的原始地理面貌

据研究发现，距今 8 000 年到 5 000 年左右是温暖期，是冰后期的气候最适期。

距今 5 000 年到 3 000 年左右气温相对下降，但相对仍比较温暖，这种温暖的气候一直延续到殷商时代。竺可桢把它称为考古时期，因为这一时期主要是根据考古发掘的遗迹来加以考证推断的。仰韶文化的遗址中，除獐、竹鼠外，还发现有象、貘、水牛等的遗骨。殷墟出土的甲骨文中有不少关于象的记载，王育民说："既然把象作为打猎的对象，就说明它不是由外地引进或人工饲养的，而是野生的、自然分布的。同时殷周遗址出土的象尊和青铜器的象纹，也是当时人们在现实生活中对象已很熟悉的反映。河南省古称豫州，豫就是一个人牵着一头象的标志。"[1] 通过这些考古材料我们可以推断早在 8 000 年前，豫东平原一带气候温暖，曾有过相当长的温暖湿润的气候时期，大部分地区覆盖着面积广大而丰富的天然植被，包括森林和草原。大片原始森林覆盖加上温润的气候，周口成为农耕文明理想的发展之地。

三、秦汉以前的河湖密布景观

先秦时期，黄河中下游地区的广大平原上湖泊众多，星罗棋布。蓝勇

---

[1] 王育民：《中国历史地理概论》，人民教育出版社，1985 年，第 215 页。

说："历史时期黄河下游的自然湖泊众多。有黄泽（今河南内黄西）、鸡泽（今河北永年东）、大陆泽（今任县迤北一带）、皋泽（今宁晋东南）、海泽（今曲周县北境）、荥泽（今河南荥阳东）、圃田泽（今郑州、中牟之间）、崔苻泽（今中牟东）、逢泽（今开封南）、孟诸泽（今商丘东北）、蒙泽（今商丘东北）、空泽（今虞城东北）、菏泽（今山东定陶东）、雷夏泽（今菏泽、鄄城交界处）、大野泽（今巨野北）、阿泽（今阳谷县东）等等。到了公元六世纪，郦道元《水经注》记载的黄河下游的湖泊，仍有一百三十多个。大的方圆数百里，小的则方圆几里，可见秦汉以前黄河下游湖泊之多。"[1]

四、宋代以后黄泛区的形成

历史上黄河以善淤、善决、善徙著称。其下游河道的变迁极为复杂，武陟、荥阳以下，黄河正式进入华北平原，有改变方向的大规模改道。黄河改道频仍，流路紊乱，波及地域极为广阔。历史上出现的河道，有如一把折扇的扇骨，多至数十根。武陟、荥阳是扇纽，扇骨的分布北至海河，南至淮河。黄河的改道对这片广大区域的地貌变迁造成极大的影响。

早在南宋建炎二年（1128），东京留守杜充在滑县李固渡（今河南滑县南沙店集南三里许）以西，就曾决堤以阻止南下的金兵。黄河向东流经豫、鲁之间，在今山东巨野、嘉祥一带注入泗水。金世宗大定六年（1166）五月，黄河在阳武决口，由郓城东流，汇入梁山泊。大定八年（1168）六月，黄河在李固渡决口，水溃曹州（今山东菏泽）城，分流于单州（今山东单县）之境。从曹州、单州南下徐州、邳州，由泗水入淮。但其时宋代的北流故道未断，黄河仍处于南北分流的局面。及至金明昌时期，黄河北流绝，全河皆入淮。黄河自夺泗入淮以后，每有决徙，常分成

---

① 蓝勇编著：《中国历史地理（第二版）》，高等教育出版社，2010年，第109页。

几股入淮，相互迭为主次，河道非常紊乱。黄河经常表现为枯水季节以一股为主，洪水季节数股分流，由淮河入海。

至元代，黄河历次决口形成汴河、涡河、颍河三条泛道入淮河。至正十一年（1351），贾鲁治河，自黄陵冈引河至归德的哈只口，把黄河干道挽向归德出徐州。贾鲁堵塞了分流入涡、颍的河口。但这样黄河失去宣泄的路径，仅仅隔了14年，至正二十五年（1365），便河决东平，复进入大清河了。

明代黄河的决溢改道更为频繁，以汴道干流为主体的河道上，在郑州、开封一带决口时多南夺涡、颍入淮。朝廷为了保持京杭大运河漕运的畅通，派副都御史刘大夏筑塞黄陵冈、荆隆等七处。并于北岸筑长堤，起胙城，历滑县、长垣、东明、曹、单诸县抵虞城，共360里，名叫"太行堤"。筑断黄陵冈和兴建太行堤的结果，"北流于是永绝，始以清口一线受万里长河之水"[①]。但弘治年间治理黄河的目的在防止黄河北决影响漕运。治河工程主要在加强北岸堤防。黄河南岸既未筑堤，也不堵口。因而滩、涡、颍等股分流仍有时并存，影响了徐州以下干道的水源。为了保证漕运，嘉靖十六年（1537）和二十一年（1542），先后从丁家道口及小浮桥引水至黄河入徐州的干道，以接济徐、吕二洪。继又堵塞南岸分流水口，至嘉靖二十五年（1546），黄河南流的故道全部淤塞，全河之水都经徐州、邳州，由泗水入淮河。从此黄河成为单股汇淮入海的河道。黄河干道固定后，河床因日久泥沙堆积淤高，成为高出地面的"悬河"，也就是现在地图上所看到的"废黄河"。

从黄泛区形成的过程看，从南宋一直到明代嘉靖二十五年（1546），周口始终是黄河水灾的重灾区，理清历史时期的黄泛区发展历程，更有利于了解周口的地理空间特征。

---

① 胡渭：《禹贡锥指》卷12《皇清经解》，上海古籍出版社，2006年，第61页。

五、1938 年后的黄泛区

（一）1938 年黄泛区形成的背景

1938 年，日军攻陷了豫东永城、虞城、商丘、鹿邑、柘城、宁陵、睢县、民权、兰封、杞县、太康、通许、陈留、开封、尉氏、扶沟、中牟等地，直逼郑州，平汉路受到严重威胁。为防止中国军队的主力被日益增多的日军分割包围吃掉，蒋介石决定实施酝酿已久的决河制敌计划，以泛滥的洪水阻止日军西进，延迟日军会攻武汉的进程。

1938 年 5 月 31 日，决堤工程开始组织实施，经过考察，决口地点最终确定在黄河南岸的花园口。经过紧张的挖掘爆破，6 月 9 日，决口工程完成并开始放水。随着水流的冲刷，决口不断扩大，水势越加猛烈。又赶上天降大雨，河水越来越多，决口愈冲愈宽，水流愈来愈急，此后大堤不断地自行崩溃，洪水在中牟沿贾鲁河、颍河、惠济河、涡河及其间的低洼地势向东南奔腾急泻，水面宽度也由最初的几里、十几里扩展至一百多里，泻入正阳关至怀远一段的淮河干流，进而横溢两岸各地，经洪泽湖、宝应、高邮诸湖入江入海。至 11 月中旬，黄河全河改道经花园口南流。花园口决堤之后，黄水迅速向前推进，分成三股南下，泛溢区域东西宽达 15 公里。第一股沿贾鲁河向东南流至白沙镇溢出河槽冲过陇海铁路。第二股沿陇海铁路北的赤兔马村经铁道桥洞向南流入贾鲁河。西股沿贾鲁河向南流，经河南的尉氏、通许、鄢陵、扶沟、西华、淮阳、商水、项城、沈丘和安徽的界首、太和、阜阳、颍上、霍邱，在正阳关入淮河。因此，泛滥地域特别辽阔。就黄水所到的泛区来说，自西北至东南长约 400 公里，宽 30~80 公里不等。

黄泛区的西界自郑县西面的李西河起，向东经郑县城东的祭伯城、中牟城南的姚家、尉氏的马村、南曹、扶沟鄢陵间的朱寨、丁桥。过扶沟后折向西南经张桥、追赶、张亮桥至逍遥镇。自此沿沙河北岸至周口，再经南岸的商水至水寨，以下又沿沙河北岸经沈丘、新安集至安徽的界首、太和。再沿颍河西岸，阜阳城西的杨家桥、襄家埠和城南的李集、颍上西北的六十里铺、三十里铺、颍上至正阳关入淮。黄泛区东界自花园口东南的来童寨起，东南经朱仙镇、通许南面的底阁、太康城北的太平岗、城东的朱口、李原集、涡河北岸的光武集、杨湖口和鹿邑城南，再沿十字河至涡河河畔的涡阳。过此泛界向西折至茨沿河西岸往西北至虎里铺，又向西折经洺河南岸至泥河口，再沿西淝河东南下至王市集，又向西折至韩后寨，往南经颍河西岸的正武集，再折向东经板桥集、张沟集，自此沿西淝河东岸至凤台城入淮。黄河泛滥自 1938 年 6 月发生到 1947 年 3 月堵筑合龙，泛流在豫东大地上东滚西移，周口就在此泛区的中心地带。

（二）黄水在豫东地区的泛滥情形

花园口决堤之后，豫东平原首当其冲。因其地势平坦，河床狭浅，黄水自溃出后，就以万马奔腾之势，向东南直泻而下，左突右冲，横溢河槽，任意肆虐。千里平原，顿时淹浸在滚滚洪流之中，人畜无处逃避，尽逐波沉；财物田庐，悉付流水。这一时期的黄水泛流，大部分沿贾鲁河经尉氏、扶沟、西华以东和淮阳高地以西，再沿沙河以北向东南漫流入淮。1938 年的泛滥情形如下。

鹿邑：6 月 11 日，黄水流入，南部一片汪洋，390 平方公里的土地成为泽国。

尉氏：6 月 14 日，黄水主流经开封到达尉氏，沿新旧贾鲁河分主流为二：一支由县北歇马营、秦楼入新贾鲁河南流；另一支自东夹河入贾鲁河故道东南流。两支在王寨汇合，经白潭出境。两主流水深 7 米多，支流 4 米多，泛区平地 2~3 米。泛区南北长 44 公里，东西宽 18 公里，计 792 平方公里，全县 48 个联保中有 42 个被淹，县城四门皆进水。

扶沟：6 月 15 日，黄水主流经中牟、尉氏，沿贾鲁河入扶沟。受小岗杨、白庄岗岭所阻，折向东流至韩寺营分为三股。第一股沿韩寺营、垮李庄、西营至七里河入双洎河，直冲扶沟县城而去；第二股经白潭夺贾鲁河走三所楼、董岗、吕潭转东向南入官地、单庄、苏庄披贾、丁岗，然后流入西华道陵岗；第三股由白潭向东入涡河，经毛岗、洼刘、古村向太康县芮村泛滥而去。除以上三股主流外，又有四股小支流，后为河堤所阻，南流到古城后即汇入涡河。

太康：6月17日，滔滔黄水经中牟、尉氏由西北杨桥口南下，直泻太康县境，水势浩荡，冲坏村庄田地不可胜计，涡河以西的四、五、六、七区首先被淹。

西华：6月17日至19日，滔滔黄水顺贾鲁河两岸南下，由鄢陵、扶沟滚滚奔流，水势汹涌，浊浪滔天。两三天内，西华大部分地区沦为泽国：西起艾岗、红花集；东至聂堆、田口、西华营、东夏亭、清河驿、皮营、东王营；中部黄土桥、城关、迟营、大王庄和李大庄北部。水面东西宽25公里，平地水深2米左右，被淹村庄500个，耕地80万亩。

淮阳：6月18日，黄水分两股进入淮阳。一股由西华道陵岗入境，经齐老、柳林、郑集、李集折向东南，过王店、木集、将军寺至槐店集；另一股从老冢东南沿里外沟河入境，经丁小楼、大河庄、黄路口、黄集和戴集流入郸城，县西大部分陆沉。

沈丘：6月20日黎明，泛水自淮阳境盖地而来，波涛汹涌，流入沈丘境。所到之处，低洼的村庄房倒屋塌，一片汪洋；人畜逃避不及，多被卷入浪涛。7月17日，黄水猛涨，沈丘境内沙北各乡，到处泛水漫流，灾情日甚一日，不少人乘筏浮木纷纷外逃。不久颍（沙）河在苑寨附近决口，黄水泛到沙南的莲池、兴隆等地。

商水：6月21日，黄水流入。

项城：7月，黄水越沙河入县境，6乡受灾。

广武：7月20日，黄水倒灌，致索须河骤遭漫溢，泛滥成灾。

此后的黄水基本上全经贾鲁河、颍河水道泻入淮河。

第二节　周口地域的社会发展演变

周口处在豫东平原的腹心地带，是早期农业的发祥地之一，所以周口的地域社会以农业发展为基础，是一种以农业为主的社会。周口是中华民族原始农业经济开发较早的地域之一，对黄淮流域的经济发展影响深远。太昊伏羲氏都宛丘，教民渔猎、耕种。炎帝神农氏都陈，尝百草，蓺五谷，教民稼穑，为中华民族的原始农牧业之发端。近年发掘的平粮台古城遗迹及其出土文物，说明远在4 500多年前，周口的经济已领先发展。

夏、商、周时期，周口已经广泛使用青铜器，贝币亦用于商品流通。春秋战国时期，随着奴隶制的解体，新兴的封建制度解放了生产力。沟通黄河与淮河两大水系的鸿沟一开凿，周口广受其益，既加强了与各地物资文化的交流，也促进了城镇建设及农业生产的发展，使当时的陈国成为诸侯国中较富庶的国家。

史料记载，早在夏商时期，周口的农牧业、手工业经济已有长足发展。西周时期在140多个诸侯国中，陈国为十大诸侯国之一，陈国经济在原来领先的基础上得到进一步发展。当时稻、麦、稷等农作物品种增多，种植广泛，麻、桑、漆等经济作物和杨、榆、枣等树木都有大量种植，六畜饲养也初具规模。与此同时，织染业、漆器业和青铜铸造业成为陈国有代表性的手工业，此外还有制陶业、编织业等。陈国的漆器远销中原诸侯国。周口出土的青铜器数量大，品种全，制作精美。陈国的粮食、手工业产品销往邻国，邻国的鱼、盐和其他器物运来陈国交换，陈国成为豫东地区商业贸易中心。经济的发展使陈国在600多年间，始终保持了十大诸侯国之一的地位。春秋末期，诸侯兼并，陈国常被征伐，生产遭受破坏，经济日趋衰退。楚灭陈后，楚都迁陈，楚国南方城市来陈朝贡，盟国来陈贸易，商业一度重振，经济随之发展，郢陈成为当时全国著名的都市。

自秦以后，在漫长的封建社会中，历代统治阶级为维护其统治，都采取措施发展经济。在农业上，多致力于河道的兴利除弊和屯田开荒。西汉时期，元光五年（前130），大司农郑当时疏陈北水道，加之铁制工具和牛耕技术的普遍采用，农业生产有长足发展。周口地区出土的汉代三进陶院落模型，是当时封建主庄园的缩影，标志着封建制经济已经完善并进入新的阶段。三国时期，中原豪强肆虐，战事频仍，周口诸多农田废弃，经济一时萧条。魏正始四年（243），大将邓艾在陈、项屯田，修广淮阳、百尺二渠，农业得以恢复，经济相应发展。在周口及其周围地区举数万人屯田种稻，广开漕运，在颍河南北穿渠300余里，灌田2万余顷。隋朝时期，中国再度统一，由于推行均田制和减轻徭赋，位于平原地区的周口经济发展迅速。唐朝中叶，周口经济逐渐达到鼎盛，社会安定，五谷丰登，森林茂密，百鸟聚栖，市场兴旺，商品交换广泛。近年在周口境内先后出土通宝多种，就是当时商品流通市场繁荣的见证。但由于封建农业经济基础薄弱，加上中唐之后水患增多及晚唐战火，周口也曾多次出现灾荒。宋朝时期政局相对稳定，为发展生产，劝农垦田提供了良好的条件。周口农业经济复兴，数次向皇帝"献瑞麦"，以表丰收之喜，文化、科学技术及城镇建筑均有较大发展。

一、早期农业的起源

（一）从事农业的条件

周口位于豫东平原的中心地带，由于这一地域是经过上万年的时间冲积而成的，土壤疏松，其土壤条件非常有利于农耕。所以周口一带是早期农业发展的起源地之一。另外，这一带气候条件非常优越，在距今5 000年前属于温暖湿润的气候，有利于农业的发展。从地貌变迁的角度讲，在夏商以前豫东一带河流湖泊众多，利于农业的灌溉，交通条件也非常便利，所以周口一带成为早期农业的发祥地之一。

（二）太昊伏羲氏对周口早期社会发展的贡献

周口的广大地区在农业文化的起源上可以追溯到太昊伏羲氏时期。传说他对周口农业文化的起源作出了卓越的贡献。

传说伏羲作八卦，是他在文化上的最重要的贡献，伏羲氏时期大体处于我国新石器时代晚期向铜石并用时代早期的过渡阶段。这一时期的社会关系性质是由母权制向父权制过渡。已逐步形成氏族、部落、部落联盟管理阶层与氏族成员。社会生产是在氏族、部落、部落联盟首领导统率下的氏族成员集体劳动生产形式。生产关系适宜生产力，生产有较大发展，出现许多发明创造。伏羲氏族最初活动于天水一带，随轮耕、游牧、争夺迁徙东进，徙治陈地，都陈。

1. 伏羲都陈

陈即今河南淮阳，现仍保存有伏羲陵、宛丘、画卦台等遗存。相传伏羲氏在这里作网罟，教民渔猎，开创了原始的畜牧业。周口地下矿藏少，地面无山峦，但有广袤的平原沃野，是适合农业耕作的地区。淮阳境内分布着许多大汶口文化遗址，属于大汶口文化颍水类型。这一类型的大汶口文化是公认的太昊文化，说明淮阳是太昊伏羲氏之都邑。伏羲墓通称"太昊陵"或"太昊伏羲陵"，系中国十八大名陵之一。1997 年 6 月，朱镕基同志来淮阳考察时曾写下"羲皇故都"的题词。

2. 豢育牺牲，伏牛乘马

人们在长期渔猎生活中，捕获的猎物除去当时食用的，剩余的猎物只好杀掉处理，却因易于腐坏不利于保存食用。实践证明，所剩猎物贮存的最佳办法是把捕获的猎物豢养起来。传说伏羲氏通过摸索动物的习性，喂养豢育，使其成为家禽、家畜，这对于改进人类与动物关系是一大革命，是伏羲氏对人类的一大贡献。从仰韶文化、马家窑文化、大汶口文化内涵中看，这一时期原始畜牧业已成雏形。仰韶文化家畜饲养业较发达，经鉴定的家畜有猪和狗。

3. 伏羲禅于伯牛，钻木作火

山泽深林因雷电自然起火并随风蔓延，给各类生物生命带来巨大威胁。由于石器工具发明，人类从动物中脱离出来。山顶洞人又对火有了认识，采集火种御寒、驱兽、烤猎物而食。相传燧人氏发明燧石打击取火。伏羲氏族时期，随着农业的发展，木农具的应用，制木钻孔术发明，先民钻木取火，形成刀耕火种原始锄耕农业，说明伏羲氏族时期先民在驾驭火的性能上飞跃前进。陶器的发明，庖熟食物、饮用沸水，对人们的生活与生命都有极大的改善。

此时生产工具也得到了改善：随着制陶业的发展、矿物颜料的应用，便产生了低熔点矿物铜等之类的冶炼。用金属制作的匕、削之类工具自然比石、骨之类工具锋利，无论在切割肉块，兽皮鞣制皮革，刮削木器，雕刻玉、牙、骨、贝等，都较为优良。铜器的产生，铜、石器并用，更有利于农业的发展。

综上所述，伏羲氏族文化内涵极其丰富广阔，悠久完美，光彩夺目，象天法地，功盖千秋，为肇启人类文化贡献巨大。伏羲氏族文化是中华民族传统文化的古老源头，是凝聚中华民族大团结的精髓，是中华民族坚强不息、兴旺发达的中流砥柱和无穷的民族精神之魂。

（三）炎帝神农氏对周口早期社会发展的贡献

周口的农业发展可以看作是中国农业发展的一个缩影。周口的农业发展所积累的农耕文化内容丰富。传说上古时期，神农氏教人们耕作，成为中华农耕文化的始祖。神农氏对农业的贡献具体讲有以下几个方面。

1. 首创种植业

现在的周口地区曾是神农氏早期活动的主要地区。上古时期，周口地区森林茂密，杂草丛生，人们以火焚烧山泽，既免除了披荆斩棘之苦，又为农作物生长提供了肥源。垦辟后的山泽谷地肥源充足，利于种植谷物，原始先民就获得了较为稳定的食物来源。他们把收下的谷子储藏在窑穴里，吃的时候再拿出来，放在石制磨盘上，用石饼或石棒反复摩擦，脱去谷壳。最初他们是把粟米放到烧热的石板上烤制食用，后来有了陶器，就用火煮熟食用。苦难的先民迈开了艰难的步伐，跨过了通向文明的最初门槛。

2. 发明耒耜等农业生产工具

最早的刀耕火种只能广种薄收，而且经过多次种植，土地日益贫瘠，收获越来越少。生产的客观要求促使人们在总结过去生产经验的基础上发明创造新的生产工具。传说神农氏发明耒耜等农业生产工具。耒与耜大都是木制翻土用的工具，是先民从事农业生产的最主要的农具。从狩猎生产转变为原始农业生产，是人类社会生产的质的变化。制造农业生产工具是人类通过劳动，积极地利用自然、改造自然，生产自己所需生活资料的开始。耒耜作为原始农业的基本工具和重要的生产要素，其产生标志着人们征服自然能力的提高，先民开始了由低级向高级、由野蛮时代向文明时代的迈进。

3. 削木为弓

传说神农始创弓箭，以此防止野兽的袭击，同时可以抵御外来部落的侵犯，保卫人们的生命安全和劳动成果。相传，神农氏看到一只猴子想跳着去摘果子，但果子太高，猴子只勉强抓住果枝而没办法摘下果子，只好放弃。被放开的树枝弹上去，却将果子弹飞，掉到很远的地方才落下来。神农氏反复弹弄身边的树枝，发现树枝可以弹射。于是，他砍来韧性很好的树枝，把它弯曲成弧形，用藤条绑定，做成弓，将小树枝削尖，做成箭。弓箭的发明，大大提高了人类自我保护的能力和获取食物的能力。

4. 发明牛耕

牛耕传说始于神农氏。在神农之前，在氏族部落中是用人耕田。耕具耒由一人持柄，系绳，一个或多个人在前方拉动，劳动强度大。牛被驯服后，神农氏改用牛在前面拉动。使用牛进行耕种，大大减轻了人们的劳动强度，又极大地提高了劳动生产力。神农氏发明牛耕，是我国古代农业史上划时代的大事，它标志着我国原始农业社会的开始。

5. 凿井取水

在采猎时期,人们依山傍水而居。没有水的地方是不能居住的。原始农业出现后,先民更加依赖水源。为了扩大种植,传说神农氏发明就地凿井取水的方法。山岭或平原地区的先民有了水井,不但解决了吃水问题,还方便了农作物的灌溉,从而保证了粮食、蔬菜等农作物的产量,改善了生活水准。

从周口一带的龙山文化遗址出土的大量鹿角和猪、狗、羊、牛等动物的大量骨骼化石中可以得知,周口的原始畜牧业已经得到初步发展,先民已非常重视家畜的饲养。出土的石网坠表明,当时的先民还经常捕鱼。龙山文化遗址还发现了大量用于砍伐的石斧、石刀、蚌刀,还有用于耕作的石铲、石凿、骨凿、石锛,用于收割的石镰、蚌镰,用于谷物加工的石盘、石棒等。这些表明当时的农业生产已经出现并有了较大的发展。在周口境内发现属龙山文化时期的村落遗址达十多处,且规模较大。如双冢遗址面积 5.28 万平方米,房基十余处;朱丘寺遗址面积 4.5 万平方米。遗址的分布也较为集中,居住的时间较长。这表明,当时的周口一带已村落棋布,人口稠密。而这是由于周口的农业已有了相当的发展,如果没发达的农牧业,定居生活是根本实现不了的。

二、发达的"山东"经济区

(一)司马迁笔下的四大经济区

从战国到两汉,经济已呈现出多样性和经济实力发展不平衡的特点。司马迁根据汉代经济分布特点,在《史记·货殖列传》将全国划分为"山西""山东""龙门碣石北""江南"四大经济区。

(1)"山西":饶材、竹、穀、纑、旄、玉石;

(2)"山东":多鱼、盐、漆、丝、声色;

（3）"龙门碣石北"：多马、牛、羊、旃裘、筋角；

（4）"江南"：枏、梓、姜、桂、金、锡、连、丹砂、犀、瑇瑁、珠玑、齿革。[①]

在四大经济区中，"山西""山东"农业区属于黄河流域，自然条件优越，开发较早，人烟稠密，经济实力强，长期居于全国经济重心的地位。

（二）周口位于"山东"经济区的腹心地带

战国以后，在黄河中下游地区，逐渐形成了关东、关西两个经济文化中心。这里所说的关，是指战国时秦国所置的函谷关，在今河南灵宝北，东有崤山，所以关东、关西又叫作"山东""山西"。当时"山东"泛指函谷关以东，凡崤山、太行山以东至山东半岛，都在它的范围之内。"山西"则包括关中盆地和泾、渭、北洛上游，西至黄河等地区。春秋战国时期，铁器已经普遍被用于农业生产，为农业的深耕细作创造了条件，同时还使用牛耕，在耕作方法上也讲求耕者且深、耨者熟耘，使农业生产力有了较大的进步。铁制农具、牛耕的使用，更加提高了冲积土地带的经济价值。

根据《史记·货殖列传》的叙述，"山东"的特点是多鱼、盐、漆、丝；鸿沟以东，芒、砀以北的人民，好稼穑；沂、泗水以北，宜五谷、桑麻、六畜，地小人众；梁、鲁、三河、宛、陈都好农而重民。这里的鸿沟就在今天的周口地域内，鸿沟走向大致是从开封东南行，过淮阳东向东南行，在古项城入颍水。古项城大致在今天沈丘的位置，陈就是今天的淮阳，农业都比较发达。当时魏国的鸿沟流域成了"山东"地区主要的农业区域。周口位于鸿沟流域的中心地带。整个关东地区在战国时期，以鸿沟

---

① 司马迁：《史记》卷129《货殖列传》，中华书局，1959年，第3253页。

系统为中心的运河开凿，组成了河淮平原的水网。交通的便利，促进了工商业的发展，不少名都大邑相继出现，其中大部分都在运河的沿线。鸿沟入颍处的楚都陈作为今天周口的中心，正是在这种背景下发展起来的。陈被选作政治上的首都是因为它原先已经发展成为经济的重心，其繁荣一直持续到汉朝。

三、汉唐北宋时期经济的停滞和衰退

黄河流域的富庶地区，由于某些自然因素和人为因素的破坏，正在发展中的经济受到了严重的摧残，其间并经历了多次反复。汉魏之际长期的战乱是这一残破局面的开端，三国至西晋时期有一个短暂的复苏，西晋末年永嘉之乱至整个十六国时期，再次遭到破坏。以后经过北魏至隋唐时期，在统一和比较安定的条件下，经济得到了恢复并获得不少发展。但中唐安史之乱以后到元朝，北方又遭到严重的摧残。从此，作为中华民族文化摇篮的黄河流域，便失去了在我国历史上所处的经济重心的地位，其间所经历的破坏、复苏、停滞以至衰退的过程，可分为以下几个阶段。

1. 东汉末期到三国时期的黄河流域经济的破坏

东汉末年，军阀连年混战，使整个黄河中下游地区都遭到严重破坏。秦、汉以来欣欣向荣的黄河流域的社会经济产生巨大倒退。永嘉之乱以后，北方少数民族南下入主中原。黄河流域大量耕地被辟为牧场，农业经济衰退。三国时期，占有黄河流域的曹魏政权为恢复经济实行屯田之策并兴修水利，西起上邦（今甘肃天水），东至青州、徐州，北抵幽州、蓟州，南及淮南的广大地区，特别是屯田规模最大的淮河、颍河流域，军资粮食有储备，并且没有水灾。但是，西晋统治集团为争夺中央统治权而爆发"八王之乱"，战场遍及黄河南北及长安、洛阳，使经济刚刚得到复苏的黄河流域又遭到破坏。此后的永嘉之乱使黄河流域破坏的情形更加严重。十六国时期，各国兼并，战乱频仍，人民不是死于战乱，就是流徙到江南。除少数人民建立坞壁以自保，使某些地区得以继续保持小规模的农业生产以外，千里无人烟已成为黄河流域的普遍现象。

2. 北魏至隋唐时期黄河流域经济的短暂恢复

北魏统一北方后，人民得以在比较安定的环境下从事生产。孝文帝实行均田制等改革措施，黄河流域的经济逐步得到恢复。由于农业有了较大发展，府藏盈积。大城市洛阳、邺和长安恢复了繁荣。北魏分裂以后，位于关中的西魏及其后的北周又进行了一系列的改革，除继续推行均田制外，又建立了府兵制并且释放奴婢等，使生产有了发展，为北周攻灭北齐完成黄河流域的统一，及向西攻取巴、蜀，奠定了物质基础。

隋唐时期竭力经营关中地区。唐朝大力发展关中农田水利事业，重开郑白渠，增加灌溉面积，使这个古老的农业地区又重新得到开发。但关中平原范围有限，而隋唐盛世京都繁荣，人口众多，关中所产粮食供不应求。隋朝初建不久，隋文帝开凿广通渠，从关东漕运粮食，隋唐时期还以洛阳为东都。由上可见，黄河流域的经济发展，自汉魏之际起，由于人为的因素，几经变易、挫折与摧残，北魏以降，开始复苏，而到唐代中期以前，又达到鼎盛。这一时期的周口地域文化、经济的发展是与整个黄河流域同步的。

四、明清时期的"小武汉"

周口地区位于河南省东部，是豫东平原的一部分。这里气候温暖湿润，雨量适中，地表河流纵横，湖沼密布。优越的自然地理条件为明清之际周口商业文化发展提供了条件。

（一）周家口的兴起与繁荣

周家口（今周口市）兴起于明朝，繁荣于清朝，是河南小城镇发展的典型。周家口位于河南的东部，颍河、沙河与贾鲁河在该地交汇，东南流入淮河。周家口优越的地理条件，成为河南东部与江南地区商品流通的重要枢纽。周家口在明朝初年是附近农民交换农副产品的集市。明朝永乐年间（1403—1424）淮河、颍河、沙河漕运开通，集市由明初的沙河北岸扩展到沙河南岸，为了方便两岸的物资交流，在沙河南岸的子午街（今老街）开辟了一个渡口，有一周姓船户往返摆渡，因而渡口取名周家渡口，周家口即从此得名。明朝成化年间（1465—1487），贾鲁河在周家口与沙河汇流，舟楫可达朱仙镇，航运事业大为发展，码头工人增多，周围百余里的商贩亦多迁入，沿河三岸呈鼎足之势。明朝万历年间（1573—1620），三岸相连，商务颇盛，商贾大户开设粮食、茶麻、杂货、饮食、中药等店铺。由于货物转运频繁，又增辟了义渡口。明末清初由于战乱天灾，周家口一度萧条。清朝顺治年间（1644—1661），周家口的社会秩序稍安，市场相应繁荣，外省商贾纷纷来此经营，附近的粮、棉、麻和皮毛等农产品聚此成交。周家口的市场扩大，行业增多，货物吞吐量日益上升，原有埠口已不能满足物资转运及过往商旅之需要，先后又开辟了大渡口、小渡口、新渡口、上下齐埠口等多处渡口。周家口沿河两岸，街房连接。康乾时期（1662—1795），陈州管粮州判（为州佐史），由州制内移设周家口，统管全镇市面，周家口遂成繁荣市镇，商务臻于鼎盛。安徽的茶麻、两湖的竹木、两广的纸糖、山西的铜铁、豫西的山货、淮阳的金针菜，附近的皮毛、粮油、牲畜等均在周家口市场交易。其中，粮食是市场上集散的最大宗的商品，从乾隆二十四年闰六月至乾隆二十五年三月的九个月时间，从周家口运往江南的粮食约有 223 600 余石①。由此可见粮食贸易额之大。商业的繁荣，促进了手工业的发展，周家口从事手工业的有上千户，并且根据经营种类和生产品种分行就市，不少街道以行业命名。

---

① 田冰:《试论明清时期河南城镇发展的特点》,《中州学刊》2006 年第 1 期。

周家口成为河南省一大商埠，与朱仙镇、道口镇、赊旗镇合称为河南四大名镇。这四大名镇都分布在沿河两岸，以周家口为中心，互相连接在一起，延伸到河南内外的广大地区。东南安徽、江浙一带的货物，由运河漕运到周家口，再经淮河、贾鲁河，过黄河经卫河到达直隶和京津地区。南方及西南诸省货物，大都由汉口搭船沿汉水、唐河经襄樊、南阳到赊旗镇，再转方城至舞阳的北舞渡，然后沿沙河东下经漯河到周家口，再沿贾鲁河到朱仙镇，最终转运到北方各地。周家口镇是河南小城镇发展的一个缩影，因为交通便利，带动了商业的繁荣，商业贸易主要是为满足本地日常生活的需要。

周口（周家口）镇内汇集了山西、陕西、安徽、江西、湖南、湖北等地商人，商号众多。据估计，周口鼎盛时期全镇商人、商号数量可达 1 500~2 000 家，全镇的商业规模以银钱计估计为 500 万 ~600 万两。

（二）近代经济的衰落

明末清初，周家口自贾鲁河通航后进入兴盛时期。最盛时在清朝的康熙、乾隆年间。周家口镇的兴盛有以下原因：其一，明朝中后期资本主义萌芽开始出现，商品经济发展，是受大气候的影响；其二，周家口地理环境适中，正处在豫东大平原的中部，沃野连绵，是我国重要的粮产区，每年除能满足当地需要外，还能为一些大城市提供余粮，是一个天然的粮油工业的主要供应地；其三，周家口坦途千里，四通八达，水运交通纵横，船舶畅通无阻。

由于工商业的发达，在周家口定居的各省商贾，纷纷捐资兴建同乡会馆、庙宇等，较大的，如山陕会馆、江南会馆、江西会馆、四圣会馆、两湖会馆、福生会馆等。周家口下通安徽、江浙，小舟可上溯至京水镇，北与黄河联系，故西北山货由此南输，东南杂货由此北运。这个有利的交通条件决定了周家口的繁荣。

周家口的兴起是由于交通条件，而其衰落也是缘于交通情况的转变。清朝乾隆四年至道光二十二年（1739—1842），黄河多次泛滥，贾鲁河漫溢，淹没市街，壅塞河道，虽屡塞屡浚，但对本地区有着一定的不利影响。光绪十三年（1887）黄河在郑州决口，流经商水、淮阳，沙河以北被淹，贾鲁河上游朱仙镇一带河流浅微，航行困难。光绪二十六年（1900），黄河又多次泛滥，河被沙填，朱仙镇舟楫完全不通，周家口也进入衰落阶段。光绪三十年（1904），京汉铁路通车，后津浦铁路通车，使南北交通路线大转移，货物流向改变，商业、手工业日趋萧条。周家口再次衰落。其后，又经历北洋军阀、国民党反动派、日本帝国主义的摧残，再加上黄河花园口决堤，黄河包围周家口西、北两寨。到新中国成立前夕，周家口已成为一个极端残破的集镇，与四大名镇时期相比有天壤之别了。

周家口的衰落首先表现在商业的衰落上。据统计，全镇大小商店只有 200 余家，较大的也不过 30 余家，其萧条可想而知。[①] 抗战时期，周家口在日伪统治下，受土豪恶霸的压榨和土匪的抢掠，商业几乎全部破产。其次，由于商业的衰退，许多商人、工匠大都移往开封、郑州、汉口、西安诸城市，人口大量外流。清朝的咸丰、同治年间，全镇人只有 12 万人左右。到光绪三十二年（1906）只有六七万户，工厂仅有几家。同时，城市外貌也惨遭破坏，三寨寨墙全毁，多座寺庙除河北关帝庙外荡然无存，昔日的一百多条街仅余十几条，其他街道都成了荒院或耕地。自 19 世纪末期以来，我国的交通面貌发生很大变化，南北运输路线，由公路、运河改为铁路、海运，交通工具由车马小舟改为火车轮船。周家口水陆联运的运输方式走向衰落，贾鲁河的淤塞只是原因之一。自京汉、津浦铁路通行后，即使贾鲁河仍然能够通航，周家口也不能保持名镇的地位了。

---

① 黄华平:《铁路与淮河流域社会变迁（1897—1937）》，合肥工业大学出版社，2018 年，第 135 页。

正是由于周家口连年处于水患、战乱之中，持续衰落，失去了昔日的繁荣。新中国成立后，尤其是改革开放及近几年周口经济社会文化兴盛，周口地区交通条件得到大跨步发展。详细内容参见本书第八章"周口漕运文化"第六节"周口漕运的复兴——通江达海战略的实施"。

第二章　盘古女娲创世文化

在谈论周口盘古女娲创世文化①之前，先来了解创世文化的概念。这个概念是基于创世神话而发展起来的。所谓创世神话，有狭义与广义的不同内涵。狭义的创世神话，仅指开天辟地神话；广义的创世神话除去天地开辟还包括人类起源和万物起源的神话。关于人类起源的神话，在中国又被称为始祖神话。而万物应该是指自然界的客观自然物，而不包括社会制度创造、技术创造等社会文明方面。这些方面在中国被称为发明创造神话，同时也被视为文化英雄与文明精英神话。也就是说，广义的创世神话主要有三个方面：解释描述天地开辟的神话；解释人类的起源的神话，包括民族的由来等；解释世界和万物的形成的神话。创世神话是人类幼年时期用幻想的形式对自然、宇宙所作的幼稚的解释和描述，反映出先民对天地宇宙和人类由来的原始观念，创世神话"显示了先民对宇宙等自然现象积极探索的精神"②。

---

① 周口地区既有伏羲女娲的神话传说，也有盘古女娲的神话传说。在伏羲女娲的神话中，人类除伏羲女娲兄妹二人之外，全部毁灭，而由伏羲女娲兄妹相婚再衍人类，这既不属于天地开辟，也不属于万物生成，更不属于人类起源。因为伏羲女娲原本就是人类，因而伏羲女娲再衍人类神话不属于创世神话，由此衍生的文化也不属于创世文化。从神话学的角度来说，周口女娲神话其实是分属于两个不同的类型系统的：一个是以西华为中心的盘古女娲创世神话，另一个是以淮阳为中心的伏羲女娲再衍人类的灾难神话、生育神话和始祖神话，由此衍生出来以西华为中心的盘古女娲创世文化和以淮阳为中心的婚育文化。这两者虽然都涉及"女娲"这一神话形象，但两个神话系统和两种文化系统中的"女娲"显然不是同一个神话形象（西华盘古女娲创世神话系统中的女娲属于天地开辟时代的神话形象，而伏羲女娲婚育文化中的女娲则是人类生育观念甚至婚姻观念产生之后的神话形象），也不是同一位神话人物（一位是盘古的妹妹，一位是伏羲的妹妹），更不是同一个神话系统。也就是说，在包括周口在内的神话系统中，女娲其实是两个神话人物和神话形象，分别属于创世文化系统和婚育文化系统。严格来说，传世文献中的女娲神话还有属于灾难神话和英雄神话系统的女娲补天神话。但在周口神话系统中，女娲补天神话被纳入了创世神话中，把它作为盘古未竟的开辟事业的延续。伏羲女娲婚育神话实际上也是属于灾难神话系统的，是讲人类如何在洪水之后再衍人类的。

② 袁行霈主编：《中国文学史（第三版）》第1卷，高等教育出版社，2014年，第39页。

第一节 传世文献中的盘古女娲
创世神话及其文化精神

中国古代的创世神话以盘古故事最为著名，而羲和与常羲分别生育十个太阳和十二个月亮神话、女娲抟土造人神话也属于创世神话。

盘古氏在魏晋六朝时已被视为天地万物之祖先。[①] 但相比于三皇五帝，盘古在传世文献中的记载并不多。后世转引最多的就是盘古开天辟地和垂死化身这两条。

其一，盘古开天辟地。唐朝欧阳询《艺文类聚》引汉朝徐整《三五历纪》："天地混沌如鸡子，盘古生其中。万八千岁，天地开辟，阳清为天，阴浊为地。盘古在其中，一日九变。神于天，圣于地。天日高一丈，地日厚一丈，盘古日长一丈。如此万八千岁，天数极高，地数极深，盘古极长。后乃有三皇。"[②] 明朝董斯张《广博物志》卷一、清朝马骕《绎史》卷一均载录《三五历纪》这条内容。

苍天每天升高一丈，大地每天增厚一丈，盘古每天长高一丈，大地只增厚不增高，也就是说，盘古始终脚踩大地，头顶苍天，是一个顶天立地的巨人。一年三百六十五天，天地盘古的变化就是三百六十五丈，一万八千年，就是六百五十七万四千五百丈，故《三五历纪》说："如此万八千岁，天数极高，地数极深，盘古极长。"[③]

其二，盘古垂死化身。清朝马骕《绎史》又引汉朝徐整《五运历年记》："元气蒙鸿，萌芽兹始，遂分天地，肇立乾坤。启阴感阳，分布元气，乃孕中和，是为人也。首生盘古，垂死化身，气成风云，声为雷霆，左眼为日，右眼为月，四肢五体为四极五岳，血液为江河，筋脉为地里，

---

① 《述异记》云："盘古氏，天地万物之祖也。"马骕撰，王利器整理：《绎史》，中华书局，2002 年，第 2 页。

② 欧阳询：《艺文类聚》，上海古籍出版社，1982 年，第 2 页。

③ 欧阳询：《艺文类聚》，上海古籍出版社，1982 年，第 2 页。

第二章 盘古女娲创世文化

29

肌肉为田土，发髭为星辰，皮毛为草木，齿骨为金石，精髓为珠玉，汗流为雨泽。身之诸虫，因风所感，化为黎甿。"①宋朝张君房《云笈七笺（签）》卷五十六载汉朝徐整《五运历年记》文字与此基本全同，唯"元气"前多"泊乎"二字。而明朝董斯张《广博物志》引此文："盘古垂死化身……化为黎甿"注引《五运历年记》："盘古之君，龙首蛇身，嘘为风雨，吹为雷电。开目为昼，闭目为夜。死后骨节为山林，肠为江海，血为淮渎，毛发为草木。"②显然与《绎史》所引不同。又南朝梁代任昉《述异记》载："昔盘古氏之死也，头为四岳，目为日月，脂膏为江海，毛发为草木。秦汉间俗说盘古氏头为东岳，腹为中岳，左臂为南岳，右臂为北岳，足为西岳。先儒说盘古氏泣为江河，气为风，声为雷，目瞳为电。古说盘古氏喜为晴，怒为阴。吴楚间说盘古氏，夫妻阴阳之始也。"③宋朝曾慥《类说》引任昉《述异记》也说："盘古氏，天地万物之祖也。其死也，头为五岳，目为日月，脂膏为江海，毛发为草木，一云头为东岳，腹为中岳，左臂为南岳，右臂为北岳，足为西岳。一云泣为江河，气为风雷，喜晴，怒阴。"④言辞与《述异记》表述大致相同。《绎史》卷一载《五运历年

---

① 马骕撰，王利器整理：《绎史》，中华书局，2002年，第2页。

② 董斯张：《广博物志》卷9引《元气论》，永瑢：《景印文渊阁四库全书》，台湾商务印书馆，1986年，子部，第980册，第178页上栏。

③ 任昉：《述异记》，中华书局，1991年，第1页。

④ 曾慥：《类说》卷8引梁任昉《述异记》，永瑢：《景印文渊阁四库全书》，台湾商务印书馆，1986年，子部，第873册，第139页上栏。

记》注引任昉《述异记》①、元朝陶宗仪纂《说郛》卷六十五下②的文本亦大致相同。

传世文献并未将女娲补天视为创世神话，而将其视为灾难神话与英雄神话。作为灾难神话，其基本内容是：

> 往古之时，四极废，九州裂，天不兼覆，地不周载。火燤炎而不灭，水浩洋而不息。猛兽食颛民，鸷鸟攫老弱。于是女娲炼五色石以补苍天，断鳌足以立四极，杀黑龙以济冀州，积芦灰以止淫水。苍天补，四极正，淫水涸，冀州平，狡虫死，颛民生。③

而关于为什么会发生这次"四极废，九州裂，天不兼覆，地不周载"的大灾难，汉朝王充《论衡·顺鼓篇》记载的共工触山神话解释了原因：

> 共工与颛顼争为天子，不胜，怒而触不周之山，使天柱折，地维绝。女娲消炼五色石以补苍天，断鳌之足以立四极。④

---

① 《述异记》曰："盘古氏，天地万物之祖也。然则生物始于盘古。昔盘古氏之死也，头为四岳，目为日月，脂膏为江海，毛发为草木。秦、汉间俗说盘古氏头为东岳，腹为中岳，左臂为南岳，右臂为北岳，足为西岳。先儒说泣为江河，气为风，声为雷，目瞳为电。古说喜为晴，怒为阴。吴、楚间说盘古氏夫妻阴阳之始也。今南海有盘古氏墓，亘三百余里。俗云后人追葬盘古之魂也。"马骕撰，王利器整理：《绎史》，中华书局，2002年，第2~3页。

② 《说郛》曰："昔盘古氏之死也，头为四岳，目为日月，脂膏为江海，毛发为草木。秦汉间俗说盘古氏头为东岳，腹为中岳，左臂为南岳，右臂为北岳，足为西岳。先儒说盘古氏泣为江河，气为风，声为雷，目瞳为电。古说盘古氏喜为晴，怒为阴。吴楚间说盘古氏，夫妻阴阳之始也。今南海有盘古氏墓，亘三百余里。俗云后人追葬盘古之魂也。桂林有盘古氏庙，今人祝祀。"陶宗仪：《说郛》，永瑢：《景印文渊阁四库全书》，台湾商务印书馆，1986年，子部，第879册，第521页下栏。

③ 何宁：《淮南子集释（上）》，中华书局，1998年，第479~480页。

④ 黄晖：《论衡校释（附刘盼遂集解）》，中华书局，1990年，第2册，第691页。

女娲补天神话说的是人间遭到了天塌（因为撑天的四根柱子断了，导致"天不兼复"）、地裂（"地不周载"）、烈火熊熊不熄、洪水浩荡不退、猛兽鸷鸟吃人等巨大灾难。女娲炼五色石补好了苍天，砍断鳌的腿重新竖起擎天巨柱，杀掉黑龙等鸷鸟猛兽，堆积芦灰止住洪水，拯救了黎民。这个神话呈现在我们眼前的是多重大灾大难，女娲采取多种措施消除灾难、拯救黎民，所以它是以抗灾救民为主题的，所突出的是女娲消灾救民的功绩。从题材来说，属于灾难神话、救世神话；从主题来说，是歌颂女娲消灾救民之功，女娲在这个神话中是被先民作为拯救人类的英雄而歌颂的，属于英雄神话。传世文献中，女娲创世神话主要表现在女娲抟土造人，见于《太平御览》引《风俗通》：

> 俗说天地开辟，未有人民，女娲抟黄土作人。剧务，力不暇供，乃引绳于絚泥中，举以为人。故富贵者，黄土人也；贫贱凡庸者，絚人也。①

剥去这则神话上的文化堆积来看，其实这则神话的最早形态应该是没有"故富贵者……絚人也"这两句的。因为所谓富贵者和贫贱凡庸者，乃社会出现贫富分化和产生阶级之后的概念，是统治者为了消弭被统治者的反抗情绪、让被统治者安于自身命运而作的歪曲解说。从本质来说，人是自然界的一部分，也是一种带有自然属性（当然也有社会属性，严格来说，动物也是有其社会属性的）的存在，在世界上尚未有人的情况下创造出人类，自然也属于创造世界工作的一部分，故女娲抟土造人神话可以视为创世神话。在西方，人们相信上帝创造了世界上的万物，也创造了人；创造人的神话属于创世神话。

同理，华夏神话中的女娲抟土造人神话也应该属于创世神话。但是

---

① 李昉等：《太平御览》卷78《皇王部三》引《风俗通》，中华书局，1960年，第1册，第365页上栏。

中国一些学者将女娲抟土造人神话归入始祖神话，如袁行霈的《中国文学史》指出："有关人类起源的神话，则首推女娲的故事。……女娲……也是人类的创造者。《太平御览》卷七十八引《风俗通》云：'俗说天地开辟，……贫贱凡庸者，绹人也。'"[①] 将女娲抟土造人神话视为始祖神话是有问题的。按一些学者的说法，"祖"字从"礻"从"且"，"且"字或以为是男性生殖器的象形，或以为是宗庙供奉牌位的象形，但都认为是男权社会才有了始祖之祭。像商人始祖契的玄鸟生商神话、周人始祖后稷出生的姜嫄履巨人迹而孕生后稷神话，这类神话才是真正的始祖神话。

另外，传世文献记载女娲的创世神话还有《山海经》的一条：

"西北海之外大荒之隅……有国名曰淑士，颛顼之子，有神十人，名曰女娲之肠。化为神，处栗广之野，横道而处。"郭璞注云："女娲，古神女而帝者。人面蛇身。一日中七十变，其腹化为此神。"[②]

这则神话是说古神女女娲一天变化七十次。"七十"极言其多，每天变化七十次，说明平均每小时接近三次，变化非常快、非常多、非常频繁。这么多变化，能与此相当的，只有世间万物。这很可能是说女娲化身、创造万物的神话。

盘古开天辟地神话是一则典型的卵生神话，它认为，"宇宙是从一个卵中诞生出来的，这种看法在世界各地的原始初民中普遍存在。卵生是一种普遍的生命现象，先民由此设想宇宙也是破壳而生的。宇宙卵生神话对中国的阴阳太极观念有极重要的影响。同时，宇宙生成的人格化、意志化

---

① 袁行霈主编：《中国文学史（第三版）》第1卷，高等教育出版社，2014年，第39~40页。

② 郭璞注：《山海经》，郝懿行笺疏，沈海波点校，上海古籍出版社，2015年，第424页。

过程也反映了先民对人类自身力量的肯定"①。从某种意义上说，作为开天辟地的创世大神，盘古是一个顶天立地的巨人，一个给整个世界创造出朗朗乾坤的英雄。从这个意义上说，盘古无疑寄托着原始先民的英雄崇拜观念和对英雄的敬仰。盘古开天辟地的神话既是创世神话，也是英雄神话，是以浪漫的想象和浪漫的形式彰显了先民对人类自身力量的坚定信念。

盘古垂死化身神话表明"盘古不仅分开了天和地，同时也是天地之间万事万物的缔造者"。盘古垂死化身神话有可能来自古人死后埋入泥土，随泥土而化的认识。但"这种'垂死化身'的宇宙观，不但解释了宇宙的形成和形态，还暗喻了人和自然的相互对应关系"。②先民把大地上的万物想象成都是盘古的身体各部分变成的，反映了先民对人与大地之间亲密的血缘关系的认识。

而女娲抟土造人神话则"塑造了一个有着奇异神通而又辛勤劳作的妇女形象，她所做的一切，都充满了对人类的慈爱之情"。"有关女娲的神话主要应是产生于母系氏族社会，女娲补天和造人的不朽功绩，既反映了人们对女性延续种族作用的肯定，同时也是对女性社会地位的认可。"③

第二节　周口地区的盘古女娲创世神话

周口地区直到今天还以故事、经歌（担经挑）等形式保存和流传着关于盘古开天辟地、垂死化身万物以及女娲补天、创造包括人类在内的各种生命的神话故事。

---

① 袁行霈主编:《中国文学史（第三版）》第1卷，高等教育出版社，2014年，第39页。

② 袁行霈主编:《中国文学史（第三版）》第1卷，高等教育出版社，2014年，第39页。

③ 袁行霈主编:《中国文学史（第三版）》第1卷，高等教育出版社，2014年，第40页。

一、周口地区盘古女娲创世神话的表现

（一）盘古开天辟地与垂死化身

周口地区关于盘古开天辟地的神话主要是以故事、经歌（担经挑）等形式呈现的。大致情节是天地混沌，如同一个鸡蛋，里面孕育着盘古和女娲。一万八千年时，盘古醒来，开天辟地，但天又塌了下来，盘古托举撑起天，天每天升高一丈，大地每天增厚一层，盘古每天长高一丈，最终变成了擎天柱——昆仑山（简称昆山），盘古的身体化成了大自然中无生命的各种东西。周口地区关于盘古开天辟地和垂死化身的神话在不同经歌作品中的具体细节上略有不同，但大致情节是相同的。有关经歌主要有《开天经》《盘古颂》《盘古功劳大过天》《自从那混沌时没有世界》《盘古爷下天庭给咱传经》《天皇爷 地皇娘》《盘古皇爷开天地》等。

（二）女娲补天与创造生命

1. 女娲补天

周口地区关于女娲补天神话故事的大致情节是：盘古分开了天地，但由于长时间撑天，最后劳累而死，身体化为天地之间无生命的各种东西。但天是不圆满的，还有一个大窟窿。女娲历尽千辛万苦，把盘古的骨骼化成的五彩石抛到天上的窟窿中，凭借天火使其熔化，熔化的岩浆落到地上变成山岭。女娲用震天鞭和大斧驱赶山岭上天，补好了天上的窟窿，用海水浇灭天火，洗刷炼石补天的渣滓污秽，使天变得圆满。这类神话主要保存在经歌《补天经》《补天就在咱昆山》《盘姑是咱女娲娘》《娲皇补天经》《盘古爷下天庭给咱传经》《天皇爷 地皇娘》《娲娘补天歌》《五色石》等中。

2. 安排日月的运行

周口地区关于女娲创世的一个重要内容是安排日月的运行。大致情节是：盘古垂死化身，眼睛变为日月，女娲安排了太阳和月亮的运行。日月

的运行有了规律，人间才有了历法，为人们的生活提供了方便。表现这类神话的经歌主要有《日月经》《盘古爷下天庭给咱传经》等。

3. 创造生命

不管在传世文献中还是在周口民间神话故事中，女娲造人是单独的神话，所以这里说的"生命"仅指人类以外的其他生命。大致情节是：盘古垂死化身，但世间没有生命，女娲为世上创造了动物、植物等生命。女娲把龙角栽入土中，长成了大树；女娲拔下彩凤身上的一根尾羽，插在地上变成了一片鲜花，百鸟齐献彩羽，世间开满了百花；女娲借来各种毛发，撒在地上长成一片青草；女娲让河蚌献出珍珠，珍珠入地，变成了五谷；女娲还造出了各种瓜果。这类神话故事主要表现在经歌《造化经》《盘姑是咱女娲娘》《天皇爷 地皇娘》等中。

4. 抟土造人

周口地区关于女娲抟土造人故事的大致情节是：盘古死去，肌肉变成田土，血液化为江河。女娲非常怀念哥哥盘古，于是她用泥土和水，也就是盘古曾经的血肉调和成黏土，模仿盘古的模样揉捏出男娃，模仿自己的模样揉捏出女娃，吹口气，男娃和女娃就有了生命。这类神话故事主要表现在经歌《造人经》《女娲娘想盘古捏起泥人》《盘古爷下天庭给咱传经》《天皇爷 地皇娘》《都是女娲造的人》等中。

5. 制定婚配嫁娶仪式制度

传统神话把制定婚配嫁娶仪式制度的功劳放在伏羲身上，而周口地区神话故事则把它看作女娲创世的一个组成部分。大致情节是：女娲造人很辛苦，但造出的人很少，于是她想让男娃和女娃婚配，生育繁衍人类，作为抟土造人的补充。她采用滚石磨的方式促成了男娃和女娃婚配，女娲点起两堆火，两股青烟在天上拧成一团，向盘古报喜。这类神话故事主要表现在经歌《婚配经》《桃花运》《盘姑是咱女娲娘》等中。

二、周口地区盘古女娲创世神话与传世盘古女娲创世神话的异同

在漫长的历史演变中，周口地区的盘古女娲创世神话在情节、内容乃至主题方面有诸多演变，与传世文献中的盘古女娲创世神话不同。

第一，与传世文献中女娲补天神话不同。周口地区将女娲补天视为对盘古开天辟地事业的继承。周口地区尤其是西华地区关于女娲补天的大致故事是：盘古开天辟地之后，上天并不圆满，"天上还有大窟窿"，正因为这个大窟窿的存在，导致人间"时而热得烈焰起，时而大地结成冰"，于是"女娲决心补苍天，要填天上黑窟窿"。① 正如西华县盘古女娲文化研究会会长耿宝山所说：西华的盘古女娲文化中，女娲与伏羲不是兄妹，而是与开天辟地的大神盘古是兄妹，盘古开天辟地的事业在他有生之年没有完成，而由他的妹妹女娲最后完成，因此在西华地区创世文化中，女娲补天与盘古开天辟地不是各自孤立的，而是对盘古未竟事业的继承和完成。② 因此，在西华地区，女娲补天属于盘古女娲创世文化的一部分，属于创世文化的范畴，而不属于灾难神话的范畴。当然，女娲作为一个继承了其兄长盘古的未竟事业并使之最终完成的伟大女性，其补天的事迹无疑是一种伟大壮举，具有崇高的美，她是西华和周口的文化英雄。如果按照神话的人物形象分类，当然可归于英雄神话。

第二，与传世文献中女娲造人神话不同。在传世文献中，盘古垂死化身肌肉化成田土，与女娲抟土造人是两个不同的神话，传世文献中并没有说女娲造人所用的黄土和水是从何而来。而在周口地区尤其是西华地区盘古女娲创世文化中，女娲造人所用的黄土是盘古的肌肉所化，所用的水是盘古的血液所化，所以人归根结底是盘古的子孙，是盘古为女娲造人创造了必要条件。正如西华经歌《盘古颂》所唱的：

---

① 耿宝山编著：《盘古与女娲·经歌篇》，人民日报出版社，2016年，第24页。

② 耿宝山：《盘古女娲文化遗存揭秘中华民族创世神话的完整性》，耿宝山编著：《盘古与女娲·经歌篇》，人民日报出版社，2016年，第3页。

都知道女娲娘造了人类，细想想女娲娘用啥造成。这世上要没有泥土和水，也没有咱人类来到世中。别忘了土和水是谁骨血，它可是盘古爷化育而成。说到底咱人类来自盘古，盘古爷才真是最早祖宗。①

第三，与传世文献中万物都是盘古化身不同。在周口地区尤其是西华地区的创世文化中，盘古垂死化身所化的只是世界上无生命的东西，而有生命的东西则是由女娲创造的，故女娲也是创世主体。

盘古垂死化身

《盘古颂》:（盘古）"倒地下长眠不醒，身上肉化成了地上田土，把血液化成水江河相通，身上骨化成了无数玉石，两只眼变成了日月星空，吼一声变成了天上雷电，吹口气化成了地上清风，汗珠儿化成了滴滴晨露，泪珠儿化成了阴雨蒙蒙，把四肢变成了起伏群山，把头颅变成了最高山峰，把腹部变成了中原大地，把胸膛变成了一座山洞。盘古爷化尽了身上所有，把一切留在了人世之中。"②

《造化经》:"自从咱盘古爷开天辟地，有天地才有这世上空间。盘古爷又把他双眼献上。献双眼变日月才有时间。有天地有时间还嫌不够。盘古爷把肌肉变成土田。还献出一腔血汇成江河，江河水就成了生命源泉。盘古爷把一切献给世上，到死去天地间还不圆满。天上边有蓝天还有白云，地上边却还是黄土一片。天上边虽不断下着雨露，地上边却没有禾苗承欢。天上边虽然有彩霞满天，地上边却没有百花争艳。高山上尽石头没有绿色，无树木光秃秃真是难看。"③

---

① 耿宝山编著:《盘古与女娲·经歌篇》，人民日报出版社，2016 年，第 10 页。
② 耿宝山编著:《盘古与女娲·经歌篇》，人民日报出版社，2016 年，第 8~9 页。
③ 耿宝山编著:《盘古与女娲·经歌篇》，人民日报出版社，2016 年，第 32 页。

女娲造万物

《开天经》："女娲造了人。"①

《盘古颂》："女娲娘造了人类。"②

《补天经》："洞中森林一片青，洞中结满瓜和果，洞中还把五谷生，洞中老虎打瞌睡，洞中猴子成了精，洞中到处飞百鸟，洞中还听凤凰鸣，洞中女娲水中浴，身后跟着九条龙……女娲造万物……仙洞成了小宇宙。"③

《造化经》："咱娲娘恩德深法力无边，补完天还要把万物造全。她卸下老苍龙头上龙角，入了地长成树高入云端。树身上还长了枝枝杈杈，枝杈上长满了层层叶片。叶片中还开着朵朵花儿，花一落结了果把树挂满。有了果生灵们有了吃哩，吃了果留果核还能繁衍。核落地生了苗长满山坡，不多久满是树森林一片。森林里又长出多少山珍，把多少好东西留在世间。她拔下凤身上一根彩羽，插地上长成了鲜花一片。那花儿真鲜艳五颜六色，迎风摆乱颤颤争奇斗艳。花朵儿还散出阵阵花香，花儿香惹人醉甜在心间。闻香味花蝴蝶翩翩起舞，小蜜蜂来采蜜落入花田。有鲜花这世上有了娇美，有鲜花这世上成了花园。……咱娲娘她让花开满大地，咱娲娘她让花香飘世间。咱娲娘还借来各种毛发，撒地上长出来青草一片。……咱娲娘留青草给咱世上，咱一定要珍惜不要多嫌。咱娲娘让河蚌献出珍珠，那珍珠入了地长出芽尖。小嫩芽出了土见风就长，有的高有的低五谷长全。长得高结了穗成了高粱……长得矮结了穗成了谷类，谷成熟弯了腰籽粒饱

① 耿宝山编著：《盘古与女娲·经歌篇》，人民日报出版社，2016 年，第 5 页。
② 耿宝山编著：《盘古与女娲·经歌篇》，人民日报出版社，2016 年，第 10 页。
③ 耿宝山编著：《盘古与女娲·经歌篇》，人民日报出版社，2016 年，第 23~24 页。

满。大地上还长出各种豆类，豆成熟真像那珍珠再现。女娲娘还造出各种瓜果，果有大又有小有长有圆。世界上有物种千千万万，说三天道三夜也难说完。反正是普天下所有物种，都是咱女娲娘造化于咱。不管是南和北还有东西，也不管是高山还有大川，有物种存世上不论贵贱，都是咱女娲娘流的血汗。"①

从经歌内容来看，女娲所造万物无一不是有生命、焕发着勃勃生机的。可以说，盘古垂死化身只化出无生命的东西，这是不圆满的，女娲造出各种有生命的东西，才使这个世界丰富多彩，才使他们创世的事业得以完成和圆满。换言之，完美的世界是盘古和女娲兄妹二人合作努力的结果。女娲创造万物是对盘古开天辟地事业的继承和发扬光大，是对盘古开天辟地事业的最终完成，也是对这一事业的美化。究其根源，在于亲缘关系的认定上各地有不同。传世文献中女娲与盘古并无关系，而与伏羲是兄妹，淮阳地区的女娲神话大致延续此种观念。而在西华地区，盘古和女娲是双胞胎兄妹，二人共同创造了世界，共为创世大神。

第四，西华地区的女娲造人故事没有所谓的"剧务，力不暇供，乃引绳于絙泥中，举以为人。故富贵者，黄土人也；贫贱凡庸者，絙人也"②这些内容，反而突出了女娲对哥哥盘古的深厚感情，如《造人经》：

> 她把泥娃托在手，两只眼睛细细盯。越看越像小盘古，越看越爱在心中。女娲越看越激动，不觉两眼泪水倾。泥娃虽是自己造，却是盘古血肉生。不是血化江河水，用啥和泥能捏成。不是肌肉化田土，哪有天下人类生。泥娃就是小盘古，泥娃就是双仙生。③

---

① 耿宝山编著：《盘古与女娲·经歌篇》，人民日报出版社，2016年，第32~35页。
② 李昉等：《太平御览》卷78《皇王部三》引《风俗通》，中华书局，1960年，第1册，第365页上栏。
③ 耿宝山编著：《盘古与女娲·经歌篇》，人民日报出版社，2016年，第40~41页。

第五，与传世文献不同。周口地区尤其是西华地区女娲创世文化中，女娲制定婚配嫁娶仪式制度也是创世文化的组成部分。西华地区经歌唱词是这样解释女娲制定婚配嫁娶仪式制度的："女娲当初把人造，男人女人都造成。刚刚造好一小点，女娲操心养活成……女娲造人也太累，也想让娃婚配成。"[①] 意思是说，女娲辛辛苦苦地造出有限的人，还要含辛茹苦地把他们养大，也太辛苦了。为了创造更多的人，女娲想出了让男娃和女娃婚配的办法。所以制定婚配嫁娶制度是女娲造人创世的一部分。

此外，周口地区关于女娲造人创世，还有一些具体的细节。"在周口淮阳、西华一带流传的女娲抟土造人的故事说，女娲用黄土捏了泥人，开始的时候为了使泥人结实，就在火里烧。后来做得太多，来不及烧，就在太阳地里晒。所以烧过的人是贵人，晒干的人则是穷人。在还没有晒干的时候，忽然来了大雨，女娲赶紧用簸箕往回撮，结果有的泥人被撮断了胳膊或腿，这就是世界上一些残疾人的来历。"[②] 这些反映了周口民间在传世文献基础上发挥想象进行的再加工、再创造，表现出在传统文献基础上更加深化、细化的特征。

第三节　周口盘古女娲创世文化的文化精神

作为一种上古文化符号，盘古女娲在几千年的历史时空中一直鲜活地生活在周口大地上。他们的故事被传唱，他们的精神被歌颂。那么，周口盘古女娲创世文化的文化精神体现在哪些方面呢？

①　耿宝山编著:《盘古与女娲·经歌篇》，人民日报出版社，2016 年，第 43 页。
②　俞海洛:《周口地域文化十二讲》，河南人民出版社，2014 年，第 31 页。

一、开拓创新

周口盘古女娲创世文化体现了开拓创新的精神。盘古和女娲二人都是通过努力实现了"无中生有"。

盘古打破了旧世界，开辟出了朗朗青天、广袤大地。而这一切改变的内在驱动力是他对现状的不满。起初，盘古生活的世界是这样子的："混沌是一大圆球，就像一个大鸡蛋。混沌一直在长大，长得无际又无边。她也不分清与浊，她也不分深与浅。她也不分南与北，她也不分地与天。她也不长手与脚，她也不长鼻子眼。单单生出阴阳气，阴阳二气搅一团。"[①]盘古女娲沉睡了一万八千年，"感到周边不安静，盘古慢慢睁开眼。抬抬两条长胳膊，耸开两座如山肩。伸伸懒腰要翻身，感到身边乱颤颤。盘古伸手抓一把，黏黏糊糊身上沾。盘古很想站起身，不知哪儿是上边。盘古浑身不舒服，心想一定得改变。大脚用力蹬下去，觉得下面深无边。他还向上探了探，蛋壳硬得铁一般。盘古也有犟脾气，他要把壳来打烂。"[②]盘古对于这种不稳定、不知上下、黏黏糊糊的世界感到非常不舒服，于是想要改变它。盘古借助身边正好有的神木和巨斧，历经艰辛，终于打破了混沌，开辟了湛湛青天、清明大地。

女娲创造万物也是由于她对无生命的世界的不圆满而遗憾。盘古化身之后，女娲面对的是这样的世界："天上边有蓝天还有白云，地上边却还是黄土一片。天上边虽不断下着雨露，地上边却没有禾苗承欢。天上边虽然有彩霞满天，地上边却没有百花争艳。高山上尽石头没有绿色，无树木光秃秃真是难看。"[③]这样的无生命世界是不完美的，正是由于对这种不完美的不满，女娲想方设法为世界创造生命，带来生机。

可以说，在周口尤其是西华盘古女娲创世文化中，盘古女娲都体现了

---

① 耿宝山编著：《盘古与女娲·经歌篇》，人民日报出版社，2016 年，第 1 页。

② 耿宝山编著：《盘古与女娲·经歌篇》，人民日报出版社，2016 年，第 2~3 页。

③ 耿宝山编著：《盘古与女娲·经歌篇》，人民日报出版社，2016 年，第 32 页。

开拓创新的精神，从无到有，二人接力逐步创造出了生机勃勃的世界。

二、勇于担当

面对混沌的世界和无生命的世界，盘古女娲不等也不靠，实际上也无人可等无人可依靠，只能独力担当。

在开天辟地的故事中，盘古努力撑住天不让它重新落下来，他让女娲藏进自己的胸膛变成的山洞中，避免女娲受到伤害。这里面既有亲情的成分，也有男人保护女人的天性。就如经歌《盘古颂》唱词所言："遇凶险他从来敢于担当。"[①]正如"战争让女人走开"所说的，当灾难来临的时候，男人要保护妇孺，迎难而上，向险而行，做最勇敢的逆行者，做女人的保护神，西华人将这种勇于担当的精神寄托在盘古身上，实际上表现的就是对这种中华民族精神的继承和发扬。盘古具有担当精神，女娲作为女性也具有担当精神，她自觉地承担了哥哥盘古化身之后留下的未竟事业，炼石补天以使苍天圆满，创造生命，使大地充满勃勃生机。

三、无私奉献

中国传统神话都有浓厚的厚生爱民意识。大多数神话英雄的所作所为都不是为了自己，而是为了给人类消除灾害、拯救生命、爱民利生。诸如《女娲补天》《鲧禹治水》《后羿射日》《夸父追日》，甚至《精卫填海》也不仅仅是向大海复仇的故事，而兼有消除灾难使后世避免相同悲剧的意味，这些都具有无私奉献的精神。

在周口地区尤其是西华地区的创世文化中，盘古女娲身上也体现了这种无私奉献的精神。对此，西华经歌用生动的描写加以表现，如前引《盘

---

① 耿宝山编著:《盘古与女娲·经歌篇》，人民日报出版社，2016 年，第 14 页。

古颂》关于盘古化身的文字。

经歌除了用细节的描写来表现，还对这种无私奉献的精神进行直接评价。《开天经》说："为了让天不黑暗，盘古还把双眼献。"[1]《盘古颂》说："盘古爷化尽了身上所有，把一切留在了人世之中。""他为咱受过了多少苦难，他为咱熬过了多少寒冬。他心里装的是整个世上，他自己没留下一点一星。"[2]《补天经》记载盘古开天辟地，但天并不圆满，还有一个大窟窿，使人间"时而热得烈焰起，时而大地结成冰"[3]，大地上的生命无法到仙洞外活动，女娲为了给大地上的生命开辟活动空间，毅然决然地历尽艰辛炼石补天。[4]《造化经》则记载女娲为了给大地增添生机，造出各种树木花草、五谷瓜果等各种植物，又不辞劳苦地抟土造出一个个人，她这样辛辛苦苦、忙忙碌碌做这些都不是为了她自己，而是为了大地上的各种生命，她身上也充分体现了无私奉献的精神。[5]

四、吃苦耐劳、坚韧不拔

中华民族是一个吃苦耐劳、坚韧不拔的民族。正是这种精神支撑我们民族和我们的优秀传统文化屹立五千年，传承至今，中华文明成为迄今为止世界上唯一没有断绝过的文明。在周口地区尤其是西华地区盘古女娲创世文化中，人们把这种精神赋予他们心目中的创世大神盘古女娲。在经歌中，人们这样描述盘古的这种精神：

---

[1]　耿宝山编著：《盘古与女娲·经歌篇》，人民日报出版社，2016年，第5页。

[2]　耿宝山编著：《盘古与女娲·经歌篇》，人民日报出版社，2016年，第9页。

[3]　耿宝山编著：《盘古与女娲·经歌篇》，人民日报出版社，2016年，第24页。

[4]　耿宝山编著：《盘古与女娲·经歌篇》，人民日报出版社，2016年，第23~26页。

[5]　耿宝山编著：《盘古与女娲·经歌篇》，人民日报出版社，2016年，第32~36页。

他不顾脚下的砂石乱滚，他不顾天落下该有多重。他不顾身边有熊熊烈火，他不顾恶浪起淹到前胸。他不顾挨着饿没有吃哩，他不顾光着身有多寒冷。直挺挺站立在天地之间，就为了让天地不再合拢。……寒冷时也只能自己忍着，饥饿时也只能喝口凉风。再劳累也没有人来替替，再难受也没法走走动动。就这样熬过了一天一天，就这样熬过了一冬一冬。[①]

盘古即使死后也要把身体化成大地上的田土高山、江河湖海、风雨雷电、雨露清风，为女娲将要创造的人类和其他生命提供生存的条件。

当然，周口地区尤其是西华地区盘古女娲创世文化中盘古女娲身上体现出这些中华民族传统精神，根本的还是基于大爱的精神，基于厚生爱民意识。正如耿宝山所言："盘古女娲的创世神话和文化遗存，回答了我们是谁，我们是从哪里来的等重大问题，让我们有了一个名正言顺的、美好的归宿。而且顺理成章地找到了中华民族共同的根、共同的始祖。中华民族来自盘古女娲的创造，盘古女娲是我们真正的始祖，是中华民族共同的根、共同的精神家园。这有利于增强中华民族的认同感、归属感，有利于提升中华民族的亲和力、向心力、凝聚力。同时，盘古女娲创世神话和文化遗存，进一步说明中华民族有着共同的文化源头和精神基因，中华民族所有儿女都是这个大家庭里的一分子。这是盘古女娲创世说的最大价值所在。盘古女娲树立了开拓创新、敢于担当、无私奉献、大爱包容的光辉榜样，让我们有了精神的力量和正确的人生取向……因此，重新认识和确立盘古女娲的创世说，不仅是一份重大历史使命，也是当下弘扬社会主义核心价值观的需要，是提高文化自信、文化自觉的需要。实现中华民族伟大复兴的中国梦，更需要有文化精神的支撑。盘古女娲是我们民族的魂魄和坚实的精神根基，是中华民族永恒的人生标杆和精神高地，是永远值得我

---

① 耿宝山编著：《盘古与女娲·经歌篇》，人民日报出版社，2016 年，第 7 页。

们仰望的一个璀璨的星座。"[1]

第四节　周口创世文化遗存与精神内涵 [2]

一、周口地区盘古女娲创世文化遗存

周口地区盘古女娲创世文化遗存丰富，尤其是西华地区流传着大量关于盘古女娲的创世神话传说，留下了大量的创世文化遗迹。"这些文化遗存，既有物质形态的宫殿、庙宇、遗迹、墓葬、石刻、砖雕等，又有非物质形态的、流传于民间的歌颂盘古女娲的优美传说、民俗活动等。内容丰富、形式独特、规模盛大，而且这些遗存既有盘古寨，又有女娲城；既有盘古墓，又有女娲陵；既有出土的'盘古寨'砖匾，又有女娲的碑文。与之相关的还有女娲宫、龙泉寺、墓岗寺、盘古井等历史遗迹，这些就像一个远古时期的天然'沙盘'，共同构成了中华民族创世文化遗址群。"[3]

（一）周口地区盘古女娲物质文化遗存

1. 盘古寨盘古文化遗址

盘古寨遗址位于今周口市西华县县城东北 20 千米的东夏镇木岗寺村东，方圆约 1 平方千米。传说盘古葬于此地。木岗寺村原址在今盘古寨，

---

[1]　耿宝山：《盘古女娲文化遗存揭秘中华民族创世神话的完整性》，耿宝山编著：《盘古与女娲·经歌篇》，人民日报出版社，2016 年，第 4~5 页。

[2]　关于周口地区盘古女娲创世神话及其精神传承，可参阅耿宝山《西华盘古女娲神话及其精神传承的调查与思考》《盘古女娲创世说——中华非遗原点遗址探析》，耿宝山编著：《盘古与女娲·经歌篇》，人民日报出版社，2016 年，第 383~404、405~415 页。

[3]　耿宝山：《盘古女娲文化遗存揭秘中华民族创世神话的完整性》，耿宝山编著：《盘古与女娲·经歌篇》，人民日报出版社，2016 年，第 2 页。

后来因为洪水泛滥，迁至原址西边。亦即是说，木岗寺村原址在今盘古寨，原本无木岗寺村，今木岗寺村村民多为从盘古寨迁出的寨民后裔。盘古寨出土有宋代"盘古寨"寨门匾额砖雕。①

据有关资料可知，木岗寺村原名"墓岗寺村"，从名称中的"岗"字可推知此处的墓葬很大，高出地面不少，而"墓"就是盘古墓。"盘古墓"在木岗寺村西，又叫"五里岗墓"，南北长 2 500 多米，东西宽 500 多米，规模很大，当为一处帝王级的大墓。何时兴建一时无考。因历史上黄河屡次泛滥，现在墓冢早已淤为平地。墓旁有盘古井，现在有凹坑遗迹。盘古寨遗址是目前全国为数不多的盘古文化遗址，作为一种文化存在，对研究中国远古文化具有重要意义。②

2. 女娲城女娲文化遗址

女娲城位于今周口市西华县县城北 7.5 千米的聂堆镇思都岗村，该村发掘有春秋时期女娲城遗址。"考古发现该城址呈正方形，分内外两层，外郭城墙 4 000 米，内城长 1 400 米，为东周城址，属龙山文化遗址。城墙下还埋着商周甚至八千年以前的古文化遗址。"③另外，思都岗村一村民曾在村外挖到一块古砖，古砖呈长方形，长宽约一尺，厚约二寸，上刻阳文正楷"娲"字。经文物部门考证，为明代女娲城城门匾额，证明明代时此地叫女娲城。女娲城女娲文化遗址群中有女娲陵文化遗址，古时记载"望之如山"，后经多次洪水淤积，现存女娲陵顶，高 6 米多，直径 20 多米，占地 300 多平方米。④

---

① 耿宝山：《盘古女娲文化遗存揭秘中华民族创世神话的完整性》，耿宝山编著：《盘古与女娲·经歌篇》，人民日报出版社，2016 年，第 2 页。
② 耿宝山：《盘古女娲文化遗存揭秘中华民族创世神话的完整性》，耿宝山编著：《盘古与女娲·经歌篇》，人民日报出版社，2016 年，第 2 页。
③ 耿宝山：《盘古女娲文化遗存揭秘中华民族创世神话的完整性》，耿宝山编著：《盘古与女娲·经歌篇》，人民日报出版社，2016 年，第 2 页。
④ 耿宝山：《盘古女娲文化遗存揭秘中华民族创世神话的完整性》，耿宝山编著：《盘古与女娲·经歌篇》，人民日报出版社，2016 年，第 2 页。

又据有关资料记载，"女娲陵东有龙泉寺。该寺始建于汉代，明宣德至万历初年重修。寺内有石碑两通，刻有'西华治北十五里许，有城遗址，半就湮没，相传为女娲氏之故墟也'字样"[1]。这则材料反映了明代女娲城的位置和状况，说明至少明代及以前当地人就认为这里是女娲城遗址。

另外，今天西华县县城北郊贾鲁河畔的山子头村昆山有女娲宫，与位于聂堆镇思都岗村的女娲城相隔数里，为西华另一处女娲文化遗址。据有关资料可知，女娲宫占地30亩，有女娲宫主殿和伏羲殿、玉皇殿、老母殿和两侧配殿。主殿阔五间，双檐出厦，四角挑脊；殿内供奉女娲塑像，仪式端庄，形象逼真。每逢农历初一、十五，女娲宫与女娲城都有庙会，祭祖观光者络绎不绝。

在西华"这样一个县域内，盘古女娲有城有寨、有陵有寺，并且城寨相邻、陵墓相望、庙会相近，东西相距仅几公里，有力地印证了盘古神话与女娲神话之间的天然联系，二者相互依存，相互补充，相辅相成，同为中华创世文化不可分割的重要组成部分"[2]。

（二）周口地区盘古女娲创世非物质文化遗存

周口地区不仅有大量的盘古女娲创世物质文化遗存，而且有大量的盘古女娲创世非物质文化遗存，其形式有故事、经歌（担经挑）、庙会等。

1. 故事

在周口盘古女娲创世故事中，天地未开之前，混沌像一个巨大的鸡蛋，里面同时孕育了盘古和女娲（传世神话里只有盘古）。女娲又称盘姑，盘古与女娲是兄妹（传世神话说伏羲跟女娲是兄妹）。兄妹在混沌中沉睡，

---

① 耿宝山：《盘古女娲文化遗存揭秘中华民族创世神话的完整性》，耿宝山编著：《盘古与女娲·经歌篇》，人民日报出版社，2016年，第2页。

② 耿宝山：《盘古女娲文化遗存揭秘中华民族创世神话的完整性》，耿宝山编著：《盘古与女娲·经歌篇》，人民日报出版社，2016年，第2~3页。

周口地域文化

一万八千年后，盘古醒来，开天辟地。因为天地要重新合拢，盘古支撑天地并随天的升高一起增长。不知过了多少岁月，盘古死去，双眼化为日月，身体化为田土、江河、岩石、山峰、清风、雷电、阴雨、晨露，并将女娲保护在自己胸膛变成的仙洞之中。①

"在西华，代代流传女娲炼石补天、化育万物、抟土造人、滚石成婚、传授法术、教化儿女、治水除妖等创世、救世、治世的故事。在《救生灵》的故事中，开篇讲道：盘古开了天，辟了地，自己却变成了一座大山。山上有一个洞，很大很大，能住好多人。女娲就住在这个洞里。女娲很爱这座山，爱这山上的一切。因为这山就是自己的哥哥化成的。在《女娲补天》中，说女娲知道哥哥盘古化作了天地和山川，但也留下了'天缺地残'的遗憾，为了完成哥哥的未竟事业，她炼石补天。而在补天的过程中，她时时怀念盘古，得到了盘古的帮助，使她完成了补天的使命。"②

2. 经歌（担经挑）

周口地区至今以经歌的形式传唱着盘古开天地、身化万物，女娲创造各种生命（包括人类）的故事。经歌又称"担经挑""担花篮"，有文献说是淮阳太昊伏羲陵二月二庙会上特有的祭祀巫舞，实际上周口地区其他县市也有，临近如太康、商水、周口、项城、郸城、西华亦有。当然，经歌舞者以淮阳人为多。全县 20 多个乡镇中，14 个乡镇都有舞者。

传说经歌意在敬老母娘（女娲）。跳舞时两臂平伸，手半握经挑两头以示孝敬。经歌传女不传男，淮阳地区传说经歌是远古祭祀仪式"龙花会"流传下来的。龙指伏羲女娲，伏羲为大龙，女娲为小龙，二者皆人首龙身；花指以担花篮的形式举行的祭祖活动。西华则以经歌的形式歌舞演唱盘古女娲的故事。

经歌舞者多着黑色偏大襟上衣，大腰裤均镶彩边，黑鞋绣花，黑头纱

① 耿宝山编著：《盘古与女娲·经歌篇》，人民日报出版社，2016 年，第 1~14 页。
② 耿宝山：《盘古女娲文化遗存揭秘中华民族创世神话的完整性》，耿宝山编著：《盘古与女娲·经歌篇》，人民日报出版社，2016 年，第 3 页。

长约五尺，下缀二寸长穗。每班四个老斋公（老太太）。三人表演，一人打经板（竹制），在经板声中以说唱形式为表演者伴奏。三副经挑中六种花篮，花篮竹制精巧，有龙、虹、狮子、虎、宝瓶等式样。舞姿变化大致有三：一是"剪子股"。一人打经板，三人表演，以十字路线为中心，对面穿插，走成剪子股路线。二是"铁锁链"。一人走这种路线，二人走另一条路线，像拧麻花一样多次相叠。三是"蛇蜕皮"。一人在前，三人（包括打经板者）朝一个方向沿履而舞，然后，每二人从中交叉而过，像蛇逶迤而行一样。这三种队形有一个共同特点：舞蹈者走到中间要靠背而过，身后的黑纱长尾碰绕在一起。经歌的基本舞步脚距较小，约半肢距离，走起来跟戏曲动作中的碎步相仿，三人表演时沿履而舞。

西华地区流传至今的以盘古开天辟地、化身万物和女娲创造包括人类的所有生命为题材的经歌歌舞有《开天经》《盘古颂》《补天经》《日月经》《造化经》《造人经》等，用丰富的想象和生动的描述，讲述盘古开天辟地、化身万物的故事和女娲补天、创造各种动植物以及人类的故事，应该说周口地区的盘古女娲创世文化，正是对上古盘古女娲创世神话基本情节及其精神的继承和发扬。

3. 庙会

周口西华女娲城庙会定期在每年农历正月十五至二月二举行。另有每月初一、十五例会。庙会主要为信仰活动，同时也是一种集市贸易活动，并伴有娱乐内容。女娲城庙会有敬香许愿、跪拜求神、歌经娱神等方式，此外还有为女娲陵"添坟""讲唱女娲功德""对功""渡船""守功"等。在庙会上，祭奉的女娲是女神，所以这里的庙会便成为女性的世界，讲的、唱的、跳的，以及庙会各层管理人员均为女性。这些信奉者对女娲十分虔诚、笃信。现今的女娲城庙会在近些年新修建的"女娲城"举行，每到庙会期间，四方民众蜂拥而至，比肩继踵，人山人海，多时日游人数达10万之众。关于西华女娲城庙会的盛况，民间有"会罢东陵赶西陵"之说。"东陵"指淮阳的太昊陵，"西陵"指西华女娲城，说明历史上的女娲城庙会由来已久且相当繁盛。①

　　实际上，据笔者观察，如鹿邑太清宫、明道宫和淮阳太昊陵、画卦台等处一样，女娲城、女娲陵、女娲宫平日里也有信奉者前去祭拜，除了烧香跪拜，有的人整天守在那里，陪伴女娲娘（或者叫娲娘），有什么心事就向娲娘倾诉。初一、十五例会的时候，人更多，香火更盛。当然，最鼎盛的还是每年农历正月十五到二月二为时长达半个多月的庙会。正如王剑所言："西华女娲城庙会大量的神话、祭歌、俗语等，是民间文学丰富的发源地之一。这里流传的长篇祭歌和大量神话故事，叙述了汉民族发祥创业的历史，可谓博大雄深，具有民族史诗的性质。这些女娲祭歌，不是欢乐的赞美诗，而是突出人类始母作为一代人杰，面临自然力的巨大威压和种群灭顶之灾时的恐惧、惊异、英勇搏击和繁衍生息的艰难，歌颂了人类的本质力量和英雄气概，因此女娲城祭歌的独特性又在于它表现了慷慨悲壮的英雄悲剧特征。同时，庙会上传唱的乡曲俚调、方言俗语、歌舞戏曲表演与声腔，不仅承载了大量的女娲神话和信仰内涵，而且广泛地反映了中原的人文心态、世俗生活、地方艺术与原始宗教关系等丰富的内容。尤其是以对歌的形式即兴演唱女娲功业的祭祀歌舞'对功''渡船''担经挑'的表演及庙会上所唱的大量经歌、民歌，对我们的民间文学、民间艺术及更多方面的研究，是极有价值的。庙会是民间艺术齐聚的盛大节日，来自民间的音乐、舞蹈、戏曲、社火、工艺在这里展示和表演，丰富多彩的内容和形式吸引着四面八方的民众参与其中，为庙会营造了喜庆热闹的气氛，同时，这些独特的民间艺术形式也借庙会这块肥沃的土壤得以保护、传承与延续。"②

---

① 　杨复竣：《中华始祖太昊伏羲：中国远古文明探源（下）》，上海大学出版社，2008年，第353页。

② 　俞海洛：《周口地域文化十二讲》，河南人民出版社，2014年，第41页。

二、周口地区盘古女娲创世文化的精神内涵

周口地区盘古女娲创世文化是周口地区特殊的民间文化，也是我国民族文化和大众文化的一部分。它是一种源远流长、极为复杂而又鲜明生动的社会文化现象，"它既是宗教的，又是世俗的，充分反映了农民群众长期积淀形成的思想意识、价值观念、行为方式和心理态势。它世代延续、传承和发展，历久不衰"[①]。那些平日里到女娲城祭拜女娲娘，整天陪伴着女娲娘，有什么烦心事、为难事都向女娲娘倾诉的人，其对女娲的信仰和崇拜都是极为真诚的，集中表现了周口地区民间的文化心态与价值信仰。

（一）神话中折射的虔诚民间信仰

在当代社会，从科学与理性的层面来说，大多数人不会相信真有盘古开天辟地，人真的是女娲用黄土捏成的，树木是女娲用龙角变成的，花儿是女娲用凤身上的一根彩色羽毛变成的，青草是女娲用毛发变成的，五谷是女娲用河蚌身体产生的珍珠变成的。但在民间信仰中，这些都是真实的。周口地区盘古女娲创世文化观念也是这样。他们用故事、经歌等形式代代传唱盘古女娲创世的故事。在他们的观念中，表层意识层面他们把盘古女娲创世故事只是当作故事，潜意识里又把盘古女娲创世故事当作自远古就一直存在的事实，把盘古和女娲视为无所不知、无所不能的超现实存在，也就是当作神明一般信仰和崇拜。"在现实生活中，人们往往会遇到各种困惑，遭受种种不公平待遇，而庙会则为人们提供了宣泄情感的空间。通过神灵祭拜人们获得了心灵上的抚慰，现实中的不平等也在神灵面前得到补偿，获得了心理上的平衡。"[②]这种信仰和崇拜由于庙、陵寝等物

---

① 俞海洛：《周口地域文化十二讲》，河南人民出版社，2014年，第41页。

② 俞海洛：《周口地域文化十二讲》，河南人民出版社，2014年，第42页。

质文化遗产的存在和各种文化艺术形式得到传承强化。

具体到周口尤其是西华地区创世文化信仰方面，"西华女娲城庙会以女性为主体，表现了明显的始母崇拜和生殖崇拜意向"[①]。据有关资料可知，"西华女娲城庙会中，妇女在庙会的组织、管理及歌舞、守功、附体等方面占绝对优势。女娲城庙会的组织结构主要是民间信仰的传统组织形式——香会。香会由各乡村妇女自发组织，大的香会有几百人，小的香会几十人。在近200个香会中，会首几乎全是女性，会员90%是妇女。大家同吃同住，无论长幼，同宗相亲，姐妹相称，万善同归，……世俗生活中被淹没的女性潜能、才情，在庙会上得以狂放恣肆地发挥。漫长的封建社会乃至今日乡村男尊女卑的观念根深蒂固，但靠女娲信仰的巨大威力，几千年来在女娲城庙会上留存了一个独立于世俗之外的女性世界，而支撑这一世界的根基是曾延续了相当长历史时期的女娲信仰"[②]。

（二）报本思源：强烈的感恩观念

周口尤其是西华地区，民众表现出特别浓厚的对盘古、女娲感恩和报恩观念，实际上不仅是对盘古、女娲，对伏羲、对老子等都有强烈的感恩意识和报恩意识。如西华担经挑《盘古颂》唱词："人都知树有根水有源头，咱不能忘根本不顾前情。要记住盘古爷他的功劳，他可是天地间第一神灵。谁要是忘记了老祖盘古，那可是没良心成了畜生。劝世人多念念盘古的好，劝世人多想想盘古的功。他为咱受过了多少苦难，他为咱熬过了多少寒冬。他心里装的是整个世上，他自己没留下一点一星。……可别忘他为咱化育田土，化田土可真是一件大功。……人都知离不开太阳月亮，别忘了日和月咋样生成。要不是盘古爷献出双眼，这天地可还是黑咕隆咚。"①"劝今人有了福莫忘过去，知娘难报娘恩才是本源。"②"尘世之人别忘本，别忘盘古女娲娘。"③"因为女娲是女人，她对女人大恩情。"④"俺请娲娘来俺家，俺给娲娘上上贡。啥好吃哩都摆上，谢谢娲娘大恩情。"⑤"恁进香，把善行，俺传真经恁听听。现在男女成婚配，别忘娲娘大恩情。"⑥ 除了直接表达自己的感恩之情和报恩之意，西华地区人们对盘古女娲的感恩之情和报恩之意还通过《盘姑是咱女娲娘》《天皇爷 地皇娘》《盘古爷和女娲娘》《盘古皇爷开天地》《都是女娲造的人》《人人都知女娲城》《开天斧》等对盘古女娲开辟、补天、创造生命事迹的反复描述表现出来。

（三）鲜明的劝世教世特色

周口尤其是西华地区，不论经歌还是故事，都表现出鲜明的劝世教世特点。劝导教化世人要懂得感恩，感谢盘古和女娲（盘姑），要学习盘古女娲行善积德、莫做恶事，要推感恩盘古女娲之心及父母，要感恩父母，孝敬父母，要像盘古那样关爱弟弟妹妹等。实际上这是在最基本的亲情基础上对传统伦理观念和伦理思想文化的认同。这些劝世教世的内容可以分为以下几方面。

第一，劝导教化世人要懂得感恩。如担经挑《盘古颂》唱词："咱不能忘根本不顾前情，要记住盘古爷他的功劳……谁要是忘记了老祖盘古，那可是没良心成了畜生。劝世人多念念盘古的好，劝世人多想想盘古的功。……盘古爷功德广比天盖地，说到黑唱到明也难说清。到啥时别忘了

---

① 耿宝山编著：《盘古与女娲·经歌篇》，人民日报出版社，2016年，第9~11页。

② 耿宝山编著：《盘古与女娲·经歌篇》，人民日报出版社，2016年，第196页。

③ 耿宝山编著：《盘古与女娲·经歌篇》，人民日报出版社，2016年，第226页。

④ 耿宝山编著：《盘古与女娲·经歌篇》，人民日报出版社，2016年，第236页。

⑤ 耿宝山编著：《盘古与女娲·经歌篇》，人民日报出版社，2016年，第238页。

⑥ 耿宝山编著：《盘古与女娲·经歌篇》，人民日报出版社，2016年，第43页。

周口地域文化

盘古老祖，到陵前常烧香表表心情。"①《日月经》唱词："记住太阳它哩恩，记住太阳它哩情。……说说日，说说月，日月都有大恩情。……咱们人人要记住，咱们永远记心中……咱可别忘老根本，日月可是盘古生。没有盘古献双眼，哪有日月放光明。咱得日月大恩惠，别忘盘古老祖宗。还有咱的娲皇娘，她送日月上天庭。又给日月分了工，才让日月天上行。没有咱的娲皇娘，昼夜咱还分不清。盘古女娲功劳大，咱可时时要记清。"②都非常明确地表达了劝化世人感恩盘古女娲的思想。当然，这种感恩观念是可以推己及人的，对所有关心帮助自己的人要心存感念，要报恩，这样才能形成良好的和谐的人际关系。这是传统文化的精髓所在。

第二，劝导教化世人学习盘古女娲的行善积德。如担经挑《盘古颂》在列举了一系列自私自利的行为之后，唱道："劝今人做事情学习盘古，学一学盘古爷他的心胸。"③明确表明世人要学习盘古大爱无私的心胸。"要做人先要把良心放正，存邪念有贪心不得善终。有能力就帮人多做善事，做善事就一定有好报应。别光想做坏事别人不知，盘古爷两只眼就在当空。不光是白日里看得真切，到夜晚也能把善恶分清。要记住做个人别忘根本，要记住有今天别忘祖宗。咱世人只要是心地善良，盘古爷保佑咱一生太平。"④又如担经挑《救龙凤》：龙凤因为舍身救百鸟和水族而为女娲所救，接着直接加以阐发，"劝世人学龙凤厚德大义，更要学咱娲娘慈爱无边。有心胸容天下能得神佑，有心胸容别人自己心宽。做事情若能为别人想想，也能像龙和凤成为圣贤。做好事不怕小那是积德，坚持做少积多大功显现。"⑤《天皇爷 地皇娘》唱词："我劝今人多行善，行善才能得心

---

① 耿宝山编著：《盘古与女娲·经歌篇》，人民日报出版社，2016年，第9、14页。

② 耿宝山编著：《盘古与女娲·经歌篇》，人民日报出版社，2016年，第29、30页。

③ 耿宝山编著：《盘古与女娲·经歌篇》，人民日报出版社，2016年，第13页。

④ 耿宝山编著：《盘古与女娲·经歌篇》，人民日报出版社，2016年，第14页。

⑤ 耿宝山编著：《盘古与女娲·经歌篇》，人民日报出版社，2016年，第21页。

第二章 盘古女娲创世文化

55

安。行善就是敬天地，行善就是敬祖先。只要恁听我哩言，保恁享福得平安。"①明确表达了教育劝导世人要行善积德的思想。"做好事不怕小那是积德，坚持做少积多大功显现"②就是"勿以善小而不为"的翻版，用善有善报来劝诱世人行善积德。

第三，劝诫世人莫做恶事。如担经挑《救龙凤》唱词："有邪念哪怕是一小点点，也可能走邪路掉进深渊。"③《日月经》唱词："有时月亮像明镜，明镜高悬在空中。它能照见善与恶，善恶它可分得清。行善它让得善报，它把好意传天中。如果谁要做了恶，它可是能看得清。它是一个巡察官，它可天天察民情。有人总是趁夜晚，干点坏事不正经。总觉没人能看见，忘了明月挂空中。明月比人记性好，明月比人看哩清。"④《造化经》唱词："俺劝这世上人莫存恶念，别忘了咱娲娘神灵在天。别光想她在天离恁太远，恁作孽可别想逃过法眼。作恶哩到头来必遭恶报，前有因后有果那是必然。对万物都要有敬畏之心，有敬畏才能够保护自然。要爱惜咱身边美好事物，每一草每一木都应爱怜。爱物种就是爱女娲娘娘，敬物种就是敬大地高天。"⑤其中包含着深厚的月亮崇拜观念，把月亮想象成监察人间、无所不知的神明，这种观念中蕴含的天人感应观念和善恶相循的思想，还是有一些警戒作用的。

第四，教育劝诫世人孝敬父母。如担经挑《婚配经》唱词："男欢女爱传千古，代代都把儿女生。代代儿女敬父母，祖祖辈辈敬祖宗。不管祖宗多少代，饮水思源要弄清。谁也不能忘盘古，忘了盘古绝了情。咱更不能忘女娲，咱身都是女娲生。……如今人们有福享，想想福苗从哪种。是人就得讲孝道，不讲孝道是畜生。自古百善孝为先，不孝怎把国家忠。人

① 耿宝山编著：《盘古与女娲·经歌篇》，人民日报出版社，2016年，第222页。
② 耿宝山编著：《盘古与女娲·经歌篇》，人民日报出版社，2016年，第21页。
③ 耿宝山编著：《盘古与女娲·经歌篇》，人民日报出版社，2016年，第21页。
④ 耿宝山编著：《盘古与女娲·经歌篇》，人民日报出版社，2016年，第30页。
⑤ 耿宝山编著：《盘古与女娲·经歌篇》，人民日报出版社，2016年，第36页。

间孝道传下去，代代传给善人听。今天说哩恁要听，保恁有福享不清。恁要还能传下去，一生平安得安宁。不管咱到啥时候，不能忘了老祖宗。"①实际上这段话是接着女娲制定婚配嫁娶仪式制度说下来的。又《老娘当家》唱词："做儿女更不能忘记娘恩，忘娘恩咱老娘她会心寒……当儿的永远都欠着娘情，娘的情到啥时能够还完。人来到这世上不孝亲娘，拍良心想一想咋会有咱。没有娘咱不会来这世上，没有娘咱不知上有蓝天。没有娘哪个人能够长大，没有娘谁把咱常挂心间。俺劝劝世上人多尽孝心，一定要多珍惜娘在身边。有娘在多喊声俺的亲娘，把父母恩养情记在心田。知感恩人才能心存善念。有善心人才能福报平安。"②这段唱词中"没有娘咱不会来这世上，没有娘咱不知上有蓝天"一方面说的是现实的娘，另一方面是指女娲抟土造人和女娲继承盘古完成了补天的事业。从感恩孝敬盘古女娲联系到孝敬父母，因为在西华人的观念里，父母、祖宗、盘古女娲都是一脉相承，孝敬他们也是一脉相承、一以贯之的基本伦理道德规范。

第五，教育男儿学习盘古，这实际上是对盘古文化精神的挖掘和利用。如担经挑《盘古爷传真经》唱词："盘古爷，传真经，传给儿孙恁是听。恁要做个好男儿，可别黑心当孬种。男人生来别怕累，男人生来别怕穷。吃苦受累长见识，谁也没把穷根生……男人就得能扛事，天塌下来也能顶。越能扛事越没事，缩头才把灾祸生。当个男人别怕事，怕事别把男人生。常说怕啥就有啥，能扛才能当英雄。男人要知孝父母，父母辛苦儿心疼。常说百善孝为先，一个孝字立心中。……男人要知保家园，国泰才能民安生。男人就要有担当，一个忠字立心中。保家卫国男儿魂，跨马扬鞭疆场行。男人就要讲义气，不讲义气可不行。看见天下不平事，拔刀相助留美名。遇见受苦受难哩，可别冷眼把人盯。伸出手来帮一把，他会把

① 耿宝山编著：《盘古与女娲·经歌篇》，人民日报出版社，2016年，第46~47页。
② 耿宝山编著：《盘古与女娲·经歌篇》，人民日报出版社，2016年，第52页。

怹记心中。做人可要身子正,身正才能立世中。堂堂正正做个人,不给身后留骂名。"① 应该说,这些教育男儿的信条,绝大多数都是从盘古开天辟地与垂死化身的事迹中阐发出来的。

另外,周口创世文化中还有劝导教育当官的人做个爱民如子的好官这一主题。如担经挑《老娘当家》唱词:"劝现在当官的多为百姓,为百姓才能够当个好官。当好官就得像女娲老娘,像娲娘把百姓装在心田。"② 这似乎跟女娲创世文化无关,实际上仍有紧密的关联。在西华女娲创世文化中,女娲在创造世上的生命的时候所体现出的大爱、所表现的细腻呵护和悉心的教育,跟官员的爱民如子的美德有着相当大的相似性。

习近平总书记指出:"中华文化积淀着中华民族最深沉的精神追求,是中华民族生生不息、发展壮大的丰厚滋养……中华优秀传统文化是中华民族的突出优势,是我们最深厚的文化软实力……中国特色社会主义植根于中华文化沃土、反映中国人民意愿、适应中国和时代发展进步要求,有着深厚历史渊源和广泛现实基础。"③ 站在历史当下,我们重新审视从上古流传到今天的周口盘古女娲创世神话故事,分析其文化内涵,就是要进一步弘扬盘古女娲创世文化中的积极因素,正确认识、发掘和利用这些极为宝贵的文化和精神瑰宝,从而使我们能够追根溯源,知道自身的来处,文化的来处,能够找准盘古女娲创世文化与当今物质文明、精神文明与生态文明建设的对接点,让这些渊源久远的传统文化瑰宝能够为今所用,为全面建成小康社会作出应有的贡献。

---

① 耿宝山编著:《盘古与女娲·经歌篇》,人民日报出版社,2016 年,第 219~220 页。

② 耿宝山编著:《盘古与女娲·经歌篇》,人民日报出版社,2016 年,第 51~52 页。

③ 倪光辉、鞠鹏:《胸怀大局把握大势着眼大事 努力把宣传思想工作做得更好》,《人民日报》2013 年 8 月 21 日。

第三章

伏羲文化

伏羲德合上下，天应以鸟兽文章，地应以河图洛书，则而象之。仰观象于天，俯观法于地，中观万物之宜，造八卦。始作三画，以象二十四气。因而重之，爻象备矣，筮之。纪阳气之初，以为律法；建五气，立五常，始名官而以龙纪，有甲历五运；象法乾坤以正君臣、父子、夫妇之义。继天为王，为百王先。

——《资治通鉴外纪》

伏羲是中华民族的人文始祖，在古代典籍中被誉为"三皇之首""百王之先"。伏羲文化是中华文明史画卷中带有浓墨重彩的开篇之笔，更是周口地域文化中最为辉煌的篇章之一。

《太平御览》引《诗·含神雾》云："大迹出雷泽，华胥履之生伏牺。"[①]伏羲的母亲华胥氏在北方大泽中踩大足印，感应生子，即为伏羲。伏羲继天而王，在陈地建都，画八卦、造书契、定姓氏、制嫁娶、结网罟、养牺牲、以龙纪官，创造了灿烂恢宏的远古文化。

第一节　伏羲名号考释

在古代典籍中，伏羲有着不同的名号及其写法，诸如伏羲、宓戏、伏牺、虙牺、包牺、炮牺、春皇等，有十几种之多。这些名号按其内涵可归纳为三类。

第一，伏羲、伏希、伏戏、宓戏之类。《白虎通》释"伏羲"之义，言"伏羲仰观象于天，俯察法于地，因夫妇，正五行，始定人道。画八卦以治下，下伏而化之，故谓之伏羲也"[②]。应劭《风俗通义》云："伏者，别

---

① 李昉等：《太平御览》卷78《皇王部三》引《风俗通》，中华书局，1960年，第1册，第364页上栏。

② 陈立：《白虎通疏证》，吴则虞点校，中华书局，1994年，第51页。

也，变也；戏者，献也，法也；伏羲始别八卦，以变化天下，天下法则，咸伏贡献，故曰伏羲也。"① 陆德明《经典释文》云："伏，服也。戏，化也。"② 王嘉《拾遗记》曰："变混沌之质，文宓其教，故曰宓牺。"③ 伏，为服膺、驯服之义；戏，为教化之义。伏、虑、宓，在古籍中常互用，戏、希、羲、牺诸字，同音而互相假借。此类名号意谓伏羲画八卦，揭示天地、五行运转的规律，启发民智，厘定人伦，开启文明时代，且能以圣德治世，服膺、教化天下万民。

第二，庖牺、庖羲、伏牺、包牺、炮牺之类。皇甫谧《帝王世纪》云："取牺牲以充庖厨，以食天下，故号庖牺。"④ 苏辙《古史》曰："太昊伏牺氏，风姓。……作结绳为罔罟，以佃以渔。豢养牺牲，服牛乘马，故曰伏牺，亦曰包牺氏。"⑤ 庖为庖厨，言伏羲以动物充实庖厨。伏牺、包牺，言伏羲调服动物、服牛乘马，包容万物。伏羲教会人们养殖动物，充实厨房，供人食用，所以他被人们称为"庖牺"，又作"庖羲"。炮（páo）是用火烧、炙之义，"炮牺"就是用各种方法烧制动物的肉，表明伏羲与火的使用有密切联系。《韩非子·五蠹》云："民食果蓏蚌蛤，腥臊恶臭而伤害腹胃，民多疾病；有圣人作，钻燧取火，以化腥臊，而民说之，使王天下，号之曰燧人氏。"⑥ 马骕《绎史》引《河图挺辅佐》则明言："伏羲禅于伯牛，钻木作火。"⑦ 伏羲教授先民用火烹调食物，人们称其"炮牺"以颂美功德。

第三，春皇、木皇、苍帝、东方之帝、太昊、太皞、大皓、泰昊之

① 应劭：《风俗通义校注》，王利器校注，中华书局，1981 年，第 3 页。
② 陆德明：《经典释文》(全三册)，上海古籍出版社，1985 年，第 127 页。
③ 王嘉：《拾遗记》，萧绮录，齐治平校注，中华书局，1981 年，第 1 页。
④ 徐宗元辑：《帝王世纪辑存》，中华书局，1964 年，第 5 页。
⑤ 曾枣庄、舒大刚主编：《三苏全书》，语文出版社，2001 年，第 3 册，第 353 页。
⑥ 王先慎：《韩非子集解》，钟哲点校，中华书局，1998 年，第 442 页。
⑦ 马骕：《绎史》(全四册)，上海古籍出版社，1993 年，第 80 页。

类。此类名号，较前两类为后起，古人以五行、四季和方位相配，东方属木，色为青，于四季则为春。伏羲以木德而王，位居东方，故有此类称号。《礼记·月令》云："孟春之月……其帝太皞，其神句芒。"[1]《淮南子·时则训》言："东方之极，自碣石山过朝鲜，贯大人之国，东至日出之次，榑木之地，青土树木之野，太皞、句芒之所司者，万二千里。"高诱注云："太皞，伏羲氏，东方木德之帝也。句芒，木神。"[2]《汉书·律历志》引刘歆《世经》云："炮牺继天而王，为百王先，首德始于木，故为帝太昊。"[3]《拾遗记》亦云："以木德称王，故曰春皇。其明睿照于八区，是谓太昊。昊者明也。位居东方，以含养蠢化，叶于木德，其音附角，号曰'木皇'。"[4] 也有学者认为伏羲、太昊本非一人。"在先秦可靠的典籍中，言太昊则不言伏羲，言伏羲则不言太昊，太昊与伏羲并无任何瓜葛"，"最早将太昊与伏羲并称为一体的，乃是西汉末年刘歆的《世经》。"[5]

另有羲皇、牺皇、戏皇等名号，亦可归入第三类。《白虎通》云："皇，君也，美也，大也。天人之总，美大之称也。"[6]《风俗通义·皇霸篇》引《春秋运斗枢》云："伏羲、女娲、神农，是三皇也。皇者天，天不言，四时行焉，百物生焉。三皇垂拱无为，设言而民不违，道德玄泊，有似皇天，故称曰皇。"[7] 此类名号意在称颂伏羲功德，且推其为"三皇之首"。伏羲的众多名号联系着不同的传说故事，包含不同的文化内涵，也从不同侧面昭示着伏羲的伟大功绩。

---

① 孙希旦：《礼记集解》，沈啸寰、王星贤点校，中华书局，1989 年，第 403 页。

② 刘文典：《淮南鸿烈集解》，殷光熹整理，张文勋审定，安徽大学出版社、云南大学出版社，1998 年，第 183 页。

③ 班固：《汉书》卷 21《律历志》，颜师古注，中华书局，1964 年，第 1011~1012 页。

④ 王嘉：《拾遗记》，萧绮录，齐治平校注，中华书局，1981 年，第 2 页。

⑤ 王剑：《太昊伏羲考辨——兼及古史帝王世系研究中的问题》，《周口师范学院学报》2005 年第 4 期。

⑥ 陈立：《白虎通疏证》，吴则虞点校，中华书局，1994 年，第 44 页。

⑦ 应劭：《风俗通义校注》，王利器校注，中华书局，1981 年，第 2 页。

第二节　伏羲"画八卦"

一、画卦传说

《周易·系辞下》云："古者庖牺氏之王天下也，仰则观象于天，俯则观法于地，观鸟兽之文，与地之宜。近取诸身，远取诸物。于是始作八卦，以通神明之德，以类万物之情。作结绳而为罟，以田以鱼，盖取诸离。"[1]这是关于伏羲"画八卦"的最早文献记载。其后《史记》云："伏羲至纯厚，作易八卦"[2]，"自伏羲作八卦，周文王演三百八十四爻而天下治。"[3]扬雄的《解难》《法言》，班固的《汉书》，沈约的《宋书·符瑞志》等都记载了伏羲"继天而王，受《河图》，则而画之，八卦是也"[4]。

淮阳当地流传着蔡河出龙马和伏羲画龙马之文、得白龟启示而画八卦的传说故事：远古时代，人们对世界充满了不解和恐惧，看到风雨雷电，不明所以。有一天，族人告诉伏羲，蔡河里浮出一个像马又像龙的怪物。伏羲发现怪物马首龙身，长着两个翅膀，周身鳞片，有排列规则的黑白色花纹。伏羲称其为龙马，又拿着蓍草将龙马的花纹描画出来。伏羲看着画出的花纹，百思不得其解。有一次，伏羲正坐在白龟池边参看花纹，白龟浮出水面，哗哗的水声惊动了他。他看到白龟背上的花纹，中间五块，周围八块，外面十六块，最外圈二十四块。伏羲将龙马图案和白龟图案反复对照、思考，终于明白了。他用蓍草在地上画"—"代表阳，画"――"代表阴，以阴阳组合，画出不同变化，画出了八卦。伏羲借助八卦，参透了宇宙四时的玄机，使天帝感到不安，派使者到宛丘察看。伏羲怕被发现，

---

[1]　李道平：《周易集解纂疏》，潘雨廷点校，中华书局，1994年，第621~624页。

[2]　司马迁：《史记》卷130《太史公自序》，中华书局，1959年，第3299页。

[3]　司马迁：《史记》卷127《日者列传》，中华书局，1959年，第3218页。

[4]　班固：《汉书》卷27《五行志》，颜师古注，中华书局，1964年，第1315页。

遂将八卦埋在高台中央，又为便于查找，在台子东南角种下柏树。伏羲左一脚右一脚地踩实树下的土，随着脚踩，柏树也倾斜起来，南看北歪，北看南斜，人们说这是伏羲布下的第一个先天八卦阵，迷惑了使者，保全了人类的秘密。

周口市淮阳区至今留存着画卦台、八卦柏、白龟池等历史遗迹。画卦台坐落于淮阳旧城北关外，台高约2米，台基占地约10亩，台上有八卦亭，亭东西有两碑，分别书写"先天精蕴""开物成务"。亭子旁边那棵八卦柏依旧苍翠而身形倾斜。离画卦台不远处有伏羲养白龟的白龟池。1984年8月18日上午，淮阳城关少年王德成在白龟池中钓出神奇白龟，"经专家鉴定，白龟约有二百六十岁，上甲中央的板块是五块，符合五行中的金木水火土。每侧各四块，两边加起来共八块，这符合八卦中的乾、坤、震、巽、坎、离、艮、兑八种卦象。上甲的两侧周边图形纹理左十二块，右十二块，加起来共二十四块，这又符合农历的二十四节气。白龟的上、下甲象征阴阳二仪，上甲两侧的八块图形纹理再加上、下甲各一块，共十块，又符合天干的十位数。下甲左六块，右六块，合起来共十二块，这又符合地支的十二位数。四肢又合四象、四时，中心可为太极，上甲的纹理形状约成爻状，这又符合《易经》里的三百八十四爻的爻纹。这只白龟的颈部、尾巴、腿部、脚部皆有鳞状甲片，又像人们传说的老龙鳞。综合来看，白龟的纹理图样，与太极、阴阳、二仪、五行、天干、地支、四象、八卦、二十四节气都十分相符，又与许多古籍记载伏羲于蔡水得白龟而画八卦的记述完全吻合。白龟的出现，说明白龟存在的真实性"[1]，也可视为伏羲画八卦传说的一个实物证明。再综合《周易·系辞上》记载："河出《图》，洛出《书》，圣人则之"[2]，以及《史记》《汉书》《古今图书集成·职方典》等文献，可以认定伏羲取法龙马、白龟以画八卦，"是以

---

[1] 丁雪峰、丁志理：《溯源：历史与传说中的三皇五帝》，河南大学出版社，2017年，第37页。

[2] 李道平：《周易集解纂疏》，潘雨廷点校，中华书局，1994年，第606页。

神话的形式记述历史的一个典型事例。总之，伏羲作八卦之说是有史书可依的"①。

二、八卦与甲历

伏羲在画八卦的时候，参天地之法，观万物之宜，认识了宇宙自然，把握天道规律，从而确定天地方位，分别阴阳之数，以日月星辰之变换为依据，确定四时、八节、二十四气。

《管子·轻重戊》云："虙戏作，造六峜以迎阴阳，作九九之数以合天道，而天下化之。"②《春秋内事》也记载："伏牺氏以木德王天下，天下之人未有室宅，未有水火之和，于是乃仰观天文，俯察地理，始画八卦，定天地之位，分阴阳之数，推列三光，建分八节，以爻应气，凡二十四气，消息祸福，以制吉凶。"③西汉《周髀算经》云："包牺立周天历度"④。北宋《资治通鉴外纪》云："伏羲德合上下，天应以鸟兽文章，地应以河图洛书，则而象之。仰观象于天，俯观法于地，中观万物之宜，造八卦。始作三画，以象二十四气。因而重之，爻象备矣，筮之。纪阳气之初，以为律法。建五气，立五常，定五行，始名官而以龙纪，有甲历五运"⑤。清代《纲鉴易知录·太昊伏羲氏》云：伏羲"作甲历，定四时。起于甲寅，支干相配为十二辰，六甲而天道周矣。岁以是纪而年不乱，月以是纪而时不易，昼夜以是纪而人知度，东西南北以是纪而方不惑"⑥。

---

① 刘大钧主编：《大易集读》，上海科学技术文献出版社，2013年，第5页。

② 房玄龄注，刘绩补注：《管子》，刘晓艺校点，上海古籍出版社，2015年，第471页。

③ 李昉等：《太平御览》卷78《皇王部三》引《风俗通》，中华书局，1960年，第1册，第364页下栏。

④ 程贞一、闻人军译注：《周髀算经译注》，上海古籍出版社，2012年，第1页。

⑤ 刘恕编集：《资治通鉴外纪》，上海古籍出版社，1987年，第1页。

⑥ 吴乘权：《纲鉴易知录》，中华书局，1960年，第5页。

历法是人类文明的重要成果。根据历法，人们可以察知古今，通晓万物运行规律从而指导自身的生产生活实践。伏羲制定历法，传至商周，经周公整理记录，历代沿用。《晋书·天文志》记载云："昔在庖牺，观象察法，以通神明之德，以类天地之情，可以藏往知来，开物成务。故《易》曰：'天垂象，见凶吉，圣人象之。'此则观乎天文以示变者也"①，"蔡邕所谓《周髀》者，即盖天之说也。其本庖牺氏立周天历度，其所传则周公受于殷高，周人志之，故曰《周髀》"②。据此，则伏羲之甲历为商周历法之所本，距今 6 500 余年，是中华文明史上最早的历法，至今仍对农业生产等起着重要作用。

三、画卦与文字起源

伏羲画八卦，与汉字的起源及发展有着密切联系，即汉代孔安国所言："古者伏牺氏之王天下也，始画八卦，造书契，以代结绳之政，由是文籍兴焉。"③唐代司马贞《三皇本纪》亦云：伏羲"造书契，以代结绳之政"④。

汉字的产生是一个漫长而复杂的历史过程。关于文字起源有神授文字、伏羲造字、仓颉造字、孔子造字、史官造字等多种传说，而以"仓颉造字"之说流传最广，影响最大。战国时期的《荀子·解蔽篇》云："故好书者众矣，而仓颉独传者，一也。"⑤其后的《吕氏春秋》《韩非子》《淮南子》等都主此说。东汉《说文解字》云："古者庖牺氏之王天下也，仰

---

① 房玄龄等：《晋书》卷 11《天文志》，中华书局，1974 年，第 277 页。
② 房玄龄等：《晋书》卷 11《天文志》，中华书局，1974 年，第 278 页。
③ 孔安国传，孔颖达疏：《尚书正义》，北京大学出版社，2000 年，第 1 册，第 2 页。
④ 司马贞撰注：《三皇本纪》，上海涵芬楼影音南宋黄善夫刻本，第 2 页。
⑤ 王先谦：《荀子集解》，沈啸寰、王星贤点校，中华书局，1988 年，第 401 页。

则观象于天，俯则观法于地，视鸟兽之文与地之宜，近取诸身，远取诸物，于是始作《易》八卦，以垂宪象。及神农氏结绳为治，而统其事，庶业其繁，饰伪萌生。黄帝之史仓颉，见鸟兽蹄迒之迹，知分理之可相别异也，初造书契。百工以乂，万品以察，盖取诸夬。"① 清人段玉裁注云："自庖牺以前，及庖牺，及神农，皆结绳为治而统其事也。……庖牺作八卦，虽即文字之肇耑，但八卦尚非文字，自上古至庖牺、神农专恃结绳。"② 其说较为公允，伏羲之世尚无文字，但其画八卦已开文字造作之端。

文字产生的真实情况或许是"文字在民间萌芽"，"在社会里，仓颉也不止一个，有的在刀柄上刻一点图，有的在门户上画一些画，心心相印，口口相传，文字就多起来，史官一采集，便可以敷衍记事了"。③ 文字绝不是靠某一个人天才行为而产生，而是社会生产实践积累的成果。章太炎《造字缘起说》引《荀子·解蔽篇》曰："好书者众矣，而仓颉独传者，一也。好稼者众矣，而后稷独传者一也。好乐者众矣，而夔独传者，一也。好义者众矣，而舜独传者，一也。"章太炎因此认为"仓颉以前已先有造书者。亦犹后稷以前，神农已务稼穑；后夔以前，伶伦已作律吕也。夫人具四肢，官骸常动，持莛画地，便已纵横成象，用为符号，百姓与能，自不待仓颉也。……字各异形，则不足以合契。仓颉者，盖始整齐画一，下笔不容增损。由是率尔箸形之符号，始为约定俗成之书契"。④

伏羲画八卦，创制了最早的表意符号，可视为文字的雏形。为之后仓颉造字提供了条件，奠定了思想基础、思维模式，仓颉沿袭伏羲所垂之"宪象"——仰观俯察，"近取诸身，远取诸物"，进一步创制文字，且将先前已有各种文字进行整理，成为"整齐画一"的文字系统。如此，可以说伏羲是中国文字产生的先驱与启蒙者，"我国意符文字的起源，应在太

① 许慎：《说文解字》，上海古籍出版社，1981年，第753页。

② 许慎：《说文解字》，上海古籍出版社，1981年，第753页。

③ 鲁迅：《鲁迅全集》第6卷，人民文学出版社，2005年，第90页。

④ 章炳麟：《章氏丛书》，浙江图书馆，1919年，第16册，第63~64页。

昊与炎帝时代"^①。

第三节　伏羲"定姓氏""制嫁娶"

一、伏羲兄妹成婚的传说

　　周口地区广泛流传着伏羲、女娲兄妹成婚的传说，合卺之缘有"烟合说""滚磨说"等。唐代李冗在《独异志》记载烟合的故事，云："昔宇宙初开之时，只有女娲兄妹二人，在昆仑山。而天下未有人民，议以为夫妻，又自羞耻。兄即与其妹上昆仑山咒曰：天若遣我兄妹二人为夫妻，而烟悉合；若不，使烟散。于烟即合，其妹即来就，兄乃结草为扇以障其面。今时人娶妇执扇，象其事也。"^②"滚磨说"与此相类，言混沌初开，大地上只有伏羲女娲兄妹二人。兄妹要成婚以繁衍人类，又碍于伦理关系，便提出滚石磨以测天命。二人各自从山上滚下石磨，如果两个石磨合在一起，则成婚。结果两个石磨滚下山谷，上下重合，伏羲女娲遂顺从天意，兄妹成婚。

　　周口淮阳地区的经歌中有《伏羲女娲滚磨成亲》的唱词，四川、云南等地也有伏羲女娲滚磨成婚的传说故事。东汉武梁祠石室画像第一石第二层第一图刻画了伏羲女娲像，二人人首蛇身，交尾合体，中间为二人之子，手拉二人衣袖。山东出土的汉画像石、新疆阿斯塔纳古墓群出土的伏羲女娲绢绘图等都有相似的图画形象。这些故事和画像都证明了伏羲、女娲的夫妻关系。

　　伏羲女娲兄妹成婚传说可视为远古社会族内婚、血缘婚的文化遗存。

---

① 唐兰:《唐兰文集》,上海古籍出版社,2015年,第1900页。

② 李冗:《独异志》,中华书局,1985年,第51页。

族内婚指"人类社会氏族内部的成员男女之间相互婚配、择偶的一种婚姻制度。'族内婚'盛行于原始社会的母系氏族社会阶段。它在我国古代也一直流行，甚至到先秦时期的殷商也还依然存在"①。血缘婚，"又称血缘家庭。原始社会初期的婚姻家庭形态。指同一群体内同辈男女间的集团婚"②。世界各地许多民族都有兄妹成婚的传说故事。

二、伏羲制嫁娶

伏羲生活的时代，大约正处在由血缘群婚转向族外婚③的过渡时期。汉代《白虎通》云："古之时，未有三纲六纪，民人但知其母，不知其父。能覆前而不能覆后。卧之詓詓，行之吁吁，饥即求食，饱即弃余，茹毛饮血，而衣皮革。于是伏羲仰观象于天，俯察法于地，因夫妇，正五行，始定人道。画八卦以治下，下伏而化之，故谓之伏羲也。"④《路史后纪》云："伏羲……通媒妁，以重万民之丽，丽皮荐之以严其礼，示合姓之难，拼人情之不渎，法乾坤以正君臣父子夫妇之义"⑤，《世本·作篇》云："伏羲制俪皮嫁娶之礼。"⑥伏羲之前的时代，人类"但知其母，不知其父"，处于母系氏族社会。伏羲大概已经知道"男女同姓，其生不蕃"⑦，遂为每个部

---

① 何本方等主编：《中国古代生活辞典》，沈阳出版社，2002年，第236页。
② 施宣圆等主编：《中国文化辞典》，上海社会科学院出版社，1987年，第771页。
③ 族外婚，又称普那路亚婚。这也是群婚的一种，排除了本氏族内兄弟姐妹之间相互通婚的血缘婚姻，婚姻行为在两个或两个以上的婚姻集团进行。参见张云燕等编著《中国社会生活史》，黑龙江大学出版社，2014年，第135页。
④ 陈立撰：《白虎通疏证》，吴则虞点校，中华书局，1994年，第50~51页。
⑤ 罗泌：《路史》，清光绪甲午校宋本，第2册，第3页。
⑥ 张澍辑：《世本》，二酉堂藏版，道光元年刻本，第11页。
⑦ 左丘明：《春秋左传正义》，杜预注，孔颖达正义，北京大学出版社，2000年，第472页。

落宗族制定姓氏，以辨明血缘，此为中华姓氏之起源。

伏羲规定同姓同族不婚，又制定"通媒妁""俪皮为礼"等婚姻礼制，其后逐渐演变为纳采、问名、纳吉、纳征、请期、亲迎等婚姻六礼。"俪皮之礼"奠定了中国古代传统人伦礼法的最初形制。山东嘉祥武梁祠石室画像中伏羲执矩、女娲执规，山东费县潘家疃出土画像中伏羲执规、女娲执矩。"无规矩不成方圆"，男女分别执规、矩，应是伏羲、女娲制定礼法的象征性表现。

三、礼乐文明的奠基

伏羲定姓氏，是华夏民族姓氏文化的起源。"姓作为'远禽兽，别婚姻'的符号，是中华民族文明进步的重要标记。因此，可以说姓氏的产生，对中华民族乃至人类的进步功不可没。中国最早的'姓'就产生在这个时代。"[1]伏羲"风"姓，是文献记载的第一个姓氏。在伏羲之后，风姓又分化为诸种姓氏，"任、宿、须句、颛臾，风姓也，实司大皞与有济之祀，以服事诸夏"[2]。姓氏标志着血缘关系，是中国古代宗法社会中一切关系的基础。"中国是伦理本位的社会"[3]，中国人将"家庭关系推广发挥，而以伦理组织社会"[4]，"随一个人年龄和生活之开展，而渐有其四面八方若近若远数不尽的关系。是关系，皆是伦理；伦理始于家庭，而不止于家庭"[5]。

"修身齐家治国平天下"，由个人及于家族，再以"老吾老以及人之

① 周德元：《中华姓氏起源与内涵》，广西民族出版社，2010年，第2页。

② 左丘明：《春秋左传正义》，杜预注，孔颖达正义，北京大学出版社，2000年，第458页。

③ 梁漱溟：《中国文化要义》，上海人民出版社，2011年，第76页。

④ 梁漱溟：《中国文化要义》，上海人民出版社，2011年，第77页。

⑤ 梁漱溟：《中国文化要义》，上海人民出版社，2011年，第78~79页。

老，幼吾幼以及人之幼”而扩展到国家、社会，“资于事父以事君，而敬同……故以孝事君则忠，以敬事长则顺”①，以血亲伦理构建政治统治结构，由家而国，家庭伦理推广到社会，形成了中华民族特有的“差序等级”格局的人伦秩序，构成和谐而牢固的伦理体系。汤因比称：“就中国人来说，几千年来，比世界任何民族都成功地把几亿民众，从政治文化上团结起来。他们显示出这种在政治、文化上统一的本领，具有无与伦比的成功经验。”②

伏羲不仅制定了最初的礼制，还创作了早期的乐器和乐曲。东汉蔡邕《琴操》云：“昔伏羲氏之作琴，所以御邪辟，防心淫，修身理性，反其天真也。琴长三尺六寸六分，象三百六十六日。广六寸，象六合。文上曰池，池者水也，言其平。下曰滨，滨者服也。前广后狭，象尊卑也。上圆下方，法天地也。五弦，象五行也”③。《拾遗记》记载伏羲“立礼教以导文，造干戈以饰武。丝桑为瑟，均土为埙，礼乐于是兴矣”④。《世本·作篇》亦云：“伏羲氏削桐为琴，面圆法天，底平法地，龙池八寸通八风，凤池四寸象四时，五弦象五行，长七尺二寸，以修身理性反天真也，达灵成性象物昭功也”，“伏羲作瑟”“庖牺瑟五十弦，后黄帝使素女鼓瑟，哀不自胜，乃破为二十五弦，具二均声”。⑤《楚辞·大招》云：“伏戏《驾辩》，楚《劳商》只”，王逸注云：“《驾辩》《劳商》，皆曲名也。言伏戏氏作瑟，造《驾辩》之曲，楚人因之，作《劳商》之歌。皆要妙之音，

① 李隆基注，邢昺疏：《孝经注疏》，北京大学出版社，2000年，第16页。
② 〔英〕汤因比、〔日〕池田大作：《展望21世纪：汤因比与池田大作对话录》，荀春生、朱继征、陈国梁译，国际文化出版公司，1997年，第283~284页。
③ 吉联抗辑：《琴操（两种）》，人民音乐出版社，1990年，第1页。
④ 王嘉：《拾遗记》，萧绮录，齐治平校注，中华书局，1981年，第1页。
⑤ 张澍辑：《世本》，二酉堂藏版，道光元年刻本，第12、13页。

可乐听也。"①

琴、瑟是中国古代最古老、最重要的乐器之一。它们音域宽广，或声音轻灵，或音质饱满而浑厚，余音悠远，具有东方神韵之美。特别是琴，为"琴棋书画诗酒花"七雅之首，在士人生活中占据重要地位。琴、瑟不仅蕴含着象天法地的哲学智慧，还包蕴着和合之美的伦理精神。琴瑟合奏，可以调和阴阳，畅快人心，调谐人伦关系。故中国古代常以"琴瑟和鸣"比喻夫妇恩爱，或朋友、兄弟情深。《诗经·小雅·常棣》云："妻子好合，如鼓琴瑟"②，《诗经·郑风·女曰鸡鸣》云："弋言加之，与子宜之。宜言饮酒，与子偕老。琴瑟在御，莫不静好"③，此指夫妇恩爱和谐；三国曹植《王仲宣诔》云："吾与夫子，义贯丹青。好合琴瑟，分过友生"④，此指友人深情厚谊；潘岳《夏侯常侍诔》云："子之承亲，孝齐闵、参。子之友悌，和如琴瑟"⑤，乃赞手足情深。更重要的是，在中国古代社会，礼制与音乐密切相连，衍生出礼乐文明。《左传·昭公元年》云："君子之近琴瑟，以仪节也，非以慆心也"⑥，琴瑟有了礼制规定，已经超越单纯的乐器，成为君子的象征，具有了深厚的文化内涵。

伏羲创制了琴、瑟、埙等乐器，创作了《驾辩》等乐曲，以乐器揭示天道规律，以乐曲推行教化，陶冶人心，使人"修身理性，反其天真"。

伏羲定姓氏、制嫁娶，制礼作乐，奠定了后世礼乐文明的基础。

---

① 崔富章、李大明主编：《楚辞集校集释》，湖北教育出版社，2003年，第2287页。

② 王先谦：《诗三家义集疏》，吴格点校，中华书局，1987年，第568页。

③ 王先谦：《诗三家义集疏》，吴格点校，中华书局，1987年，第351页。

④ 曹植：《曹植集校注》，赵幼文校注，人民文学出版社，1984年，第165页。

⑤ 潘岳：《潘黄门集校注》，王增文校注，中州古籍出版社，2002年，第217页。

⑥ 左丘明：《春秋左传正义》，杜预注，孔颖达正义，北京大学出版社，2000年，1341页。

四、生殖崇拜的遗风

伏羲"定姓氏，制嫁娶"，与婚姻、生殖有密切联系，在后世民间形成独特的文化习俗。淮阳太昊陵庙会有摸"子孙窑"的风俗。"太昊伏羲陵的显仁殿殿脚东侧的基石上，有一窑，人称'子孙窑'。每年二月陵会，谒陵的男女，大多要摸一摸这'子孙窑'，以期人丁兴旺"，这"不仅仅是对生殖机能的崇拜，而且也是人类繁衍生息的崇拜"。[①]

淮阳太昊陵庙会还有一种重要的国家级非物质文化遗产——"泥泥狗"。泥泥狗，又称"陵狗""天狗""灵狗"。其名称来历有多种说法：淮阳泥塑艺人们称"陵狗是人祖爷（指太昊伏羲）喂的狗，是给人祖爷守陵的"，"淮阳民间有'陵狗'很灵验，可以治病之说，故又称'灵狗'"[②]；倪宝成认为"叠用两个泥字，前一个'泥'字为谓语，作动词使用，即用手转揉，也含亲昵之意；后一个'泥'字是形容词，即物体的材质'泥'"[③]；贾怀鹏考察认为"泥泥狗主要是一种儿童玩具"，"泥泥狗之泥泥叠用很可能缘于孩子们对泥狗的喜爱和亲切"[④]。也有学者认为泥泥狗玩具得名来自"其帝太皞，其神句芒"，"这里的'句'乃句芒的姓氏，古音读法'古候切'，句同狗"[⑤]。

泥泥狗是淮阳太昊陵庙会上所有泥塑玩具的总称。就其造型而言，主要有燕子、斑鸠、人面猴、双头燕、双头狗、草帽老虎、猫拉猴、小泥

---

① 中国人民政治协商会议淮阳县委员会文史资料研究委员会编：《淮阳文史资料（太昊陵专辑）》，淮阳县印刷厂，1991年，第72页。

② 孙磊、刘正宏编著：《淮阳泥泥狗》，中国轻工业出版社，2017年，第86页。

③ 倪宝成：《淮阳"泥泥狗"》，大象出版社，2010年，第8页。

④ 贾怀鹏：《淮阳泥泥狗的故事、意象及其审美潜能》，新华出版社，2017年，第8页。

⑤ 翟尚美：《淮阳泥玩具内涵考略》，《周口师范学院学报》1994年第1期。

鳖、小喔笛（泥埙）等种类。① 这么多动物造型为何笼统地称为"泥泥狗"呢？淮阳民间流传的一则故事，为我们提供了思考的线索：

> 远古时宛丘国受兵围难，国王许诺：谁击退围兵，即把女儿嫁给他。蔡河里飘来一只黄狗，击退了围兵，国王无奈嫁女与犬。最后，黄狗在缸中变人，国王女儿性急提前打开缸，从里面出来一个狗身人首的人，这就是伏羲的由来。②

从历史发展的角度来分析，"太昊伏羲氏是我国发展畜牧业的始祖。狗可能是首先被训（驯）服，为人守户、报警、保护畜群。这时，人的思想认识是图腾崇拜式的，认为狗是上天派下来拯救生灵的，是人和畜群的保护神。后来出现了以狗为图腾的氏族部落。随着泥泥狗的问世，相继出现了反映远古社会氏族部落图腾和生活现象的各种造型，都加入了'狗'的行列"③。

"图腾崇拜""畜牧业的始祖"都说明了泥泥狗形成民俗有悠远的历史。这一点在泥泥狗世代沿袭的花纹、样式上也可得以确证。泥泥狗造型古朴怪诞，颜色鲜丽纷繁，纹饰古拙简练。还有"两头狗""两头虎""双头燕"等种类众多的长着两个脑袋的动物形象。闻一多考证"谓之'两头'者，无论是左右两头，或前后两头，不用讲，都是两蛇交尾状态的误解或曲解"④。泥泥狗中的"连体""并封"、猫拉猴、兽相驮等类型，以及

---

① 贾怀鹏：《淮阳泥泥狗的故事、意象及其审美潜能》，新华出版社，2017年，第24~25页。

② 乔晓光：《沿着河走——黄河流域民间艺术考察手记》，西苑出版社，2003年，第71页。杨复竣主编的《中国民间故事集成（河南淮阳卷）》也记载了相似的故事（河南淮阳印刷厂，1988年，第13页）。

③ 中国人民政治协商会议淮阳县委员会文史资料研究委员会编：《淮阳文史资料（太昊陵专辑）》，淮阳县印刷厂，1991年，第66页。

④ 闻一多：《神话与诗》，上海人民出版社，2005年，第16页。

各造型上的生殖符号纹饰，都体现着原始时代的生殖崇拜观念。

泥泥狗老艺人说："这些都是人祖爷和人祖奶奶造的人和狗，有模子，代代相传，谁也不敢改变，改了就不是人祖爷的人和狗了。"[1] 正是因为这种代代相传，成就了民俗艺术的珍贵实物，使远古时代的生殖崇拜、原始先民的精神世界，穿越几千年的文明长廊，完整地展现在当代人的眼前。也正是因此，淮阳泥泥狗被誉为"真图腾""活化石""天下第一狗"。当然，随着现代文明的发展，泥泥狗在当代也开始悄悄发生变化，原始崇拜的庄严与神圣减退，现实功利性、装饰性增强，甚至与时俱进新造了福娃等造型。

第四节　伏羲与图腾文化

一、龙图腾文化的形成

伏羲还是作为中华民族象征之龙图腾的创制者。《左传·昭公十七年》云："大皞氏以龙纪，故为龙师而龙名。"[2] 杜预作注，言伏羲有龙马之祥瑞，故以"龙"命名其官属。清代《纲鉴易知录》载飞龙氏、潜龙氏、居龙氏等官职之名。然而，龙在自然界中并不存在。闻一多对龙图腾的形成作了考论："它的主干部分和基本形态即是蛇。这表明在当初那众图腾单位林立的时代，内中以蛇图腾为最强大，众图腾的合并与融化，便是这蛇图腾兼并与同化了许多弱小单位的结果。"[3] 宋代《尔雅翼》载"三停九似"

---

① 《大中原文化读本》丛书编委会编：《非遗中原：谁的记忆，绵长又轻轻》，文心出版社，2018年，第173页。

② 左丘明：《春秋左传正义》，杜预注，孔颖达正义，北京大学出版社，2000年，第1567页。

③ 闻一多：《神话与诗》，上海人民出版社，2005年，第20页。

之说，说龙"角似鹿，头似驼，眼似鬼，项似蛇，腹似蜃，鳞似鱼，爪似鹰，掌似虎，耳似牛"①，也确认了龙的形象乃集合不同动物的部分特征而成。

伏羲与"龙""蛇"有着深刻的联系和渊源。东汉《潜夫论·五德志》记载："大人迹出雷泽，华胥履之生伏羲。"②南北朝《金楼子》记载："太昊帝庖牺氏，风姓也，母曰华胥。燧人之世，有大迹出雷泽，华胥履之，生庖牺，蛇身人首，有圣德。"③华胥氏踩了雷泽中的大脚印，有感而生伏羲。那么，雷泽中的大脚印又是谁的呢？《山海经·海内东经》云："雷泽中有雷神，龙身而人头，鼓其腹，在吴西。"④雷泽中的大脚印应是人首龙身的雷神留下的。西晋《拾遗记》云："禹凿龙关之山，亦谓之龙门。至一空岩，深数十里，幽暗不可复行。禹乃负火而进。有兽如豕，衔夜明之珠，其光如烛。又有青犬，行吠于前。禹计可十里，迷于昼夜，既觉渐明，见向来豕犬变为人形，皆著玄衣。又见一神，蛇身人面。禹因与语。神即示禹八卦之图，列于金版之上。又有八神侍侧。禹曰：'华胥生圣子，是汝耶？'答曰：'华胥是九河神女，以生余也。'乃探玉简授禹，长一尺二寸，以合十二时之数，使量度天地。禹即执持此简，以平定水土。蛇身之神，即羲皇也。"⑤伏羲示八卦、授玉简证实了画卦、制甲历的传说，而其自言华胥所生，又人面蛇身，确认了伏羲与人首龙身之雷神的血肉联系。宋代《通志·三皇纪》引《春秋世谱》云："华胥生男

① 罗愿：《尔雅翼》，石云孙点校，黄山书社，1991年，第283页。
② 王符：《潜夫论笺校正》，汪继培笺，彭铎校正，中华书局，1985年，第384页。
③ 萧绎：《金楼子疏证校注》，陈志平、熊清元疏证校注，上海古籍出版社，2014年，第28页。
④ 郭璞注：《山海经》，郝懿行笺疏，沈海波校点，上海古籍出版社，2015年，第312页。
⑤ 王嘉：《拾遗记》，萧绮录，齐治平校注，中华书局，1981年，第38页。

子为伏羲，女子为女娲"①，伏羲、女娲兄妹二人皆人首蛇身。东汉王延寿《鲁灵光殿赋》云："伏羲鳞身，女娲蛇躯"②，东汉武梁祠石室画像，出土的汉代画像石、画像砖，新疆出土魏晋古墓壁画等，都描绘了伏羲、女娲人首蛇身的形象。

　　出土画像与文献都表明伏羲与龙、蛇有着密切联系，推测伏羲部族以蛇为图腾。伏羲部族在远古时期兼并了周边以鲤、鹰、虎等为图腾的弱小部族，取其图腾形象的一部分加入原有蛇图腾，遂逐渐形成"龙"的形象，成为华夏诸民族共同的图腾，也完成了中华大地上各民族的第一次大融合。章太炎《序种姓上第十七》云："懿！亦建国大陆之上，广员万里，黔首浩穰，其始故不一族。大皥以降，力政经营，并包殊族，使种姓和齐，以遵率王道者数矣。文字政教既一，其始异者，其终且醇化"③，对伏羲融合部族的伟大功绩给予了高度评价。《左传·昭公十七年》云："大皥氏以龙纪，故为龙师而龙名"④，说明伏羲氏时已经形成了龙图腾崇拜。1987年，河南濮阳地区出土了三组"蚌塑龙"，用贝壳摆成龙形，"身长1.78米，高昂着头，微张着嘴，眼望前方，身体弯曲，身下有两条足，呈游走的形态，姿态生动，活灵活现"，为"目前所发现的时代最早的龙的形象，它是龙的最早'祖先'，被誉为'中华第一龙'"⑤，而伏羲融合各部落、创制龙图腾当更在"蚌塑龙"之前。

---

① 郑樵:《通志》，中华书局，1987年，第1册，第31页下栏。

② 严可均校辑:《全上古三代秦汉三国六朝文》，中华书局，1958年，第790页下栏。

③ 章炳麟:《章氏丛书》，浙江图书馆，1919年刊刻本，第16册，第12页。

④ 左丘明:《春秋左传正义》，杜预注，孔颖达正义，北京大学出版社，2000年，第1567页。

⑤ 宋德印编写:《国宝档案》，吉林教育出版社，2012年，第12~13页。

二、陈地"龙"的传说

伏羲继天而王，建都于陈地，即今淮阳。《左传·昭公十七年》云："陈，大皞之虚"①，汉代《潜夫论·五德志》云：伏羲"其相日角，世号太曎。都于陈"②，东汉《诗谱·陈谱》云："陈者，太皞虑戏氏之墟"③。南朝《金楼子·兴王篇》云："燧人氏没，庖牺氏代之，继天而王，首德于木，为百王之先，都陈。"④北魏《水经注》云："沙水又东径长平县故城北，又东南径陈城北，故陈国也。伏羲、神农并都之。城东北三十许里，犹有羲城实中。"⑤至清代《历代陵寝备考》云：太昊"以木德王，都陈，在位一百一十五年，崩，陵在河南陈州府城北三里淮宁县界。国朝载入会典，恭遇国家大庆遣官致祭"⑥。历代典籍都记载，周口淮阳是伏羲建都之地。伏羲以龙纪官，其都城也被称为"龙都"，淮阳也以"羲皇故都"享誉世界。至今，淮阳尚有万亩龙湖，也流传着"龙酒""龙衣"等传说故事。

龙湖是淮阳的环城湖，因位于伏羲建都之地而得名。"由西柳湖、南坛湖（又叫弦歌湖）、东关湖三个子湖组成，外围堤廓方圆14公里，湖域面积11平方公里，水面面积7平方公里。"⑦早在西周时期，龙湖就已经出现了。在《诗经》中收录《陈风》十首，记录了远古陈国的风俗民情。其

① 左丘明：《春秋左传正义》，杜预注，孔颖达正义，北京大学出版社，2000年，第1576页。
② 王符：《潜夫论笺校正》，汪继培笺，彭铎校正，中华书局，1985年，第384页。
③ 冯浩菲：《郑氏诗谱订考》，上海古籍出版社，2008年，第114页。
④ 萧绎：《金楼子疏证校注》，陈志平、熊清元疏证校注，上海古籍出版社，2014年，第28页。
⑤ 郦道元：《水经注校证》，陈桥驿校证，中华书局，2007年，第535页。
⑥ 朱孔阳：《历代陵寝备考》，江苏广陵古籍刻印社，1990年，第9页。
⑦ 丘献甫主编：《三皇故都——周口》，河南科学技术出版社，2011年，第127页。

中《泽陂》之"泽"、《东门之池》之"池"，即为龙湖之东关湖。之后龙湖经历了多次黄河水道侵袭，州府不断修筑防护城堤，加上自然气候的变化等最终形成了现在的样子。龙湖盛产鱼类，主要有鲤鱼、鲫鱼、鳊鱼、鲂鱼、青鱼、草鱼、鲢鱼等，另有淮阳莲藕、蒲菜等经济作物。龙湖中的苏亭莲舫、柳湖渔唱等列入淮阳八景。今天，淮阳政府修整龙湖，保持水位，恢复生态，建成龙湖国家湿地公园，形成了新的文化胜境。

"龙酒"的故事

淮阳城北有两眼并蒂莲井，在井底隐约可见青龙。人们称此井为龙井，龙井出龙酒。传说，古时龙井之畔有"建木"，为沟通天地的木梯。有天，天帝的九个女儿游历山川，到龙井上空，闻香而降。伏羲以龙井琼浆热情招待她们。此后，仙女常偷偷下界饮龙井琼浆。后又对天帝抱怨天上玉液，言说龙井有琼浆，惹恼了王母。天帝遂命仙女取龙井琼浆。伏羲与仙女商定以天上瑶池玉液换龙井琼浆。伏羲将收到的瑶池玉液倒入龙井，与琼浆相和，散发浓郁醇香。仙女逗留过久，不胜酒力，没能回到天上，化为九个土防。天帝大怒，施展神力，让"通天树消失了，龙井也无影无踪了"。伏羲化为青龙，尾蘸湖水，腾空盘旋，终于找到了龙井，重新掘出琼浆。伏羲要给琼浆起名字，左思右想，突然想到"天有九重，地有九州，水有九河，九为最，九为大，于是就给琼浆起个名儿，叫着'九'。后来渐渐用'酒'字代了'九'"。因酒出龙井，龙井有酒，这酒就被龙的子孙称着"龙酒"。①

"龙衣"的故事

"龙衣"说的是伏羲始制衣裳的故事。伏羲、女娲听信一条长着翅膀和腿的蛇的话，吃了常青树上的长青果（即生命果），通晓天下

---

① 张振犁编著：《中原神话通鉴》，河南大学出版社，2017年，第227~229页。

事，以赤身裸体为耻，而用树叶、兽皮、荷叶、鲜花制作衣裳。天帝大怒，剪掉蛇的翅膀，砍去蛇的脚。天帝因为女娲给蛇求情，而"增加女人怀孕的苦楚，增加分娩的阵痛，让你们变成男人的附物，永远受男人管"，又以伏羲听信谗言而使土地长满荆棘，使"人必须终年干活才能吃饱"。[1]

从内容看，龙衣故事显然受到了西方神话的影响，夹杂着后世人们对生活艰辛的认识。其流传时间较晚，并非远古神话。

三、龙都遗迹

伏羲定都于宛丘，融合部族，治理天下，死后也葬于此地。南宋《文献通考》云："其太昊，葬宛丘。"[2] 清代《历代陵寝备考》云："太昊伏羲氏，……以木德王，都陈，在位一百一十五年崩。陵在河南陈州府城北三里淮宁县界。国朝载入会典，恭遇国家大庆，遣官致祭。"[3] 据史籍记载，伏羲死后葬在陈地宛丘。《孔丛子·嘉言》云："陈惠公大城，因起凌阳之台"[4]，唐代《艺文类聚》作："陈惠侯大城，因起陵阳之台"[5]，清代《陈州府志》等文献皆以为即太昊陵阳之台，说明在春秋时期已有太昊陵墓。

汉代在太昊陵前建祠，宋太祖下诏立陵庙。这些早期建筑因黄河泛滥，已遭毁坏，现存殿宇多为明清重建，结构与明代皇宫相似。明清两代于每年春秋时节遣官以太牢致祭。"整个陵城占地500余亩，分内外两城。

① 张振犁编著：《中原神话通鉴》，河南大学出版社，2017年，第229~232页。
② 马端临：《文献通考》，中华书局，2011年，第3161页。
③ 朱孔阳：《历代陵寝备考》，江苏广陵古籍刻印社，1990年，第9页。
④ 孔鲋：《孔丛子》，商务印书馆，1936年，第1页。
⑤ 欧阳询：《艺文类聚》，汪绍楹校，上海古籍出版社，1965年，第428页。

以陵墓为中轴线,由南向北依次是午朝门、玉带桥、道仪门、先天门、太极门、统天殿、显仁殿、太始门等建筑。"①"把所有的大门层层打开,从午朝门一直可以看到伏羲陵墓,所以人们称它为'十门相照'","陵区内古树名木众多,名人碑匾、壁立如林,庄严肃穆,是封建社会品级最高、地位最尊的帝王陵寝。陵庙附属建筑东有岳忠武祠、老君观、元都观、更衣亭;西有女娲观、三清观、天仙观、玉皇观等;附属景区有同根园及被誉为'淮阳独秀'的松柏剪枝造型公园"。② 太昊陵现为全国重点文物保护单位,是旅游胜地,也是华夏儿女寻根问祖的精神家园。

周口淮阳流传着"太昊陵""人祖坟""苏小妹巾书墓碑""伏羲救护朱元璋""人祖爷送馍"等传说故事。

太昊陵

传说在春秋时期,古蔡河常常泛滥成灾。有一天,蔡河水漫上河岸,在湍急的浪尖上,有一青蛇盘,青蛇盘上有个葫芦样的东西。打捞起,青蛇飞去,人们发现,葫芦原来是长着两只角的头骨。人们不知为何物。正好路过的子路也不认识,便与人们一起请教孔子。孔子仔细观察后,恭敬地将头骨放在书案,连连叩拜,言其为人祖爷太昊伏羲的头骨。孔子说服陈王,为伏羲大办葬礼,修建陵庙。凤凰飞来,用五彩的翅膀挖出了一个巨大的墓坑。青龙飞来,抬起伏羲头骨,在五彩光环中将头骨放入墓坑,狂风卷起沙土,填平了墓坑,建起上圆下方的高大陵墓。③

---

① 国家文物局主编:《中国名胜词典(精编版)》,上海辞书出版社,2001年,第765页。

② 中华人民共和国国家旅游局编:《中国旅游景区景点大辞典》,中国旅游出版社,2007年,第1142页。

③ 杨复竣主编:《中国民间故事集成(河南淮阳卷)》,河南淮阳印刷厂,1988年,第44~45页。

人祖坟

古陈国王子出行，遇雷雨大风。天空出现黄龙，盘旋后落地不见。王子疑其地为风水宝地。陈王欲身后葬其地，夜梦伏羲告之：应有陈王点穴、孔子安葬，可保宛丘安康，灾害之年亦有八分收成。陈王请来孔子，选定宝地。至午时，天刮起大风，将伏羲头骨埋进墓穴，刮起数十丈的大坟墓，陈王又修建庙宇、塑造神像，即为"人祖坟"。[1]

苏小妹巾书墓碑

宋神宗时，重修太昊陵，临近竣工，想找正在陈州教书的苏轼书写碑文。经办人到了苏轼住处，恰逢其外出，便留下纸条说明来意，放下宣纸就走了。后苏小妹发现宣纸，欲写碑文，苦于无笔，便用手巾儿蘸墨写就。苏轼与小妹将碑文交于经办人。一位秀才挖苦："把太昊伏羲氏之墓的'墓'字写成了'莫'字，有点太疏忽了吧！"苏小妹解释："人祖坟这么大，下面不都是土吗？我是借碑下之土作'墓'字下面的'土'，才有意把'墓'字写成'莫'字的。"众人赞扬高见，碑文被刻在石碑上，直至现在，太昊陵前的石碑上还是"太昊陵伏羲氏之莫"七个大字。[2]

原淮阳县文化馆馆长杨复竣据其实地考察，确认云："其碑丈五之高，字大盈尺，上书'太昊伏羲氏之莫（墓）'七个大字，其字迹由于历史风雨的残剥，虽然有些地方并不模糊，却也可以辩（辨）别清楚碑文字的点、横、撇、捺。特别是接近地面的那个'莫（墓）'

---

① 杨复竣主编：《中国民间故事集成（河南淮阳卷）》，河南淮阳印刷厂，1988年，第47~48页。

② 张振犁编著：《中原神话通鉴》，河南大学出版社，2017年，第264页。

字，看得更清楚。"①

伏羲救护朱元璋

元末明初，朱元璋起兵反元。一次朱元璋被元军追赶，情急之下藏到了伏羲庙。蜘蛛在庙门结网，使追赶的元军以为人祖庙荒无人迹，便匆匆离去。朱元璋当了皇帝，为表达谢意，拨专款扩建人祖伏羲庙，建成了八百七十五亩的太昊伏羲陵。②

人祖爷送馍

周口项城还流传着"人祖爷送馍"的故事。太昊陵的人祖爷庙有一个用铁链锁着的沉重的石门，当人祖爷显灵，石门便会自动打开。1978 年，石门又一次打开。不久就传来一件事，说对越自卫反击战的前线，我军某部被围困在一座孤山上，给养断绝。在大雾弥漫的清晨，一位鹤发童颜的老人一手提茶罐，一手提馍篮，来到指挥部，要给战士们送东西吃。首长表示感谢并疑惑"太少了"。老人言："来吧，我给大家分。"他篮里的馍取之不尽，罐里的水倒不完，战士们都饱餐一顿。战士们问其姓名、住处，老人答道"家住淮阳太昊陵，没有名来没有姓"，说罢不见了，战士们感觉有使不完的劲，第二天打了大胜仗。③

这些在周口地区世代流传的神话、传说，表达了人们对伏羲的崇拜与虔诚信仰。他们相信，人祖爷护佑着人们的幸福安定的生活，给人以无尽的力量。

---

① 杨复竣：《中华始祖太昊伏羲：中国远古文明探源》，上海大学出版社，2008 年，第 381~382 页。
② 张振犁编著：《中原神话通鉴》，河南大学出版社，2017 年，第 266 页。
③ 张振犁编著：《中原神话通鉴》，河南大学出版社，2017 年，第 268 页。

1979 年至 1980 年，河南省文物研究所（今河南省文物考古研究院）发现并发掘了淮阳平粮台遗址。据推测，平粮台城址呈正方形，有对称的城门，中轴线位置有南北向的主干道，连接南北城门。城内房屋沿中轴线有序排列，布局整齐统一。遗址出土的陶制排水管道，为目前已知年代最早最为完备的城市配水系统。还出土了灰坑、水井、灰陶片、罐、鬶、粗柄豆、盘口罐、陶碗等遗迹、文物。"从考古发掘的资料看，平粮台古城遗址共有十期文化堆积，平粮台龙山古城是坐落在大汶口文化层之上的，其年代经碳 14 测定为距今 4 500 年左右。也就是说，太昊伏羲氏在平粮台定居若干年后，不仅在此渔猎畜牧，繁衍人类，创造文化，而且他还带领自己的部族，用自己的双手挖壕筑城，创造中国的古老文明。"[①]

考古发现与文献记载、地上文物遗存，从不同的角度记录了伏羲定都淮阳、葬于淮阳的历史事实。

第五节　伏羲的"发明"神话

伏羲作为中华民族的伟大始祖，其功绩还包括结网罟、辨方向、教农桑、制九针等，涵盖了中华远古文明的诸多领域。

一、伏羲结网罟

《周易·系辞下》记载伏羲"作结绳而为罟，以田以鱼，盖取诸离"[②]。李学勤考察淮阳平粮台古城遗址出土的陶制纺轮及其图案符号，认为："前人已指出伏牺时尚无重卦，离只能是三爻卦，而纺轮上出现的恰恰是

① 张志华：《浅谈平粮台古城遗址及其相关问题》，河南省文物考古学会编：《河南文物考古论集（四）》，大象出版社，2006 年，第 38 页。
② 李道平：《周易集解纂疏》，潘雨廷点校，中华书局，1994 年，第 624 页。

这个离卦。再想到纺轮就是制作线绳的工具，又有可能充当网坠使用，看起来我们还有很大的想象空间。"①

二、伏羲辨方向

伏羲教会人们狩猎，宋代《太平御览·尸子》云："宓羲氏之世，天下多兽，故教民以猎也。"②周口市淮阳区临蔡镇还流传着伏羲派人打猎，并为其指方向的传说故事：伏羲教会人们渔猎记述，分派他们四处打猎。但人们担心走远了，找不到回来的路。伏羲告诉他们"日头东面出，西面落"，"南面热，北面冷"，看太阳就知道东西南北，能辨别方向，找到回家的路了。随着狩猎技艺的发展，猎物多起来，一次吃不完，伏羲教会人们驯养动物。伏羲"养六畜以充庖厨"，"原始畜牧业产生，这是一个时代本质的变化，标志着历史已由新石器狩猎时代转向畜牧时代"③，使人们的食物有了更为稳定的来源。

三、伏羲教农桑

伏羲教会人们种植庄稼，种桑养蚕，所谓"以佃以渔""含养蚕化"。学者们指出"我们有理由认为伏羲生活的年代应该在距今8 000~1 万年左右"④，与"裴李岗文化"时间重合，"裴李岗遗址距今约8 000 年"⑤。"在裴李岗文化中，不仅出现了粟类和稻类的农作物，还出土了与之相对应的农

---

① 李学勤：《谈淮阳平粮台纺轮"易卦"符号》，《光明日报》2007 年 4 月 12 日。
② 李昉等：《太平御览》卷 832《资产部十二》引《尸子》，中华书局，1960 年，第 4 册，第 3711 页上栏。
③ 杨复竣：《中国祭祖史》，上海大学出版社，2010 年，第 391 页。
④ 孙玉红、杨恒海：《中华文明起源初探：伏羲文化》，光明日报出版社，2012 年，第 61 页。
⑤ 王星光：《中国农史与环境史研究》，大象出版社，2012 年，第 26 页。

业生产工具和粮食加工工具，表明早在裴李岗时期农耕文明已经确立，并且还发现有相当规模的聚落和纺织工具，这都可以说明当时农业文明发展的情形。"① 周口市商水县出土了属于裴李岗文化的"夹砂褐陶片、夹蚌灰陶片、石盘磨、石磨棒、鞋底形石铲"② 等生产生活用具。汉代《新论》云："伏羲制杵臼之利，后世加巧，因借身以践碓，而利十倍。"③

文献记载与出土文物相互印证，说明在伏羲的时代，周口地区已经有了农业文明，且已经能够用石磨、舂杵等技术对谷物进行精细加工了。

四、伏羲制九针

史籍还记载了伏羲在医疗方面的功绩。西晋皇甫谧《帝王世纪》云："伏牺氏……于是造书契以代结绳之政，画八卦以通神明之德，以类万物之情，所以六气、六府、六藏、五行、阴阳、四时、水火升降，得以有象，百病之理，得以有类，乃尝味百药，而制九针，以拯夭枉焉。"④ 南宋《路史》记载伏羲"察六气，审阴阳，以赍之身，而四时水火升降得以有象，百病之理得以有类，于是尝草治砭，以制民疾，而人滋信"，"世谓神农尝百草，而《孔丛子》《世纪》皆以为伏羲。盖不有其始，曷善其终！"⑤

伏羲时代在神农氏之前，大概是伏羲开创了尝百草、治针砭之术，神农氏踵事增华，再经世世代代医者仁心的努力，在我国形成了源远流长而博大精深的中医药体系，为中华文明发展保驾护航。

① 王星光：《中国农史与环境史研究》，大象出版社，2012 年，第 30 页。
② 秦永军、李全立：《河南周口迄今发现的裴李岗、仰韶文化初探》，《中国文物报》2005 年 5 月 27 日。
③ 李昉等：《太平御览》卷 832《资产部十二》引《尸子》，中华书局，1960 年，第 4 册，第 3384 页上栏。
④ 徐宗元辑：《帝王世纪辑存》，中华书局，1964 年，第 4~5 页。
⑤ 罗泌：《路史》，清光绪甲午校宋本，第 2 册，第 4 页。

综合来说，伏羲生活于新石器时代早期，处于由渔猎经济向畜牧业、农业经济发展的时期。在这漫长的时间跨度中，伏羲教会人民制造工具以利渔猎，驯养六畜以充庖厨，发展农桑，制作熟食，创制医药，极大地提升了原始先民的生活质量和身体素质。

伏羲的一系列技术发明、发现，与之前的燧人氏"钻木取火"和之后的神农氏"种五谷""尝百草"并不矛盾。因为人类文明的发展是一个曲折而漫长的历史进程，是无数原始先民在千万次的试探中，摸索前行、逐渐改进的，并且每个氏族部落都在进行着相似的探索过程。于是就产生了相似的传说故事，记录人类文明的艰难发端，礼赞伟大的英雄。

第六节　伏羲文化的内涵和现实价值

正是由于诸多伟大贡献，伏羲被誉为中华民族的"人文始祖"。其画八卦，造书契，为中华文明开启鸿蒙；定姓氏，制嫁娶，奠定中华礼乐文明的原始基础；其部族兼并与同化，完成了中华民族的第一次大融合，铸成华夏诸族共同的图腾徽号。伏羲文化还具有独特的文化内涵和积极的现实意义。

第一，伏羲文化体现了中华文明的"礼乐"特质，体现着华夏文化的"和合"精神。

伏羲定姓氏、制嫁娶、作琴瑟、兴礼乐，推行礼乐教化，教人修身理性，使其行为有所依归，是中华礼乐文明的奠基。周公"制礼作乐"，礼乐文明成型，凝定中华上下五千年的文化特质。《礼记·乐记》云："乐者，天地之和也。礼者，天地之序也。"[1]《白虎通·礼乐》云："故乐所以荡涤，反其邪恶也。礼所以防淫泆，节其侈靡也。故《孝经》曰：'安上

---

① 孙希旦:《礼记集解》，沈啸寰、王星贤点校，中华书局，1989年，第990页。

治民，莫善于礼''移风易俗，莫善于乐。'子曰：'……故乐者，所以崇和顺，比物饰节，节奏合以成文，所以和合父子君臣，附亲万民也……'"①如琴瑟之调和阴阳，礼乐调和万民，治民成俗。伏羲创制礼乐体现着华夏文化的"和合"精神。

第二，伏羲文化内蕴着中华民族的辩证思维和系统观念，是民族文化发展的内在动力，是文化自信的内在依据。

八卦阴阳相对、相应，变化组合而构成象征系统，揭示宇宙万物运行规律，奠定了中国古人认识世界的辩证思维模式。伏羲参天地而画八卦，制琴瑟以象天地、四时、八风、六合、五行、十二月、二十四节气等，确立中国古代的哲学思辨模式，以及中国文化注重"整体"，注重宏观把握的系统观念，也奠定了中华文化"重实践、重经验"的认识世界的方式方法：仰观天象，俯察地理，格物致知；近取诸身，远取诸物，取譬于象，把握世界规律。千百年来，中华民族在实践中探索，脚踏实地，学习、成长，造就了绵延不息的灿烂文化，成为世界上唯一未曾中断的文明。

第三，伏羲文化是华夏儿女共同的根脉，是民族融合的纽带。

正如闻一多所言"龙族的诸夏文化，才是我们真正的本位文化"。王东在《中国龙的新发现：中华神龙论》中也说："多源综合的龙，是多元一体的中华文明起源象征，是多民族融合国家的象征，是综合创新的中华民族文化象征。"②伏羲留下的龙之徽号、中华姓氏、人伦礼制等，不仅标志着华夏儿女血脉相连，也赋予华夏儿女深刻的文化认同。除了中原地区汉族人民口口相传的伏羲故事，在西南、西北、东部沿海等地区各族文化中也流传着非常丰富的伏羲传说。各地区、各民族共存的伏羲故事，使各族人民有了共同的创世始祖，有了趋同的精神依归。伏羲文化是中华文明的神圣根基，是中华民族的精神象征，也是全球华夏儿女凝聚力、向心力

---

① 陈立：《白虎通疏证》，吴则虞点校，中华书局，1994年，第94页。

② 王东：《中国龙的新发现：中华神龙论》，北京大学出版社，2000年，第183页。

的不竭源泉。

东晋陶渊明"常言五六月中，北窗下卧，遇凉风暂至，自谓是羲皇上人"[1]，表达了对想象中的伏羲时代，人们安闲自适、恬静淡远生活的欣羡。或许，这也代表了华夏儿女对人文始祖太昊伏羲的无尽追慕之情。每个"龙的传人"心中，都保留着伏羲文化的根脉、血缘。

---

[1] 陶渊明:《陶渊明集校笺》，龚斌校笺，上海古籍出版社，1996 年，第 441 页。

第四章　老子文化

《老子》和《庄子》为先秦道家学派的代表文献，陈鼓应认为："如果我们将哲学分为概念形态和想象形态的类别，那么可以说《老子》为概念哲学、《庄子》则属于想象哲学。"①《老子》和《庄子》中所代表的道家思想与孔子所代表的儒家思想，为中华优秀传统文化的基因，构成了中国传统文化的活水源头，是中国传统文化赓续发展的重要基石。

《老子》共八十一章，五千余言，以深邃的智慧，富有诗意的语言，字里行间蕴含着的可贵的中和原则、变通原则、天人合一原则等来探讨宇宙的形成、自然的规律、国家的治理、身心的修养等一系列重大问题，提出了"道德""有无""动静""玄德""自然""无为"等著名的哲学概念，具有深刻的理论品质，充溢着许多理论生长点，构建了天道自然、人道守中、治道无为的思想框架。王力在《老子研究》一书中认为："老子之道，以自然为来源；以无为为体，以有为为用；以反始守柔为处世之方。"②

古今中外众多的哲学家、文学家、科学家从《老子》中汲取丰富的思想营养并给予高度的评价。许抗生在《老子与道家》一书中认为："就哲学理论思维而言，道家的影响甚至超过了儒家。可以这样说，春秋战国时期几乎没有一个学派不受道家哲学思想的影响。道家对儒家、法家、名家、阴阳家等等都产生了不同程度的影响。尤其在战国中期之后其影响则更大。当时的主要思想家如子思、孟子、荀子、惠施、申不害、韩非、慎到……在思想上都无不受到影响，从而才能在汉初形成强大的黄老之学的社会思潮。在汉以来的整个中国封建社会中，虽说儒家成了占统治地位的官方哲学，先秦的'百家'相继凋谢，而唯有道家能与儒家抗衡而长期并存，并能在整个封建社会中发挥着它的作用和影响。"③近代学者严灵峰统计，自汉代以来关于老子学说的著述就有 1 600 余种。王剑在《陈楚文化》一书中称："《老子》一书，是一座取之不尽、用之不竭的

① 陈鼓应解读：《庄子》，国家图书馆出版社，2017 年，第 1 页。
② 王力：《老子研究》，天津市古籍书店，1989 年，第 1 页。
③ 许抗生：《老子与道家》，宗教文化出版社，2012 年，第 395 页。

智慧宝库，它与《周易》《论语》一起，成为世界上影响最大的三部中国古代文化典籍。"①

第一节　老子其人

老子其人和《老子》中的思想一样具有神秘的色彩，陈鼓应在《老子评传》一书中认为："在中国古代重要的思想家中，老子是古往今来引起争议最多的人物。"②记载老子的生平事迹主要有三类材料：其一，《史记》关于老子的记载；其二，先秦文献中关于老子的记载；其三，历代笔记及仙话中关于老子的记载。本节我们从这三类材料入手了解古人眼中的老子形象，最后再简单讲讲老子是哪里的人。

一、《史记》中的老子

熊铁基在《中国老学史》中认为："关于老子其人的许多评论，都是从《史记》的记载中引申出来的。"③《史记》对老子的记载主要有以下部分：《史记·老子韩非列传》《史记·孔子世家》《史记·仲尼弟子列传》。后两者主要记载了孔子向老子问礼的事，《史记·老子韩非列传》对老子的记载更为全面。

> 老子者，楚苦县厉乡曲仁里人也，姓李氏，名耳，字聃，周守藏室之史也。

---

① 王剑、邹文生等：《陈楚文化》，辽宁教育出版社，1998年，第86页。
② 陈鼓应、白奚：《老子评传》，南京大学出版社，2001年，第1页。
③ 熊铁基、马良怀、刘韶军：《中国老学史》，福建人民出版社，1995年，第5~6页。

孔子适周，将问礼于老子。老子曰："子所言者，其人与骨皆已朽矣，独其言在耳。且君子得其时则驾，不得其时则蓬累而行。吾闻之，良贾深藏若虚，君子盛德，容貌若愚。去子之骄气与多欲，态色与淫志，是皆无益于子之身。吾所以告子，若是而已。"孔子去，谓弟子曰："鸟，吾知其能飞；鱼，吾知其能游；兽，吾知其能走。走者可以为罔，游者可以为纶，飞者可以为矰。至于龙，吾不能知其乘风云而上天。吾今日见老子，其犹龙邪！"

老子脩道德，其学以自隐无名为务。居周久之，见周之衰，乃遂去。至关，关令尹喜曰："子将隐矣，强为我著书。"于是老子乃著书上下篇，言道德之意五千余言而去，莫知其所终。

或曰：老莱子亦楚人也，著书十五篇，言道家之用，与孔子同时云。

盖老子百有六十余岁，或言二百余岁，以其脩道而养寿也。

自孔子死之后百二十九年，而史记周太史儋见秦献公曰："始秦与周合，合五百岁而离，离七十岁而霸王者出焉。"或曰儋即老子，或曰非也，世莫知其然否。老子，隐君子也。

老子之子名宗，宗为魏将，封于段干。宗子注，注子宫，宫玄孙假，假仕于汉孝文帝。而假之子解为胶西王卬太傅，因家于齐焉。[1]

《史记·老子韩非列传》中提到三个与老子有关人物：一是老莱子，为楚人，与孔子同时代；二是"自孔子死之后百二十九年"的"太史儋"，曾见过秦献公，可能是老子本人；三是战国魏国将军李宗（其父为老子）。然而这些人到底是不是老子，也只是"或曰""世莫知其然否"。历代学者对于老子生平事迹聚讼纷纭，焦点主要集中在以下几个方面。

其一，老子其人的真实性。以韩愈、叶适、崔述为代表的儒家学者质疑。特别是崔述从人物、身份、与孔子关系等多方面提出看法，认为"道

---

[1] 司马迁：《史记》卷63《老子韩非列传》，中华书局，1959年，第2139～2143页。

家有虚构老聃的动机"。崔述在《洙泗考信录》云："战国之时，杨墨并起，皆托古人以自尊其说。儒者方崇孔子，为杨氏说者因托诸老聃以诎孔子；儒者方崇尧舜，为杨氏说者因托诸黄帝以诎尧舜；以黄帝之时，礼乐未兴，而老聃隐于下位，其迹有近似乎杨氏者也。今《史记》所载老聃之言，皆杨朱之说耳。"[1] "道家有虚构宗师的案例"，崔述在《洙泗考信录》又云："《道德》五千言者，不知何人所作，要必杨朱之徒之所伪托，犹之乎言兵者之以《阴符》讬之黄帝，《六韬》讬之太公也；犹之乎言医者之以《素问》《灵枢》讬之于黄帝、岐伯也。""孔子称述古之贤人及当时卿大夫，《论语》所载详矣。藉令孔子果尝称美老聃至于如是，度其与门弟子必当再四言之，何以《论语》反不载其一言？"[2] 质疑孔子师老聃事。崔述《洙泗考信录》云："昭公二十四年，孟僖子始卒，敬叔在衰绖中，不应适周。敬叔以昭公十二年生，至是年仅十三，亦不能从孔子适周。至明年而孔子已不在鲁，鲁亦无君之可请矣。诸侯之相朝会，容有在丧及幼稚者，彼为国之大事，不获已也；抑恃有相者在。敬叔不能则已，不必使人相之而往。适周，以学礼也，而独不念适周之非礼乎！且敬叔岂无车马竖子者，而必待鲁君之与之！由是言之，谓敬叔从孔子适周而鲁君与之车马者，亦妄也。"[3]

近现代学者对老子生活的时间提出疑问。冯友兰认为："《老子》中的主要概念和主要原则，也都是哲学思想发展到一定高度的时期，有了长期积累的思想资料才能有的。这都可以证明，作《老子》的老子是战国时期的人。"[4] 梁启超认为："1. 把老子世系和孔子世系作比较，在年代上，有不合情理之处，年长的老子的八世孙怎么会和年纪比较小的孔子的十三世孙在同一时代——汉朝的景、武时代？2. 孔子乐道人善，既叹'老子犹龙'，

---

① 崔述:《崔东壁遗书》，上海古籍出版社，1983 年，第 270 页。

② 崔述:《崔东壁遗书》，上海古籍出版社，1983 年，第 270 页。

③ 崔述:《崔东壁遗书》，上海古籍出版社，1983 年，第 270~271 页。

④ 胡道静主编:《十家论老》，上海人民出版社，2006 年，第 81 页。

为什么别的书却没有涉及一句。又墨子、孟子都极好批评，为何对《道德经》的作者都只言未提？3. 即使有孔子问礼之事，依《礼记曾子问》内容而言，老子是一个'拘谨守礼'之人，与'五千言'所显现的精神恰好相反。4.《史记》的神话大致是根据庄子《天道篇》《天运篇》《外物篇》三篇杂凑而成，而庄子之书多为寓言，不能当作信史。"①

其二，老子的姓氏和名字问题。老子是姓"李"还是姓"老"，王剑在《老子思想及其演变》一书中有详细的探讨："考索历代关于李姓起源和得姓始祖的记述，归结起来，主要有五种说法，都与老子有关：第一，源于老姓说。这种说法认为老子不姓'李'而姓'老'。古文字学家唐兰在《老聃的姓名和时代考》一文中认为，老子姓李名耳的说法不确实，他说据当时人普通的称谓，老聃的'老'字是他的氏族的名称，因为当时称子的，像孔子、曾子、墨子、孟子、庄子、惠子以及其余，都是氏族下面加'子'字的，'老聃在古书中丝毫没有姓李的痕迹'……第二，源出理氏说。这是一种流传最广，并写入正史的说法，认为李氏源出嬴姓，血缘先祖为皋陶，先为理氏，后为李氏，得姓始祖为李利贞，李耳为十一世。这种说法最早是由唐朝李延寿提出的，他在《北史·序传》中说：'李氏之先，出自帝颛顼高阳氏。'北宋欧阳修、宋祁等人撰《新唐书》时，又依据此说，并加以充实。《新唐书》中的《宗室世系》和《宰相世系》里，所列李姓的起源、谱系甚为详尽……第三，指李为姓说。这种说法颇具神话色彩，据《史记正义》引《玄妙内篇》云：'李母怀胎八十一载，逍遥李树下，乃割左腋而生。'……第四，李树图腾说。这种说法认为，李姓起源于图腾崇拜，李族的图腾是李树，以图腾为姓，姓李。……第五，源于虎图腾说。此种观点认为李氏图腾不是李树，而是老虎。扬雄《方言》：'虎，陈、魏、宋、楚之间或谓之李父；江淮南楚之间谓之李耳。'方以智《通雅》卷四十六说，虎'或曰狸儿，转为李耳'。'李耳'即'老

---

① 胡道静主编：《十家论老》，上海人民出版社，2006年，第22页。

虎'，是陈楚民间对虎的俗称。今鹿邑民间相传，老子于庚寅年，属虎。当时苦县一带方言称虎为'狸儿'，故亲邻戏呼老子为狸儿，后渐演变为'李耳'。"①

其三，老子、老聃、老莱子三个人到底是什么关系。郭沫若认为："老子确是孔子之师老聃，《老子》书也确是老聃的语录，就和《论语》是孔子的语录，《墨子》是墨翟的语录一样。特集成《老子》这部语录的是楚人环渊。"②

熊铁基在《中国老学史》中认为："司马迁《史记》中关于老子的记载本身没有什么问题。人们说有矛盾，是因为忽略了司马迁的某些用词用语。有些是传说的材料，然而他对于传说是经过了考证的，既有肯定的结论，也有存疑的记载。"③

二、先秦文献中的老子

先秦诸多文献中涉及老子及《老子》，诸如《礼记·曾子问》《孔子家语》《吕氏春秋》《庄子》《韩非子》等。据《老子研究新编》统计："《庄子》一书，'老子'22见，'老聃'47见，但无'李耳'之称。《列子》多称'老子'，亦无'李耳'之称。《韩非子·喻老》《韩非子·解老》无李耳及太史儋之说。《墨子》《荀子》《吕氏春秋》《礼记》《战国策》只称'老子'和'老聃'。"④

关于先秦文献中有关老子的记载与不谈，主要存在两种观点。

其一，墨家、儒家代表文献《墨子》《孟子》中没有出现老子的身影，古棣、关桐认为："老子从维护西周以来的封国制度出发，反对诸侯国之间进行侵略战争，而主张防御战争，这同墨子的'非攻'一致。墨子没有弄清老子的阶级立场，自然就把老子反对侵略战争引为同调了。这就是墨子没有批评老子，而肯定地引用《老子》的基本原因。"① 关于《孟子》中为何无批评《老子》的语句，二人认为："孟子的时代，思想战线的形势是'天下之言，不归杨则归墨''杨墨之道不息，孔子之道不著'，所以他把辟杨墨作自己的任务。墨子的'兼爱'，杨朱的'不取''不与'，劝说人们不要去争富贵功名，不为君主卖命的'为我'主义，的确是孟子政治思想的劲敌，所以孟子激烈的批评杨朱、墨翟，疾声厉色地说道：'杨氏为我，是无君也；墨氏兼爱，是无父也。父无君，是禽兽也。'并号召一齐来辟杨墨，'能距杨墨者，圣人之徒也'。孟子没有批评老子是合乎情理的。根据孟子没有批评老子，就断定老子哲学还没有出世，则是背乎情理的。"②

其二，关于先秦文献中出现的《老子》、老子、老聃等，郭沫若认为："秦、汉以前的典籍，可知老子即是老聃，曾为孔子之师，在秦、汉以前人并不曾发生过问题。然而一落到汉人手里便生出了问题来。我们须得考察这所以发生了问题的原故。答案在这儿是很明显的，便是《老子》一书，其文笔和内容——如并言'仁义'，如言'万乘之主'等——的确不是春秋末年人所能有，因知其书必系晚出。汉人盖早见及此，故或则疑老子非老聃，而以老莱子或太史儋为解，或则言老子长寿，至战国中叶犹存，这便结果成为了司马迁的那篇支离灭裂的列传。司马迁那篇文章仅仅提出了一些对于问题的答案，而没有提出发生问题的原因。"③

①　古棣、关桐：《老子十讲》，上海人民出版社，2009 年，第 26 页。
②　古棣、关桐：《老子十讲》，上海人民出版社，2009 年，第 27 页。
③　胡道静主编：《十家论老》，上海人民出版社，2006 年，第 115 页。

三、历代笔记及仙话中的老子

老子作为文学哲人，在思想、文化、民俗等方面对中国传统文化产生了深刻影响。除正史及儒家经典文献中有关老子翔实的记载外，历代众多的文人笔记、道家文献、民间传说中也保留了大量关于老子的记载。这些文献从不同的视角，塑造了丰富多样的老子形象。

其一，历代仙话中关于老子的记载，主要有刘向《列仙传》、皇甫谧《高士传》、葛洪《神仙传》等。此类作品多带有附会的内容，赋予老子更多的神仙色彩。其中刘向《列仙传》中关于老子的记载为：

> 老子姓李名耳，字伯阳，陈人也。生于殷，时为周柱下史。好养精气，贵接而不施。转为守藏史。积八十余年。史记云：二百余年。时称为隐君子，谥曰聃。仲尼至周见老子，知其圣人，乃师之。后周德衰，乃乘青牛车去，入大秦，过西关，关令尹喜待而迎之，知真人也，乃强使著书，作《道德经》上下二卷。[①]

此后皇甫谧《高士传》中老子的记载与刘向《列仙传》的内容相似，只不过增加了赞语。此外，《高士传》中还记载了老莱子，兹录如下：

> 老莱子者，楚人也。当时世乱，逃世，耕于蒙山之阳。莞葭为墙，蓬蒿为室，枝木为床，著艾为席，饮水食菽，垦山播种。人或言于楚王，王于是驾至莱子之门。莱子方织畚，王曰："守国之政，孤愿烦先生。"老莱子曰："诺。"王去，其妻樵还，曰："子许之乎？"老莱曰："然。"妻曰："妾闻之，可食以酒肉者，可随而鞭棰，可拟以官禄者，可随而铁钺。妾不能为人所制者。"妻投其畚而去。老莱子

---

① 刘向：《列仙传》，新编汉魏丛书编纂组编：《新编汉魏丛书》，鹭江出版社，2013 年，第 2 册，第 703 页。

亦随其妻，至于江南而止。曰："鸟兽之毛，可绩而衣，其遗粒足食也。"仲尼尝闻其论，而戄然改容焉。著书十五篇，言道家之用。人莫知其所终也。[①]

葛洪《神仙传》中关于老子的记载为：

老子者，名重耳，字伯阳，楚国苦县曲仁里人也。其母感大流星而有娠。虽受气天，然见于李家，犹以李为姓。或云，老子先天地生。或云，天之精魄，盖神灵之属。或云，母怀之七十二年乃生，生时，剖母左腋而出。生而白首，故谓之老子。或云，其母无夫，老子是母家之姓。或云，老子之母，适至李树下而生，老子生而能言，指李树曰："以此为我姓。"或云，上三皇时，为玄中法师。下三皇时，为金阙帝君。伏羲时，为郁华子。神农时，为九灵老子。祝融时，为广寿子。黄帝时，为广成子。颛顼时，为赤精子。帝喾时，为禄图子。尧时为，务成子。舜时，为尹寿子。夏禹时，为真行子。殷汤时，为锡则子。文王时，为文邑先生。一云，守藏史。或云，在越为范蠡，在齐为鸱夷子，在吴为陶朱公。皆见于群书，不出神仙正经，未可据也。葛稚川云："洪以为老子若是天之精神，当无世不出。俯尊就卑，委逸就劳。背清澄而入臭浊，弃天官而受人爵也。"夫有天地则有道术，道术之士，何时暂乏。是以伏羲以来，至于三代，显名道术，世世有之，何必常是一老子也。皆由晚学之徒，好奇尚异，苟欲推崇老子，故有此说。其实论之，老子盖得道之尤精者，非异类也。按《史记》云："老子之子名宗，仕魏为将军，有功，封于段。至宗之子汪，汪之子言，言之玄孙瑕，仕于汉。瑕子解，为胶西王太傅，家于齐。则老子本神灵耳，浅见道士，欲以老子为神异，使后代

---

① 皇甫谧：《高士传》，新编汉魏丛书编纂组编：《新编汉魏丛书》，鹭江出版社，2013年，第2册，第581页。

学者从之，而不知此，更使不信长生之可学也。何者，若谓老子是得道者，则人必勉力竞慕；若谓是神灵异类，则非可学也。或云："老子欲西度关，关令尹喜知其非常人也，从之问道。老子惊怪，故吐舌聃然，遂有"老聃"之号。亦不然也。^①

其二，民间关于老子的传说。主要有秦新成、刘升元的《老子故事》，全面地搜集整理了老子的传说故事。其中比较有代表性主要有：《老子出世》《追乞丐》《收服青牛》《李枣》《看桃》《祝寿》《最早的老师》《考鸟》《走亲戚》《两个金瓜》《架桥》《买牡丹》《知人容易自知难》《咱们都来学水》《得道》《老子送挽联》《李耳和县官》《如意钩的来历》《柔》《人'盗'药铺》《李老聃献策》《城头讲学》《大智训尚狗》《老子讲故事》《点穴》《车和城的故事》《庄周投师》《弃官西游》《骑青牛过函谷》《老聃的预言》《别尹喜》《牛黄的来历》《赶山鞭和老君台》《老子之死》《头发伸冤》《扁柏树》《立碑》《老君和城隍》《苦县没有大地震》《窑匠的火棍和要饭棍》《七十二行尊老君》《道士头上的发揪》《〈道德经〉的传说》等。关于老子生平中最有代表性的当属《老子出世》：

> 春秋时期，鹿邑县，名叫苦县。城东十里，有个村庄，叫曲仁里……单说村前有条赖乡沟。沟水清澈见底，两岸李树茂盛。在那李子林深处有一户人家。这家有个闺女，年长一十八岁，模样俊俏，花枝招展，知书识礼，典雅温柔。爹娘把她看成掌上明珠。这闺女有个别脾气儿，发誓终身不嫁，一生守在二老身边。
>
> 一天，这闺女到赖乡沟水边洗衣……见两个对肚长在一起的李子从对面不远的水面上漂了过来。她停下手中的活计，伸手把李子捞起来，只见两个李子都是一面鼓肚儿，一面扁平，像两个耳朵合在一

---

① 葛洪：《列仙传》，新编汉魏丛书编纂组编：《新编汉魏丛书》，鹭江出版社，2013年，第2册，第637页。

起，这李子红里透黄，黄里透红，放鼻子上一闻，喷香喷香！咬一口尝尝，蜜甜蜜甜，里面还带着品不完的后味儿，她几口就吃完了。

刚吃完李子，她就感觉心翻难受起来，腹疼如扭，想呕吐，又吐不出来，弯下腰，捂着肚子，脸黄得像铜片一样。就在这时，肚里有人说起话来："母亲大人，莫要难过，等孩儿坐正也就好了。"她吃了一惊：怎么李子变成胎儿了？她红着脸，小声问肚里的小生命："孩儿，你既然已经会说话，就出来吧。"胎儿回答："母亲，孩儿现在不能出去，我要在这里想事哩！""想啥事？""想啥？能使傻子聪明，笨人变灵，恶者向善，天下太平。""那你啥时候出来"？"等到天长严……牵骆驼的来。"往下不说了。

……

八十一个年头过去了。吃李子怀孕的姑娘成了白发苍苍的老人。她走进自己的屋子，坐在床上，问肚里胎儿："儿啦，我的冤家呀！整整八十一年了，你还不该出世吗？"儿子回答："天长严了没有？牵骆驼的来了没有？"母亲心思想："天还剩东北角一块没长严，牵骆驼的至今没来，他老问这两句，还说不能坑害我，到底是怎么啦？管他坑害不坑害，我就说天长严了，牵骆驼的来了。"想到这，就对肚里的胎儿说："天早长严了，牵骆驼的也来了，你快出世吧。"话刚落音，儿子就顶断母亲的右肋，从里面拱出来了。咦！原来是一个白胡子小老头，连眉毛胡子都白了。

母亲右肋流血不止。儿子见牵骆驼的没有来，一下子明白是怎么回事，他慌了手脚，不知如何是好。哭着道："母亲大人，牵骆驼的没来，我也没法撕下骆驼皮补在您老的肋上，这该怎么办呢？"说着，双膝跪下，给母亲磕了三个响头。母亲说："儿呀，别哭了，我不埋怨你，你是因为娘吃李子怀孕生的，那李子又像两个耳朵合成的，娘给你指姓起名，唤做李耳吧，娘进入九泉之下，你在'尘世'之上，做个好人，也就不枉我怀你八十一载了。"说罢，绝气而亡。李耳跪在母亲尸首旁边，好生痛哭一场。

因为李耳出生的时候就是个老头儿模样，后来人们就把李耳称作老子。①

从上述文献可以看出，无论是民间故事传说还是仙话都带有明显的附会色彩，赋予老子很多传奇的内容。

四、老子故里

老子的籍贯在先秦典籍中没有记载，只是《庄子》记载孔子、阳子居等南到沛地见老子，表明老子曾居沛地。汉代《史记·老子韩非列传》对老子的里籍已记载得十分详细和确切："楚苦县厉乡曲仁里"，不仅写明老子出生地属楚国，而且详及县名、乡名、里名。但近年来，有几位学者对老子里籍提出了新的看法，最有代表性的有两种。

一是地区不明的"宋之相人"说。此说主要源于《庄子》中的记载。陈成吒《先秦老学考论》认为："东汉人长期指老子为'陈国苦县赖乡曲仁里人'。此'陈国苦县'是指东汉时期的封国陈国下的苦县。而东汉末年边韶奉诏所撰《老子铭》曰'楚相县人'，'楚'即春秋时楚国，当时'相县'中包含东汉人所谓陈国苦县的老子庙等相关地域。两者并不矛盾。"② 二是安徽涡阳说。关于涡阳的说法主要源于历史上行政区域隶属的变动。

王剑在《老子思想及其演变》一书中对老子的出生地及其历代的变迁做了详细的辩证，兹录如下：

苦，这里读作 hù，苦县即今河南省鹿邑县。厉，这里读作 lài。唐张守节《史记正义》引《晋太康地记》云："苦县城东有濑乡祠，

---

① 秦新成、刘升元：《老子的故事》，时代文艺出版社，2009 年，第 4~6 页。

② 陈成吒：《先秦老学考论》，华东师范大学博士学位论文，2013 年，第 7 页。

老子所生地也。"历乡曲仁里,即今河南省鹿邑县太清宫……苦县之名及区划,历代屡有更易。苦县是陈时所设还是楚灭陈后所设?今已不可考。西汉苦县归属淮阳国统辖。东汉时,淮阳国改名为陈国。《后汉书·郡国志二》"陈国"条下云:"苦,春秋时曰相,有赖乡。"这里出现了一个"相"。关于相地,又见东汉边韶《老子铭》称:"老子姓李,字伯阳,楚相县人也。春秋之后,周分为二,称东西君。晋六卿专征,与齐楚并僭号为王,以大并小。相县虚空,今属苦,故城犹在,在赖乡之东,涡水处其阳。"郦道元《水经注》卷二十三"涡水"注:"涡水又屈东径相县故城南,其城卑小实中。边韶《老子碑》文云:老子,楚相县人也。相县虚荒,今属苦,故城犹存,在赖乡之东,涡水处其阳。疑即此城也。自是无郭以应之。"边韶撰《老子铭》时任陈相;郦道元也到过鹿邑,他们的记述是正确的……东汉以至隋代,苦县或称父阳、武平、谷阳、鹿邑,隶属陈郡或谯郡(今安徽亳州)。唐代,唐高祖李渊认老子为始祖,唐高宗乾封元年(666年)封老子为太上玄元皇帝,所以唐朝又把老子故里更名为真源、仙源等名。《新唐书·地理志二》"谯郡"条下有"真源"云:"真源,本谷阳,乾封元年更名,载初元年曰仙源,神元元年复曰真源。有老子祠,天宝二年曰太清宫;又有洞霄宫,先天太后祠也。"宋元,又更名为卫真或鹿邑,隶属亳州。明清以后,鹿邑隶归德府。今鹿邑县隶属河南省,涡河流经全境,注入淮河。老子故里历乡,又可写作赖乡、濑乡……历代祭祀老子,都在鹿邑太清宫。太清宫的前身为老子祠,或曰老子庙……老子庙在唐朝改称为太清宫。据光绪年间《鹿邑县志》记载,唐高祖武德三年(620年),"从吉善行之言,祖老子,特起宫阙如帝王居"……宋真宗年间,拨国库款重修太清、洞霄二宫,规模比唐时扩展。重修时并立有《大宋重修太清宫之碑》《先天太后之赞》《会真桥记》等碑刻,碑刻至今留存……太清宫于1986年被列为河南省文物保护单位,于2001年又被升格为全国重点文物保护单位。1997 年，河南省文物局、河南省文物考古研究所考古专家在太清宫发掘出含龙山文化遗址、西周墓葬、东周夯土基址和大型马坑、唐宋建筑基址、碑刻及明清建筑的大型文物古迹群。该遗址时代早，跨度大，保存完好，文化内涵丰富，具有很高的历史、科学和艺术价值。考古专家还对太清宫前、后宫周围 3 300 多平方米的地面进行了挖掘，发掘出了清晰的唐、宋、金、元太清宫遗址及大量的祭祀器皿。……一致认定，发现的大量祭祀器具证明历代祭老在太清宫、祭李母在后宫，同历代文献记载完全吻合，这些均证明太清宫确为老子生地。[①]

第二节 《老子》其书

一、《老子》成书时间

《史记·老子韩非列传》记载："老子乃著书上下篇，言道德之意五千余言。"[②] 关于《老子》的成书时间，主要有两种观点。

其一，以胡适、唐兰为代表的"早出论"。此说认为《老子》在春秋末年或战国早期就已形成，《老子》成书于孔子之前，是老聃的著作。

其二，以冯友兰、钱穆、梁启超等为代表的"晚出论"。此说认为《老子》成书于战国中期或者后期。冯友兰认为："总起来说，可以得到一个结论，《老子》这部书虽然很短，统共不过五千来字，但也和大部分的先秦著作一样，是部总集，而不是某一个人于某一个确定时期的个人专著。"[③] 梁启超则认为《老子》一书，当是战国晚期之作，"在思想系统上，老子的思想显得自由激烈，如'民多利器，国家滋昏，人多伎巧，奇物滋

---

① 王剑：《老子思想及其演变》，河南人民出版社，2019 年，第 10~12 页。

② 司马迁：《史记》卷 63《老子韩非列传》，中华书局，1959 年，第 2141 页。

③ 胡道静：《十家论老》，上海人民出版社，2006 年，第 83 页。

第四章　老子文化

105

起，法令滋章，盗贼多有''六亲不和有孝慈，国家昏有忠臣'等，不太像春秋时代的话语，在《左传》《论语》《墨子》等书中，均未见类似的思想。在文字用语上，《老子》书中用'王侯''侯王''王公''万乘之君'等凡五处，用'取天下'者凡三处，这种话语不像是春秋时候所有。'仁义'对举，这是孟子的'专卖品'，在孟子之前，没有出现过。所以，'师之所处，荆棘生焉，大兵之后，必有凶年'等话在春秋时代应该无法说出。'偏将军居左，上将军居右'这些官名，战国时代始有。"①

还有极端的意见则认为其成书更晚，大约要在西汉初期的文景之世。但是，这些观点的一致处在于都认为《老子》成书远在孔子之后。

侯外庐在《老子思想》一文中则避开《老子》成书时间而从《老子》反映不同的哲学风貌的角度提出看法："《老子》一书的辨伪工作，从宋人开始，一直到晚近学者的多次探讨，大体上已可确定此书出于战国之世。但由此仍可导出分歧的理解：或谓《老子》其书与其思想同为晚出，或谓《老子》书虽晚成，而其基本思想固可先于孔、墨而早出。因此，现在的问题并不在于《老子》的成书年代，而在于老子思想所由发生之时代……

在战国中叶这一时期，思想家也具有和过去哲人不同的风貌。过去哲人，作为古代私人学术的创始者，必须具有他自己的信条，为此信条而牺牲一切，孔、墨便是这样的哲人。但这一时期却出现了怀疑哲学，老子便是这样的思想家：在社会理想方面怀疑了现实世界，在人类道德方面怀疑了私学，在历史方面怀疑了发展，在信心方面怀疑了个体，在阶级方面怀疑了斗争。就在这里，老子思想表现了对孔、墨的批判的发展，例如，'不贵其师''学不学，复众人之所过'，便是对昭昭察察的众人来批判的，其对象就是私学；又如'辩者不善''博者不知'，显然也是针对孔、墨而发，孔子博学，墨子善辩，孔、墨以外，谁又是博者辩者？"②

① 胡道静主编：《十家论老》，上海人民出版社，2006年，第22页。
② 胡道静主编：《十家论老》，上海人民出版社，2006年，第161页。

二、《老子》的体例

《老子》原不分章，韩非本及帛书等系"德"前"道"后。胡适在《中国哲学史大纲》一书中认为："今所传老子的书，分上下两篇，共八十一章。这书原来是一种杂记体书，没有结构组织。今本所分篇章，决非原本所有。其中有许多极无道理的分段（如二十章首句'绝学无忧'当属十九章之末，与'见素抱朴，少私寡欲'两句为同等的排句）。读者当删去某章某章等字，合成不分章的书，后自己去寻一个段落分断出来，又此书中有许多重复的话和许多无理插入的话，大概不免有后人妄加妄改的所在。"①

陈成吒在《先秦老学考论》中详细地梳理了历代学者对《老子》体例的研究。

在分篇问题上，《老子韩非列传》指老子著书上下篇。此后严遵指归本、河上公章句本亦然。但宋代晁说之、董思靖等曾提出《老子》原本不分篇观点，只是此说响应者寥寥。上下篇设置方面，韩非子《解老》、帛书《老子》、严遵指归本等皆上"德"下"道"形制，传世的河上公本、想尔注、王弼本等皆为上"道"下"德"结构。因此，学界存有诸多不同看法。严灵峰、饶宗颐等认为《老子》原貌为上"道"下"德"。高亨、池曦朝认为战国时已有两种传本，上"道"下"德"乃道家传本，上"德"下"道"乃法家传本。张学方在指《老子》原本上"道"下"德"的基础上，认为该顺序的颠倒可能始于战国中期的黄老家，韩非等法家因袭之。

邱锡昉则认为《老子》上"德"下"道"乃道家传本，后在法家影响下，才形成上"道"下"德"的黄老学派传本（佘明光亦指上

---

① 胡适:《中国哲学史大纲》，上海古籍出版社，2019 年，第 41 页。

"德"下"道"后乃《老子》原貌，只是随着思想学术的发展，才出现上"道"下"德"版本，且无法断定历史上是否存在过所谓法家传本）张松如在指《老子》原上"德"下"道"的同时，也从思想发展进程进行了验证。此外，邱德修则认为《老子》传世之初，道家内部就是两种形制版本并行，帛书与传本版本的不同只是南北两派道家传本各异而已，并非后来法家或其他原因新出的版本。

《老子》分章问题。先秦以前情况难以一语道清，而严遵本为七十二章，河上公本、王弼本等《老子》则皆作八十一章。董思靖《道德经集解序说》云："清源子刘骥曰：矢口而言，未尝分为九九章也。"自帛书《老子》出土后，高、池二人、高明、饶宗颐、严灵峰、尹振环、郑良树、张松如等皆认为帛书《老子》不分章，并以此指《老子》原貌不分章。同时，王力、严灵峰、古棣、周英、董京泉等皆遵从自己的理念，对《老子》章节进行了新的划分。[①]

《老子》是什么时候称《道德经》的，史无明载。司马迁较早将"道德"二字与老子著作联系起来，《史记·老子韩非列传》云："老子脩道德，其学以自隐无名为务。……老子乃著书上下篇，言道德之意五千余言而去。"[②]王剑在《老子思想及其演变》一书中对此问题进行了详细梳理："《老子》起初并无题名，战国初期以降，《老子》被广泛征引。《战国策·齐策》记载齐宣王见颜斶，颜斶以'老子曰'引用了今本《老子》第三十九章。《老子》作为书名出现在《韩非子·喻老》就是明证。《老子》称'经'，大概始于西汉文景时期。北大藏汉简：'《老子》之称经，自汉景帝始也。'北大藏汉简本《老子》的抄写时间为武帝时期，是景帝立经时的复抄本，汉简本明确题名为《老子上经》《老子下经》。汉帛书乙本篇

---

① 陈成吒：《先秦老学考论》，华东师范大学博士学位论文，2013年，第16~18页。

② 司马迁：《史记》卷63《老子韩非列传》，中华书局，1959年，第2141页。

末分别题有'德''道'二字，表明这是'德''道'两篇的篇题。汉帛书乙本抄写年代当在汉文帝时期，即班固《汉书·艺文志》记录有《老子邻氏经传》《老子傅氏经说》和《老子徐氏经说》，说明西汉时有'老子经'之称。据谭宝刚考证，《老子》书名演变为《道德经》萌发于汉末三国的边韶、葛玄，形成于魏晋之际的王弼、皇甫谧。东汉桓帝时边韶作《老子铭》云：'辟世隐声，见迫遗言，道德之经。'"[1]

三、《老子》的版本及注本

《老子》的成书既多争议，流传的版本也较为复杂。关于《老子》版本，流传下来的大致有四种类别：简帛本、石刻本、敦煌写本、历代刻本。

简帛本主要有长沙马王堆汉墓帛书《老子》甲乙本、郭店竹简本、西汉竹书本（又名"北大竹简本"）等文献资料。简帛本保存了《老子》的原始面貌，对于了解早期《老子》的思想、体例有重要的意义和价值。石刻本主要有唐景龙二年（708）河北易州龙兴观道德经碑、唐景福二年（893）河北易州龙兴观道德经碑等碑刻资料。敦煌写本主要有敦煌唐人写本老子道德经残卷、敦煌六朝写本老子道德经残卷、敦煌唐人写本成玄英道德经开题序诀义疏等写本资料。历代刻本主要有王弼老子道德经注、河上公老子道德经章句、严遵道德真经指归、傅奕道德经古本篇四种。四种历代刻本在传承中形成了《老子》传世本中的四大体系。其中王弼老子道德经注、河上公老子道德经章句的影响尤其广泛；王弼老子道德经注广为文人学士所喜好，河上公老子道德经章句多被道教人士和下层民众推崇。

《老子》版本繁杂，历代注本众多。古往今来，据统计注解《老子》者，三千余家。

古代注《老子》包括以下几类人：封建帝王，成果诸如唐玄宗李隆基

---

[1] 王剑：《老子思想及其演变》，河南人民出版社，2019年，第41页。

《御注道德真经》、宋徽宗赵佶《御解道德真经》、明太祖朱元璋《御注道德真经》、清世祖爱新觉罗·玄烨的《御注道德经》。学者官员，成果诸如宋代的王安石《老子注》、苏辙《老子解》。道家学派，成果诸如隐士严光《老子指归》、河上公《老子章句》《老子想尔注》。僧人和道士，成果诸如释德清《老经解》、杜光庭《道德真经广圣义》。纯粹的学者，成果诸如曹魏时期的王弼《老子注》、范应元《道德经古本集注》，明清时期的薛蕙《老子集解》、焦竑《老子翼》、王夫之《老子衍》、俞樾《老子平议》、魏源《老子本义》等。

近现代著名的注校本有罗振玉《老子考异补遗》、刘师培《老子斠补》、马叙伦《老子校诂》、杨树达《老子古义》、奚侗《老子集解》、陈柱《老子集训》、高亨《老子正诂》、蒋锡昌《老子校诂》、刘笑敢《老子古今》、朱谦之《老子校释》、张松如《老子校读》、任继愈《老子今译》、高明《帛书老子校注》、陈鼓应《老子注译及评介》等。其中陈鼓应《老子注译及评介》为新时期《老子》研究的经典著作。该书吸收了历代研究老子及《老子》的优秀成果，并结合陈鼓应对《老子》多年的研究经历，对《老子》做了详细的注释与分析，所得出的结论也足以服人。此外，他对《老子》加以今译，并对前人的《老子》注疏也给予了评介。书后附录长沙马王堆汉墓帛书《老子》甲乙本的释文和《老子》校定文以及参考书目等有关资料，是阅读和研究《老子》的重要参考书。

第三节 《老子》的思想渊源

《老子》一书思想博大精深，既有深邃的哲思，又有高超的生活智慧，在道家思想形成和发展过程中起到了重要作用。但道家文化并不是老子的凭空创制，而是对上古文化的继承和发展。王剑在《老子思想及其演变》一书中认为《老子》的思想"可以追溯到老子的母国陈国及楚国的文化渊源和他作为周朝史官所获得的帝王经验，甚至可以上溯到上古期的女性生殖崇拜和巫史文化"①。陈鼓应在《老子评传》一书中，从老子思想与古之道术、老子的怀古情节、老子思想与原始宗教文化三个方面探讨了老子思想的渊源。② 综上，本节我们从与陈楚文化的关系和述古之思两方面谈谈《老子》的思想渊源。

一、《老子》思想与陈楚文化的关系

王剑在《老子思想及其演变》一书认为，老子的思想深受陈楚文化的影响。

老子故里所在的陈地位于以今河南淮阳为中心的豫东一带，地跨黄河、淮河两大流域，春秋时期，这里正是多方文化交汇的中心地带。一般认为，中华文化由三大主体文化融会而成，这三大主体文化分别是以黄帝、炎帝为代表的华夏文化，以太昊、少昊为代表的东夷文化和以女娲、伏羲为代表的楚文化。陈地正处于三大主体文化相交流、融会的区域，它的西面毗邻夏、周的起源地，夏、周是在进入中原后才真正发展壮大起来的；它的东面是夷人的发祥地，夷人进入中原，建立了殷商王朝；楚文化滥觞于中原，承受了多方文化的滋养后，南迁江汉，与苗蛮文化融合，并发展壮大、孕育成熟之后，又挺进中原，驻足陈地，加入民族大混血、文化大融合的洪流之中。特殊的地理区域，使得陈地文化兼具南北之长，在多方文化的交流、融会中形成了独具特质的地域文化，我们名之为"陈楚文化"。③

---

① 王剑：《老子思想及其演变》，河南人民出版社，2019年，第110页。
② 陈鼓应、白奚：《老子评传》，南京大学出版社，2001年，第18~20页。
③ 王剑：《老子思想及其演变》，河南人民出版社，2019年，第112页。

陈鼓应在《老子与孔子思想比较研究》一文中，详细地分析了老子思想与孔子思想的差异，同时，也深入地分析造成二者差异的原因。

蔡元培先生在《中国伦理学史》中说："盖我国南北二方，风气迥异。当春秋时，楚尚为齐晋诸国之公敌，而被摈于蛮夷之列，其冲突之迹，不唯在政治家，即学者维持社会之观念，亦复相背而驰。老子之思想，足以代表北方文化之反动力矣。……老子以降，南方之思想，多好为形而上学之探究，盖其时北方儒者，以经验世界为其世界观之基础。繁其礼法，缛其仪文，而忽于养心之旨，故南方学者反对之。北方学者之于宇宙，仅究现象变化之规则，而南方学者，则进而阐明宇宙之实在。"蔡先生这里指出，南北学风的不同在春秋时期已形成。当时南方的楚国与北方的齐、晋各国，冲突的迹象从政治到社会观念，都有明显的表现。而老子则为南方学派的代表，代表着对于继承周制的文化之反动力。

关于区域文化的差异性，早在《汉书·邹阳传》中就有这样的一句概括："邹鲁守经学，齐楚多辩知。"前者当系指儒家的学风，后者指道家的学风。冯友兰先生早在30年代之前，在他的《中国哲学史》中叙述老学时，就提到"楚人精神"，他说："楚人虽不沾周之文化之利益，亦不受周之文化拘束，或其人多有极新之思想。"近年，任继愈先生对于荆楚文化与邹鲁文化的区别有进一步的叙说，他认为体现"荆楚文化特点的莫过于《楚辞》《老子》及受《老子》影响的庄周。这一地区的文化更偏重于探讨世界万物的构成、起源，人与自然的关系，人在自然界中的地位。这些问题涉及的范围恰恰是中原文化所不甚重视的。人伦日用、政治生活则是老、庄哲学所轻视的，即使有时涉及，也往往以轻蔑的态度看待它。邹鲁文化上承西周，以尧、舜、禹为圣人，以《六经》为经典，以宗法制度为维系社会的力量。荆楚文化则很少受这种传统思想的羁绊，并以它特有的尖锐性，对中原文化开展勇敢的批判，在打破旧传统、解放思想中起了巨大的作用"。……老子固近于楚文化之风，同时他对中原文化也有深切的了解。他曾担任周守藏室之史，博学广知，自然熟悉各种典章文物；然而他对于周代礼制文化则深为不满。他的思想渊源可以上溯于夏文化。青年学者王博曾有专文详论老子学说与夏文化的内在联系，为研究老学提供了一条新的思想线索。由于学派的分歧，区域文化的不同，以及思想性格的差异，而形成老子偏重人与自然的关系，由此而建立他的本体论和宇宙论；孔子偏重人与人的关系，由此而建立他的伦理学。总之，老子是继承着文化传统中自然主义的思想线索而发展，孔子则是继承着西周以来德治主义的文化传统而发展；老子的自然主义和孔子的德治主义，是他们各自思想脉络的一个主要特色。①

二、《老子》的述古

《老子》核心思想形成的时期是各种思想激荡交汇的时期。《老子》的博大精深自然也受到各种思想的影响，陈鼓应在《老子评传》一书中指出："老子学说有直接的思想来源，那就是'古之道术'。这些'古之道术'，有据可查者可以分为两个部分：一是老子所明白引述的古书或古人之言，一是老子没有明白说出，但在其他古籍中可以查到的并且先于老子的有关思想……老子思想中有很多思想是对前人经验与智慧的吸收、利用、总结和提炼，其中的很多重要观念，老子虽然没有明说出自何处，但我们仍可以在其他古籍中找到他们的直接来源。兹择其要兹录如下：贵柔尚弱……谦下不争……欲取姑予……功遂身退。"②

熊铁基在《中国老学史》中也明确指出了《老子》思想的渊源：

---

① 陈鼓应:《老庄新论（修订版）》，商务印书馆，2008 年，第 36~38 页。
② 陈鼓应、白奚:《老子评传》，南京大学出版社，2001 年，第 18~20 页。

明确地承认自己思想与古代思想的继承关系，十四章说："古之道，以御今之有。能知古始，是谓道纪。"……因此他把许多内容都说成是解释古人的思想行为，如说"古之善为道者"如何如何？"是以圣人"如何如何？以及"故"如何如何？等等。虽然有不少是他自己的发展和创造，但他有点像孔子所说的那样："述而不作，信而好古"，只有很少几处把他自己摆进去，如五十三章："使我介然有知，行于大道，唯施是畏。"七十章："吾言甚易知，甚易行。"大多是解释和引用古人之说。因此，《老子》中引用了不少古人、古书之说，有的明白标出了，有的未标明但原文相同，类似的更多，下面就分别举例：首先，明引古人之说者。如二十二章：古之所谓"曲则全"者，岂虚言哉？四十一章：故建言有之：明道若昧；进道若退；夷道若颣；上德若谷，……一般解释"建言"均为"立言"，指古之立言者。高亨说："《建言》殆老子所称书名也"，也是值得参考的意见，因为接下去好像是摘引的一些名言，而且是比较系统的、经整理过的名言，这出自一书是很可能的。又如五十七章："故圣人云：'我无为，而民自化；我好静，而民自正；我无事，而自富；我无欲，而民自朴。'""无为""好静""无事""无欲"这样重要的思想，《老子》明确说是圣人之言，"故圣人云"，帛书本作"是以（圣）人之言曰"。……其次，《老子》之言论有本之于《诗》《书》《易》等古书者，文字相同，或极相似。[1]

第四节 《老子》的哲学体系

老子是当之无愧的中国哲学之父。中国哲学的基本概念，诸如

---

[1] 熊铁基、马良怀、刘韶军：《中国老学史》，福建人民出版社，1995年，第47~48页。

"道""德""有""无"等，都是老子提出的。《老子》一书虽然只有五千余字，却包含一个较为完整的哲学体系，内容涵盖本体论、认识论、辩证思想、社会政治哲学、人生哲学等。

陈鼓应在《老子哲学系统的形成》一文中认为："老子哲学的特异处，就在于突破了这一个局限，把人类思考的范围，由人生而扩展到整个宇宙。他看人生种种问题，乃从宏观出发，而又能微观地作多面的审视。老子的整个哲学系统的发展，可以说是由宇宙论伸展到人生论，再由人生论延伸到政治论。然而，如果我们了解老子思想形成的真正动机，我们当可知道他的形上学只是为了应合人生与政治的要求而建立的。老子哲学的理论基础是由'道'这个观念开展出来的，而'道'的问题，事实上只是一个虚拟的问题。'道'所具有的种种特性和作用，都是老子所预设的。老子所预设的'道'，其实就是他在经验世界中所体悟的道理，而把这些所体悟的道理，统统附托给所谓'道'，以作为它的特性和作用。当然，我们也可以将'道'视为人的内在生命的呼声，它乃是应合人的内在生命之需求与愿望所开展出来的一种理论。"①

一、"道生万物"的哲学本体

陈鼓应认为："'道'是老子哲学的中心观念，他的整个哲学系统都是由他所预设的'道'而开展的。老子书上所有的'道'字，符号型式虽然是同一的，但在不同章句的文字脉络中，却具有不同的义涵。有些地方，'道'是指形而上的实存者；有些地方，'道'是一种规律；有些地方，'道'是指人生的一种准则、指标或典范。"② 胡适认为："老子哲学的根本观念是他的天道观念"③，体系是以"道"和"德"为中心展开的。"道"

---

① 胡道静主编：《十家论老》，上海人民出版社，2006年，第375页。
② 陈鼓应：《老子注译及评介》，中华书局，2015年，第2页。
③ 胡适：《中国哲学史大纲》，江西教育出版社，2019年，第33页。

和"德"的关系，是"体"和"用"的关系，形而上的"道"落实到经验上就是"德"，"德"是"道"的运用和体现。老子之"道"，兼有宇宙的本原、万物存在的根据、事物发展的规律、人生修养的最高境界等多重含义。

关于老子认为"道"的宇宙生成说。陈鼓应在《老子注译及评介》中指出："老子说：'有物混成，先天地生''道'这个实存体，不仅在天地形成以前就存在，而且天地万物还是它所创生。"[1] 老子多次提到了作为宇宙本体的"道"。

> 道可道，非常道；名可名，非常名。无名天地之始，有名万物之母。故常无，欲以观其妙；常有欲，以观其徼。此两者同而异名，同谓之玄，玄之又玄，众妙之门。[2]

老子说"道"产生了天地万物，但它不可以用语言来说明，而是非常深邃奥妙的，并不能轻而易举地加以领会，这需要一个从"无"到"有"的循序渐进的过程。

> 大道泛兮，其可左右。万物恃之而生而不辞，功成不名有，衣养万物而不为主。常无欲，可名于小；万物归焉而不为主，可名为大。以其终不自为大，故能成其大。[3]

老子"道"的观念，冲破了天帝造众生的神论观点。自从老子赋予"道"如此至高无上的地位以后，"道"就成了中国文化中的最重要的概念之一。

---

① 陈鼓应：《老子注译及评介》，中华书局，2015年，第4页。

② 王弼注，楼宇烈校释：《老子道德经注校释》，中华书局，2008年，第1页。

③ 王弼注，楼宇烈校释：《老子道德经注校释》，中华书局，2008年，第85~86页。

二、"道法自然"的基本理念

"自然无为"是老子哲学最重要的观念。老子的自然绝非今天意义上的自然界，老子的自然是一种状态，自然而然的状态。他认为任何事物都应顺任它自身的情状去发展，不必以外界的意志去制约它。事物本身就有潜在性和可能性，不必由外附加。《老子·二十五章》曰：

> 有物混成，先天地生，寂兮寥兮，独立不改，周行而不殆，可以为天下母。吾不知其名，字之曰道，强为之名曰大。大曰逝，逝曰远，远曰反。故道大，天大，地大，王亦大。域中有四大，而王居其一焉。人法地，地法天，天法道，道法自然。[①]

陈鼓应认为："老子哲学常被称为'自然'哲学。'自然'一观念的重要性，可以从这句中看得出来，老子说：人法地，地法天，天法'道'，'道'法自然。这里不仅说'道'要法'自然'，其实天、地、人所要效法的也是'自然'。所谓'道法自然'，是说'道'以它自己的状况为依据，以它内在原因决定了本身的存在和运动，而不必靠外在其他的原因。可见'自然'一词，并不是名词，是状词。也就是说，'自然'并不是指具体存在的东西，而是形容'自己如此'的一种状态。"[②]

无为这一观念，是对自然的延伸，与"无为"相对应的观念是"有为"，含有不必要的作为，甚或含有强作妄为的意思。自然是事物的理想状态，而无为则是保持这一状态的基本方法。《老子·三十七章》曰：

> 道常无为而无不为。侯王若能守之，万物将自化。化而欲作，

[①] 王弼注，楼宇烈校释：《老子道德经注校释》，中华书局，2008年，第62~63页。

[②] 陈鼓应：《老子注译及评介》，中华书局，2015年，第30页。

吾将镇之以无名之朴。无名之朴，夫亦将无欲。不欲以静，天下将
自定。①

陈鼓应认为："老子的'无为'，并不是什么都不做，并不是不为，而
是含有不妄为的意思。'无为'的思想产生了很大的误解，尤其是'"无
为"而无不为'这句话，许多人以为老子的意思是表面上什么都不做，暗
地里什么都来；因此误认为老子是个阴谋家。其实老子绝非阴谋家，他整
本书没有一句话是含有阴谋思想的。导致这种误解，完全是因为不了解
老子哲学术语的特有意义所致。所谓'无为而无不为'的意思是说：'不
妄为，就没有什么事情做不成的。''无为'乃是一种处事的态度和方法，
'无不为'乃是指'无为'（不妄为）所产生的效果。"②

三、"福祸相依"的辩证法则

《老子》一书中蕴含着丰富的辩证思想，体现出矛盾的对立统一，《老
子·二章》曰：

天下皆知美之为美，斯恶已；皆知善之为善，斯不善已。故有无
相生，难易相成，长短相较，高下相倾，音声相和，前后相随。是以
圣人处无为之事，行不言之教，万物作焉而不辞，生而不有，为而不
恃，功成而弗居。夫唯弗居，是以不去。③

矛盾的事物之间是对立统一的："有无相生，难易相成，长短相较，

---

① 王弼注，楼宇烈校释:《老子道德经注校释》，中华书局，2008 年，第 90~
91 页。
② 胡道静主编:《十家论老》，上海人民出版社，2006 年，第 395 页。
③ 王弼注，楼宇烈校释:《老子道德经注校释》，中华书局，2008 年，第 6 页。

周口地域文化

118

高下相倾，音声相和，前后相随。""相生、相成、相形、相倾，相和、相随"等，是指相比较而存在，相依靠而生成，只是不同的对立概念使用的不同动词。矛盾的事物之间是相互依存、相互转化的："祸兮福之所倚，福兮祸之所伏。"①

老子认识到，宇宙间的事物都处在变化运动之中，事物从产生到消亡都是有始有终的、经常变易的，宇宙间没有永恒不变的东西。《老子·六十四章》曰：

> 其安易持，其未兆易谋，其脆易泮，其微易散。为之于未有，治之于未乱。合抱之木，生于毫末；九层之台，起于累土；千里之行，始于足下。为者败之，执者失之。是以圣人无为，故无败；无执，故无失。民之从事，常于几成而败之。慎终如始，则无败事。是以圣人欲不欲，不贵难得之货。学不学，复众人之所过。以辅万物之自然，而不敢为。②

老子指出，事物都有自身的对立面，都是以对立的方面为自己存在的前提，没有"有"也就没有"无"，没有"长"也就没有"短"，反之亦然。这就是中国古典哲学中所谓的"相反相成"。量的积累是可以引起质变的："合抱之木，生于毫末；九层之台，起于累土；千里之行，始于足下。""图难于其易，为大于其细。天下难事必作于易。天下大事必作于细。"老子对立转化的辩证法思想向人类揭示了天地万物中的一个普遍规律。

老子的辩证法思想继承了《易经》和春秋以前丰富的辩证法思想的成就，并在前人成就的基础上有所发展。它的缺点在于注重柔弱，反对进

---

① 王弼注，楼宇烈校释：《老子道德经注校释》，中华书局，2008年，第151页。
② 王弼注，楼宇烈校释：《老子道德经注校释》，中华书局，2008年，第165页。

取，不敢迎接新事物，脱离了条件讲变化，没有摆脱循环论的影响。

四、《老子》的认识论

陈鼓应认为：“《老子》建立了中国古代第一个完整的认识论体系，就这方面而言，老子在中国历史上的影响超过了任何一位思想家。老子的认识论是建立在以‘道’为核心范畴的宇宙论的基础之上的，在宇宙论中，‘道’是天地万物的本原和根据；在认识论中，‘道’成为认识的终极对象和归宿。”[①] 老子的认识论，是建立在他朴素的唯物主义哲学基础上的。他提出认识事物要根据事物的本来的面貌，不能有任何附加。《老子·五十四章》曰：

> 善建者不拔，善抱者不脱，子孙以祭祀不辍。修之于身，其德乃真；修之于家，其德乃余；修之于乡，其德乃长；修之于国，其德乃丰；修之于天下，其德乃普。故以身观身，以家观家，以乡观乡，以国观国，以天下观天下。吾何以知天下然哉？以此。[②]

老子主张：“以身观身，以家观家，以乡观乡，以国观国，以天下观天下。”就是说，认识一身，必须从一身来观察、了解；认识一家、一国以至天下，都不能离开这个原则。

《老子》在认识事物上，还强调一定要摒弃个人成见，不要被先入为主的观念影响。《老子·十章》曰：

> 载营魄抱一，能无离乎？专气致柔，能婴儿乎？涤除玄鉴，能无

---

① 陈鼓应、白奚：《老子评传》，南京大学出版社，2001年，第140页。

② 王弼注，楼宇烈校释：《老子道德经注校释》，中华书局，2008年，第143页。

周口地域文化

120

疵乎？爱民治国，能无知乎？天门开阖，能无雌乎？明白四达，能无为乎？生之、畜之，生而不有，为而不恃，长而不宰，是谓玄德。[①]

第五节　历代《老子》学

老子作为春秋战国时期道家重要代表，对中国思想史的发展有着重要的影响，历代对老子的研究，大致可以分为几个阶段：春秋战国时期、秦汉时期、魏晋南北朝时期、隋唐时期、宋元时期、明清时期。

一、春秋战国时期

《老子》于此时期产生以后道家就逐渐形成了两派：老庄学派和黄老学派。

其一，老庄学派。最有代表性人物是庄子。庄子较多地研究了一般的世界观问题，并且有许多很深刻的见解。除庄子外，春秋战国时期的道家代表还有宋钘、尹文、彭蒙、田骈、慎到等。据《庄子·天下篇》记载，彭蒙等人处心公正，没有偏私，好像没有主见，不思虑，不计谋，对事物无所选择，一视同仁。他们知道事物都有自己的道理，也都有自己的不足。有所选择就不能全面，有所教导就不周全，所以他们把一样地看待万物作为思想基础。

其二，黄老学派。这一学派的人采用休养生息的政策治理国家。他们认为单靠《老子》短短的五千言是不够的，于是又"造"出了一些书，说是黄帝的著作。所以这一时期的统治思想叫"黄老术"或"黄老学"。国家采纳老子哲学作为统治思想的时候，无法原封不动地、完全彻底地贯彻

---

① 王弼注，楼宇烈校释：《老子道德经注校释》，中华书局，2008年，第22~24页。

老子的每一主张，而必须根据现实状况对老子学说进行修正和补充。这一学派的《黄老帛书》秉持的思想，是现实对传统观念进行的选择，决定着传统观念的命运。因此，所谓黄老思想，当时主要是采纳了老子清静无为的思想。

二、秦汉时期

秦汉时期是《老子》学发展的重要时期。正如熊铁基在《中国老学史》中所言："如果说战国时期对《老子》的研究，形成了老庄与黄老两个道家派别，那么，秦汉时期，特别是两汉时期，重新开始对《老子》的学习和研究，则是老学发展的一个重要阶段。因为先秦的两派道家，虽未离开《老子》的基本思想，但都着重在发挥他们各自的思想和主张，有意无意地忽略了《老子》本身。在汉代，则在某种意义上是人们对《老子》本身的重新学习和研究，这使得《老子》继续流传，老学得以发展。而其流传与发展，又首先是与时代的特点有关的。"[1] 汉代对《老子》有重要的贡献主要有以下两个方面。

其一，严遵《道德经真经指归》。此书又名《老子指归》《道德指归论》，据《君平说二经目》可知，此书原分《老子》为上下篇、七十二章；《德》经四十章在上，《道》经三十二章在下。此书融通《易》《老》，不仅以阴阳之数裁制经文，而且以《易》理解之。旨在劝诫天下君臣、父子尊道行德，无为守分，以使上下玄通，四海平和。

其二，河上公《老子道德经河上公章句》。《老子道德经河上公章句》把《老子》分为八十一章，前三十七章为《道经》，后四十四章为《德经》，合称为《道德经》，并在每章的前面冠以章题。这是现存最早的《老子》注本。河上公注中用"气"来充实"道"，其中多有神仙思想，如第

---

① 熊铁基、马良怀、刘韶军:《中国老学史》，福建人民出版社，1995年，第134页。

六章注"谷神不死"曰:"谷,养也。人能养神则不死。"① 第十三章注"及吾无身,吾有何患"曰:"使吾无有身体,得道自然,轻举升云,出入无间,与道通神,当有何患?"② 反映了东汉黄老思想的特征。

三、魏晋南北朝时期

魏晋南北朝时期,是《老子》学发展的黄金时期。熊铁基认为:"东汉后期开始,老学便开始复兴,其主要表现在两个方面:一是如马融、虞翻等硕学大儒于'以义理解经'的同时,也潜心老学,积极为《老子》作注;二是如郑玄这样的儒家经学大师,则直接以《老子》的理论来解说儒家的经典《周易》。这种学术上的变化发展到魏晋南北朝时期,则更加显著,《老子》作为'三玄'之一,成了时代的显学。据《隋书·经籍志》记载,魏晋南北朝之时,围绕着《老子》而著书立说者多达数十人。其中虽说大多数是学富五车的大儒,但也有身居九五之尊的皇帝,皈依佛门的僧人,信奉道教的道士。从著书形式上讲,除了普遍采用的'注'之外,还有'解释''集解''义疏''义纲''音''论'等。可谓形式多样,异彩纷呈。"③ 其中最有代表性的有王弼的《老子注》和《老子想尔注》。

王弼的《老子注》也分为八十一章,但没有章题,现在的传本是在古本基础上经后人加工调整过的版本。学界认为,从版本的角度看,王弼本与河上公本区别不太大,王弼本的字数虽然多于河上公本,但多出的字主要是虚词。河上公注以修身炼气为本,王弼注以谈玄说虚为主。王弼不是

---

① 河上公章句:《老子道德经河上公章句》,王卡点校,中华书局,1993年,第21页。

② 河上公章句:《老子道德经河上公章句》,王卡点校,中华书局,1993年,第49页。

③ 熊铁基、马良怀、刘韶军:《中国老学史》,福建人民出版社,1995年,第201页。

通过文字训诂力求恢复《老子》的本义，而是创造性地提出了名教本于自然的基本原理，进而成功地构筑了一个玄学化的老学体系。

《老子想尔注》的作者一说是张陵，另一说是张陵之孙张鲁。《老子想尔注》早已散失，《隋书·经籍志》和《旧唐书》《新唐书》都未记载，《道藏》中也未收录。清末敦煌莫高窟发现的古本典籍中，有《老子道经想尔注》残本，全本共五百八十行。注与经文连写，字体不分大小，章次不分，过章不另起一行。据考证，它是六朝钞本。此残卷于1905年失窃，现收藏在大不列颠博物馆，编号为斯氏（斯坦因）六八二五。该残卷始自《老子》第三章"不见可欲，使心不乱"，终至第三十章"无欲以静，天地自止（正）"，大致反映了《老子想尔注》的基本思想内容，是研究早期道教思想的珍贵资料。

四、隋唐时期

唐代是《老子》学发展史上的又一个昌盛的时代。人们通过对《老子》的注释来谈"心"，言"性"，说修身之道，论治国之理，可谓丰富多彩。熊铁基等认为："这一时期的老学发展最为显著的标志是，人们已开始探讨运用《老子》的理论来指导修身、治心，进行伦理道德权威的建立。这在老学的发展史上是一个大的突破。然而，事物总是一分为二的，若是将其与魏晋之时的老学相比较的话，唐代的老学在理论上则显得有些肤浅，在探讨的范围上也显得较为狭窄，这大约是时代的局限。因为就整个思想领域而言，隋唐都不及魏晋时期深刻、丰富。唐代有关注疏笺解《老子》的著作甚多，其内容也十分广泛，有以佛教理论注《老》者，有以儒家思想注《老》者，有以兵家眼光注《老》者，当然，用道教的观点来注释《老子》更是大有人在。据唐末道士杜光庭《道德真经广圣义序》

所言，唐代注释《老子》的多达三十余家。"①

隋唐时期《老子》比较有影响的本子主要有两个：景龙本《道德经碑》和傅奕《道德经古本篇》。

唐代道观中流行刻立《道德经》，现存最早的是唐景龙二年（708）河北易州龙兴观的《道德经碑》。该碑经简称景龙碑本、景龙本、碑本、易州本。碑的阳面刻道经，阴面刻德经。清代严可均《铁桥金石跋》谓："世间真旧本，必以景龙碑本为最。其异同数百事，文谊简古，远胜今本者甚多。"②

唐初傅奕据北齐时项羽妾墓出土的"项羽妾本"，与几种流传版本参合校订，组合成《道德经古本篇》。人称"傅奕本"，学界称之为善本。傅奕本保存了较多的古句、古语、古字。傅奕本有许多优点，但因其是根据几个旧本参校的，这些旧本本身就存在不少讹误，且傅奕本在流传过程中，被后人改动的地方也很多，存在讹文、衍文、脱文、倒置的情况，且有些篇次和文章内容也非《老子》原貌。

五、宋元时期

宋元时期是儒学发展的重要阶段，这一时期的《老子》学研究也呈现出独特的风貌。熊铁基等认为："宋元时期的老学研究、其基本特征可以说在其解释的多样化方面。所谓的多样化，首先是指研究者身份的多样化。宋元时期老学研究者，其身份地位有很大的不同：有儒家学者，如朱熹、程俱、程大昌；有佛家学者，如李畋、赵秉文；也有道家学者，如达真子、林东、柴元皋；有道士，如曹道冲、范应元、褚伯秀；有禅师，如德异；有文人，如刘辰翁；有普通官吏，如刘骥、黄茂材；有著名政治

---

① 熊铁基、马良怀、刘韶军:《中国老学史》，福建人民出版社，1995 年，第 257 页。

② 严可均:《严可均集》，浙江古籍出版社，2013 年，第 312 页。

家，如王安石；甚至还有当时的皇帝，如宋徽宗。总而言之，上自帝王卿相，下至僧人道士，研习《老子》蔚然成风，可谓盛矣。多样化的另一个方面，是指研究者观点的多样化。对同一部《老子》，人们出自不同的思考角度和思想传统，从而解释出千百种意见，使一个老子变化为多种不同面目的老子。"①

宋元时期研究老子成果主要有王安石《老子论》、苏辙《老子解》、范应元《老子道德经古本集注》等。其中范应元《老子道德经古本集注》较有特色。范应元，字善甫，号果山，又号谷神子。该书依范应元所藏古本《老子》作注，其经文上《道》下《德》，作八十一章，各章次序与通行本相同。该书征引古本及前人音训注释凡四十余家，附以范氏本人的见解。其内容体现由精气至性命，最后归结为修心的解《老》思路。该书《道藏》失收，焦竑《老子翼》采摭时也没有涉及。

六、明清时期

明清时期是中国社会的转变时期，此期的《老子》学研究成果更为丰硕。熊铁基等认为："明清两代的老学研究，有如下几个特点。首先是研究者的身份仍然与前代一样，有官吏、学者、僧道人士。这反映一个问题，即古代中国能对《老子》进行研究的主体，总是佛、道、儒三家的知识分子。这些人最初所受的教育恐怕都是儒家教育，但成人之后则走上不同的生活道路，成为不同思想流派中人。他们的身份地位虽然有了变化，但对中国古籍的研究热情则未见衰退，故仍能从不同的身份地位对《老子》或其他的典籍著作进行研究。其二，明与清的老学研究已经有了明显的不同。这就是清代出现了不少有关《老子》原书的校订考证著作，而在明代则比较少见。这正是中国学术在明清之际转向之后出现的正常现象。

---

① 熊铁基、马良怀、刘韶军：《中国老学史》，福建人民出版社，1995年，第329页。

然而这些著作，除少数几种如毕沅的《老子道德经考异》、王念孙的《老子杂志》及陶鸿庆的《读老子札记》等受到推重之外，其他在老学研究史上并未受到足够注意。其三，明清时期的老学研究及其著作，在当时的学术领域和思想领域，都未能产生多大影响。明代是王阳明的心学大行之世，而清代则是考据学盛行之期。这两种思想或学术风气，对于老子思想都不太重视，因为老子思想不能对其提供有用的内容。因此清时期的老学研究成果，从本质上讲只是研究者个人思索性质的产品，不能对当时的社会及文化发生重大影响。"①

　　明清时期老学研究的主要成果有薛蕙、王一清、王夫之和魏源的老子研究。其中，薛蕙的老子研究通过探究老子中性命与生死，来批评程朱对老子思想的误解；魏源的老子研究则明显带有时代的烙印，他认为老子乃救世之书，并详细地辨析了老子的被误解及其与儒佛的关系。

　　综上，在中国古代大部分时期，由于儒家思想的正统地位，老子思想总是处于近乎异端的尴尬境地，它起的作用不过是儒家思想的补充而已。明清时期《老子》学研究当然也不可能例外。由于明清时期已是中国封建社会的晚期，考据学成为整个封建时期《老子》学研究史上描绘的最后一笔。

---

① 　熊铁基、马良怀、刘韶军:《中国老学史》，福建人民出版社，1995 年，第 426 页。

第五章　周口古代文学

一代有一代之文学，一地亦有一地之文学。周口地处豫东平原，历史悠久，早在几千年前先民便在这里繁衍生息，世代绵延，形成了深厚的地域文学积淀。周口古代文学不仅是中国古代文学史上重要的一环，也为周口人民留下了最值得珍藏的文化遗产与精神财富。打开辉煌灿烂的中国文学史，最古老的诗歌《弹歌》就起源于周口太康，"断竹，续竹；飞土，逐宍（肉）。"短短8个字，生动描绘了紧张激烈的狩猎场面，质朴清新而又高度凝练。

第一节　先秦文学

先秦时代是中国文化的孕育期。此时文学创作还在经历由群体到个体的演变。在这个时期，周口不仅有反映先民瑰丽想象的伏羲、女娲、神农神话传说，还有文意深奥、包涵广博被誉为"五千精妙"[①]的哲学巨著《老子》，质朴深沉、清新自然的《诗经·陈风》十首更是春秋时期陈国风物人情的真实展现。战国末期，辞赋家宋玉也留下浓墨重彩的一笔。总的来说，周口文学在与历史哲学、艺术文化的融会中散发出独特的诗韵墨香，拉开了周口古代文学的序幕。

一、女娲、伏羲、神农的神话传说

原始时代，由于生产力低下，人们的知识水平有限，对变化莫测的宇宙自然、人类自身以及各种社会现象尚未形成清晰理性的认知。在对未知的敬畏和恐慌下，先民想象出能够操控自然力的神，创造了许多神的故事。周口地区就流传有女娲造人、女娲补天、伏羲创八卦、羲娲兄妹婚等

---

① 王运熙、周峰：《文心雕龙译注》，上海古籍出版社，1998年，第284页。

神话传说。这些故事瑰丽奇特，反映了陈地先民对自然与社会的理解，表达了他们征服自然、变革社会的愿望，是中国上古神话传说的重要组成部分，也为后世文学的浪漫主义精神提供了重要滋养。

（一）女娲神话

女娲与伏羲、神农并称为三皇，是中华民族的创始之神与人文始祖。《山海经·大荒西经》《风俗通义》《淮南子·览冥训》《独异志》《路史》等典籍中记载了人首蛇身的女娲抟黄土造人、炼五色石以补苍天、与伏羲兄妹成婚等传说。女娲造人的神话直接反映出了母系氏族社会的观念，对女性在种族繁衍中的地位给予充分肯定。女娲炼石补天、立四极、止淫水、救万民的故事不仅体现了女娲作为始祖神的奉献牺牲精神，还反映了先民面对灾难时坚韧不拔的抗争精神。周口是女娲传说的故乡，据《东野纪闻》载，广为人所知的女娲补天就源自"陈之长平"（今河南西华），周口市西华县的聂堆镇思都岗村也是女娲建都之地。而关于女娲的传说至今还以民间故事、经歌（担经挑）的形式在西华县广为流传。

（二）伏羲神话

伏羲与女娲、神农并称为三皇，是中华民族的人文始祖之一。伏羲氏族据说源于甘肃成纪，沿着黄河一路东迁，后在宛丘（今河南淮阳）建都。今淮阳县城龙湖北岸还有纪念伏羲氏的太昊伏羲陵。淮阳"七台八景"之一的画卦台，传说就是伏羲始画八卦的地方。《左传》《易经》《竹书纪年》《尚书·序》《史记·补三皇本纪》《路史》《汉书》等典籍中都有关于太昊伏羲的记载。相传伏羲人首蛇身，与妹妹女娲成婚，繁衍人类。伏羲还以龙纪官，是中华民族的精神图腾"龙"文化的重要奠基者。他发明八卦，凝练天地万物的变化规律；制造书契，取代了以往结绳记事的落后形式；定姓氏制嫁娶，定婚姻之礼；教民作网罟，捕鱼狩猎，使族人逐步从愚昧走向文明。

（三）神农

神农，即炎帝，与女娲、伏羲并称为三皇，是中华民族的人文始祖。神农诞生于湖北烈山东南麓的随州厉山镇，大约在公元前 30 世纪在陈（今河南淮阳）建都。今淮阳县城东北五谷台村相传就是炎帝神农教民稼穑、播种五谷的地方。《左传》《管子》《周易》《世本》《淮南子》等典籍中都有关于神农的记载。相传神农遍尝百草，发明医药；创制耒耜，教民耕种；首辟交易，日中为市；制作衣裳，建造房屋；削桐为琴，织丝为弦；弦木为弧，剡木为矢；耕而作陶，冶制斤斧等。他在这些传说中体现出的对百姓生命的珍惜与爱护，与女娲补天救苍生一脉相承，共同展现了中华民族厚生爱民的精神信念。

二、《诗经·陈风》与上古诗歌

《陈风》是《诗经》十五国风之一，包括《宛丘》《东门之枌》《东门之池》《东门之杨》《墓门》《防有鹊巢》《月出》《株林》《泽陂》《衡门》十首诗歌。《陈风》反映了先秦时期陈国的民风民俗以及历史过往，内容质朴深沉，风格清新自然，诗意地展现了春秋时期陈国的风物人情。

《陈风》开篇是《宛丘》，继以《东门之枌》，所歌咏的内容都是歌舞之事。《宛丘》诗中的"鹭羽""鹭翿"指的是鹭鸟身上的羽毛以及歌舞时用鸟羽制成的道具。《东门之枌》依然可见歌舞表演的场面，"婆娑其下""市也婆娑"直接描写了婀娜舞姿。《宛丘》和《东门之枌》两诗中的歌舞都与祭祀有联系，反映了当时陈国歌舞相乐、巫风盛行的特殊民俗。

《陈风》中有多篇情诗，《东门之池》描写了日常劳动中男女两情相悦、欢愉对歌的场景。《东门之杨》展现了男女相约，一方期约未至另一方执着守候的情景。《月出》借助清冷的月光展现了一幅清雅的月下美人图。未直接写相思，却将相思之情渲染得淋漓尽致，独具朦胧的诗意之美。《陈风》中也有反映爱情并不圆满的《防有鹊巢》和《泽陂》。《防有鹊巢》表现了女子对于情恋之变的控诉，《泽陂》用生于水泽边的植物香蒲、兰草、莲花起兴表达了对心上人的思求不得。展现歌舞风情的《宛丘》《东门之枌》也关乎男女情恋，《宛丘》抒发了对一位女性巫者的仰慕痴恋之情，《东门之枌》则反映的是祭祀活动背景下的男女相悦。

《陈风》还有反映民声民怨的怨刺之诗。《株林》一直以来被认为是揭露陈灵公君臣荒淫生活、反映上层统治者荒淫腐败的作品，笔墨犀利。《墓门》以四字一句的斩截顿挫，表现出对恶势力的鄙夷、痛斥。它们在一定程度上反映了当时陈国的历史以及陈国人民对于所处社会现状的愤懑不满。而《衡门》描写的是隐居者自乐无求的状态，表达了不慕富贵、安贫乐道的精神追求，与老子道家思想旨归一脉相通。

先秦时期，周口地域的诗歌除了《诗经·陈风》外，还有保存在史书中的《五子之歌》和《麦秀歌》。

《五子之歌》出自《尚书·夏书》，传说太康失国后曾居于周口太康。太康的五个弟弟和母亲被赶到洛河边，追述大禹的告诫而作《五子之歌》。《五子之歌》表达了五人的悔意和帝王亡国的叹息，体现了中国最早、最原始的以人为本的政治思想："民惟邦本，本固邦宁。"[①]

据《史记》载，《麦秀歌》是箕子朝周时慨愤而作的诗篇，被视为中国现存最早的文人诗。箕子曾被囚于周口西华，西华至今有箕子读书台遗迹。"麦秀渐渐兮，禾黍油油。彼狡童兮，不与我好兮。"[②]寥寥数十字将亡国惨状及其原因和盘托出，凄凉悲惋。后世赞其文词悲美，含义深刻，评价甚高，常将《麦秀歌》与《黍离》之悲并称，表示亡国之痛。

---

① 孔安国传，孔颖达疏：《尚书正义》，北京大学出版社，2000年，第2册，第177页。

② 司马迁：《史记》卷38《宋微子世家》，中华书局，1959年，第1621页。

三、《老子》

文意深奥，包涵广博的哲学巨著《老子》不仅是享誉后世的经典，也是先秦时期周口文学文史哲交融的最佳代表。上文已对《老子》的哲学、思想价值及老子其人进行了详细的介绍，此处聚焦于《老子》的文学价值。

《老子》对后世的文学创作有着深远影响。老子哲学中的"大音希声""正反相成""虚实相生""返朴归真"等思想，为中国古代文学艺术独特的美学风格奠定了核心理论基础。道家追求的精神境界也深刻影响了后代文人自由不羁的诗意情怀，而后世文学中表达隐逸情志也在很大程度上受到了道家思想的影响。

《老子》不过五千余言，除了是道家思想的代表作，更是中国文学的经典。《老子》借助丰富诡谲的想象来抒写自我情感，以形象化的方式表达对现实社会大胆犀利的思辨和对自然与社会现象的哲学认识。《老子》一书中采用大量的韵语、排比、对偶，行文层次错落，开创了韵散结合的"哲理散文诗"。这为先秦说理散文和中国文学的进一步发展奠定了坚实的基础，在中国先秦文学史上具有里程碑的意义。

四、箕子、武丁的《尚书》篇什

《尚书》最早名为《书》，是上古时期的史料汇编，主要记录从尧、舜到夏、商、周三代的资料。其中《尚书·洪范》《尚书·说命》与周口有所关联。相传《尚书·洪范》是被囚于周口西华的箕子向周武王陈述"天地之大法"所作。[①] 文中提出了君王治理国家必须遵守的九种大法，即"洪范九畴"，是最早的古代统治者行动规范和统治经验的总结。

《尚书·说命》三篇是商高宗武丁和其相傅说所作。武丁，子姓，名

---

① 孔安国传，孔颖达疏:《尚书正义》，北京大学出版社，2000 年，第 2 册，第 297 页。

昭，商朝第二十二代王，今周口西华有商高宗武丁的陵墓。《说命》共三篇，上篇高宗对傅说，中篇傅说对高宗，下篇傅说论学。其中商高宗武丁作的《答开口理政之谏》《武丁之诰》《答〈傅说之训〉》等，有完整的文本结构和文体形态，内容以记言为主，文字古奥典雅，对先秦散文的发展演变有重要的影响。

五、宋玉辞赋

宋玉是屈原之后著名的辞赋家。《史记》记载："屈原既死之后，楚有宋玉、唐勒、景差之徒者，皆好辞而以赋见称"[①]。宋玉出生微寒，出仕后也是命运多舛。他在楚顷襄王时随迁于陈，并创作了多篇作品，是屈原辞赋艺术的直接继承者，后人多以屈宋并称。《汉书·艺文志》录有宋玉赋十六篇，今多亡佚。据考证《对楚王问》《钓赋》《讽赋》《高唐赋》《登徒子好色赋》《神女赋》等篇作于陈地。其中《高唐赋》《神女赋》记述了楚王梦遇巫山高唐神女之事，记人写景，情志缥缈，颇具韵味，句式整散相间，错落有致。

宋玉是屈原楚辞艺术的直接继承者，并在文辞上有所发展。后世"下里巴人""阳春白雪""曲高和寡"的典故都来自宋玉的辞赋。他的作品物象描绘细腻工致，抒情与写景结合得自然贴切，在楚辞与汉赋之间，起着承前启后的作用。

第二节　汉魏六朝文学

自汉代开始，周口文学出现了蓬勃发展的局面，至六朝，则蔚为大

---

① 司马迁：《史记》卷84《屈原贾生列传》，中华书局，1959年，第2491页。

观，呈多元化的发展趋势。以袁氏、应氏、谢氏为代表的家族性文人创作群体世代相因，佳作名士绵延不绝。特别是陈郡谢氏，以文学为家学，家族创作几近构成半部汉魏六朝文学史。以虞诩、边韶等为代表的名家著述出现，内容深宏广博，形式上亦是诗赋、碑铭、书表、策论兼具。这一时期的周口文学，无论作家的文学素养还是文学作品的数量、艺术水平，都有了较大发展，逐渐展现出了总揽天人、贯通古今的恢宏气象，展现出强劲的创造力。

一、袁宏及袁氏家族文学

袁氏自汉代为世家大族，从时间上看，东汉是其家族政治鼎盛期。自袁安开始，汝南袁氏四代人中先后有五人担任三公的职务，而陈郡袁氏袁涣一支也是屡居要职。东晋之后，陈郡袁氏家族的文学表现更为突出，以袁宏声名最著。此外，据《隋书·经籍志》记载，陈郡袁氏中袁涣、袁准、袁乔、袁质、袁休明、袁豹、袁彦伯、袁山松、袁淑、袁粲、袁昂、袁枢、袁彖、袁翻等人都有文集传世，几乎是代有其人，绵延不绝。

袁宏（约328—约376）字彦伯，小字虎，是陈郡袁氏家族在文学表现上最为突出的一位，文学作品流传下来的最多，为人所称道，被称为"一时文宗"。袁宏少孤贫，以帮人输送租税为业，初仕为谢尚安西将军参军，历任桓温大司马记室、吏部郎、东阳太守。太元初卒于东阳任上，时年49岁。袁宏才思敏捷，妙善文辞，诗、赋、文皆佳，时人誉为"当今文章之美，故当共推此生"。[1]《世说新语·文学》云："桓宣武北征，袁虎时从，被责免官，会须露布文，唤袁倚马前令作，手不辍笔，俄得七纸，殊可观。"[2]

---

① 房玄龄：《晋书》卷62《袁宏传》，中华书局，1974年，第2398页。
② 刘义庆：《世说新语·文学》，杨牧之、胡友鸣选译，浙江古籍出版社，1986年，第128页。

袁宏著述颇丰，有《后汉纪》30 卷、《正始名士传》3 卷、《竹林名士传》3 卷、《中朝名士传》若干卷、诗文作品数百篇，但多散佚。严可均《全上古三代秦汉三国六朝文》中收录袁宏作品 18 篇，逯钦立《先秦汉魏晋南北朝诗》中辑有袁宏诗作 6 篇，二者合计 24 篇。袁宏的文学作品体裁多样，文学成就斐然。他的诗歌多言志，且表现出浑厚的学识素养和深远的玄学思想。钟嵘《诗品》将袁宏的诗列于中品，称赞袁宏的诗："鲜明紧健，去凡俗远矣。"① 刘勰亦在《文心雕龙·诠赋》中将袁宏的赋称为"魏晋之赋首"②。刘师培在《中古文学论著三种》中也盛赞袁宏的碑铭之作为东晋以来之最。

袁宏的史学贡献不逊于文学成就。他感于诸家汉史之烦秽杂乱，史实缺略，遂广择各类史料，认真考订，撰成《后汉纪》，叙事脉络分明，材料真实丰富。刘知幾《史通》称："世言汉中兴史者，唯袁、范二家"③，充分肯定了袁宏的史学地位。

除了袁宏，汉晋时期陈郡袁氏家族成员中许多人如袁安、袁淑等人的作品也各有特色，在文学上颇有建树。袁安作品《夜酣赋》《上书谏伐匈奴》《奏劾执金吾窦景》《临终遗令》等共 9 篇收录于《全后汉文》卷三十，内容主要是政事陈疏奏议。逯钦立《先秦汉魏晋南北朝诗》中辑有袁山松诗歌，《菊诗》《白鹿山诗》等语言凝练、意境深远，让人回味无穷。袁淑是陈郡袁氏家族在汉魏六朝时期的又一知名文学家，有文集传世。逯钦立《先秦汉魏晋南北朝诗》中辑有袁淑的诗作 7 首，严可均《全宋文》收集袁淑的作品有书 2 篇，赋 3 篇，文 4 篇，章、议、新诗序、传、笺各 1 篇。

---

① 张怀瑾:《钟嵘诗品评注》，天津古籍出版社，1997 年，第 286 页。

② 王运熙、周峰:《文心雕龙译注》，上海古籍出版社，1998 年，第 63 页。

③ 刘知幾:《史通·古今正史》，黄寿成校点，辽宁教育出版社，1997 年，第 99 页。

二、应场、应劭及应氏家族文学

东汉初年，应姓在汝南郡置领的南顿县（今河南项城）兴旺发达，应氏家族也成了西汉新置的汝南郡的名门望族。由汉至晋，应氏一族人才辈出，数百年间绵延不息，世以文章显，几乎人人著有文集，既产生了应劭这样在史学、民俗学、文献学等领域贡献卓越的博学鸿儒，也有应场、应奉、应璩、应贞、应亨、应詹、应琳等在文学上建设颇丰的家族子弟。

应劭（约153—196），字仲瑗，是应氏家族一位承前启后的重要人物。他以丰硕的著述成果、经世致用的为学理念、严谨客观的治学态度成为东汉后期名重一时的文化巨匠。应劭博学多识，著作丰富，平生著作有11种、136卷。关于礼制方面的主要著作有《汉官仪》《律略》《春秋断狱》《状人纪》《中汉辑序》等。此外，应劭还著有《汉书集解音义》24卷，辑录兼有礼仪、历史地理学知识、异闻的《风俗通义》30卷、附录1卷（今仅存10卷）。

《风俗通义》又名《风俗通》，内容广博，对当时民俗、民情、人物、史实、典制、名物、地理、狱法等方面进行了详尽阐述，记载了许多正史所难以容纳的内容，为后世保存了许多极有价值的历史资料。《风俗通义》不仅具有文献价值，而且蕴含着丰富的文学因素。书中有对士人言行的描写，对历史传说、奇闻轶事、神话鬼怪的记录，故事情节曲折，人物描写生动，具有志人志怪小说的因素。《风俗通义》还有很多寓言典故和俚语民谣，有一定的文学色彩。

应场（？—217），字德琏，"建安七子"之一，是汝南应氏家族中一位颇具盛名的才学之士。应场初被魏王曹操任命为丞相掾属，后转任平原侯庶子。曹丕任五官中郎将时，应场任将军府文学。建安二十二年（217），应场卒于疫疾。

应场擅长作赋，诗歌亦见长。在魏晋文学史上，他与孔融、陈琳、王粲、徐幹、阮瑀、刘桢并称"建安七子"。曹丕称赞他："常斐然有述作意，其才学足以著书。"① 其传世之作不多，原有集，今散佚。明人辑有《应德琏集》。今存诗 6 首、赋 11 篇、书 1 篇、论 1 篇、杂文 2 篇。《文质论》《奕势》《侍五官中郎将建章台集诗》《别诗》《斗鸡诗》《报赵淑丽诗》《公宴诗》等是其诗文代表作品。应场生活于"世积乱离，风衰俗怨"的汉末建安之际，流离坎坷的生活经历使他的创作中有许多漂泊之叹和悲苦之情，写尽离居飘零之痛。应场较有名的赋有《灵河赋》《愍骥赋》等，辞情慷慨，深刻反映了汉末社会的动乱和人民流离失所的痛苦。

汉晋以来，汝南应氏历经九世而不衰，是当时典型的以文致仕的文化世族。应氏家族中的应奉、应璩、应贞等人的文学成就也值得称道。

应奉过目不忘，读书五行俱下，记忆力特佳。他在隐居期间，追愍屈原以自伤，著《感骚》30 篇，凡数万言。又曾删减《史记》《汉书》《汉记》等书，合 17 卷，名曰《汉事》。另有《汉书后序》12 卷、《洞序》9 卷。

应璩博学，有文才，工诗能文。著述颇丰，然多亡佚。代表作《百一诗》，激切时事，刘勰称其"独立不惧，辞谲义贞，亦魏之遗直也"②。钟嵘《诗品》称其"指事殷勤，雅意深笃，得诗人激刺之旨"③。应璩善为书记之文，著有《与满公琰书》《与从弟君苗君胄书》等篇。张溥赞云："休琏书最多，俱秀绝时表。"④

应贞是应璩之子，字吉甫，精通经史，少以才名，擅长辞令，有集 5 卷。今存有《临丹赋》《安石榴赋（并序）》《蒲桃赋》《释左杂论》《七华》《杖箴》《朱杖铭（并序）》《华览》《革林》《晋武帝华林园集诗》《华览崇

① 夏传才、唐绍忠校注：《曹丕集校注》，河北教育出版社，2013 年，第 258 页。
② 王运熙、周峰：《文心雕龙译注》，上海古籍出版社，1998 年，第 43 页。
③ 张怀瑾：《钟嵘诗品评注》，天津古籍出版社，1997 年，第 265 页。
④ 张溥：《汉魏六朝百三家集题辞注》，殷孟伦注，人民文学出版社，1960 年，第 87 页。

文大夫唱》等。

三、谢灵运、谢朓及谢氏家族文学

刘禹锡《乌衣巷》"旧时王谢堂前燕，飞入寻常百姓家"中的"谢"指的便是东晋时期著名的四大家族之一——陈郡谢氏家族。陈郡谢氏起家于魏晋时期，在淝水之战中，以谢安为首的谢氏家族贡献颇丰，奠定了陈郡谢氏在东晋士族中的地位。陈郡谢氏人才辈出。谢灵运开创了南朝新诗风。谢朓则进一步发展了山水诗。此外，谢衡、谢鲲、谢尚、谢奕、谢万、谢石、谢混、谢道韫、谢瞻、谢庄、谢惠连、谢元等谢氏后代也在文学上为人称道。

谢灵运（385—433），祖籍陈郡阳夏（今河南太康），生于会稽始宁（今浙江上虞）。东晋名相谢安为其曾叔祖，名将谢玄为其祖父。谢灵运18岁袭爵康乐公，因称"谢康乐"。刘宋永初元年（420），降为侯爵，任散骑常侍，后来转任太子左卫率。后任永嘉太守、侍中、临川内史等职。明代张溥辑有《谢康乐集》。

谢灵运诗书兼善。钟嵘《诗品》称其为"元嘉之雄"[1]。《宋书》亦曰："每有一诗至都邑，贵贱莫不竞写，宿昔之间，士庶皆遍，远近钦慕，名动京师。"[2]谢灵运的山水诗尤为出色，把山光水色描绘得精工富丽，"俪采百字之偶，争价一句之奇。情必极貌以写物，辞必穷力而追新"[3]，标志着汉魏古诗向齐梁诗歌的转变。其"池塘生春草，园柳变鸣禽""野旷沙岸净，天高秋月明"等句，给人耳目一新的感觉，开拓出不同于前人的艺术境界。谢灵运不仅成了引领诗风转变的关键人物，而且对诗句的全力雕琢也为齐梁以后的新体诗打下了基础。

---

① 张怀瑾：《钟嵘诗品评注》，天津古籍出版社，1997年，第73页。

② 沈约：《宋书》卷67《谢灵运传》，中华书局，1974年，第1754页。

③ 王运熙、周峰：《文心雕龙译注》，上海古籍出版社，1998年，第43页。

谢朓（464—499），字玄晖，陈郡阳夏（今河南太康）人。谢灵运与其并称"大小谢"。谢朓少好学，有美名，文章清丽。历任豫章王萧嶷太尉行参军、萧子良功曹、中书郎、宣城太守、南东海太守、尚书吏部郎等职，史称"谢宣城""谢吏部"。南朝齐东昏侯永元元年（499）遭诬陷，下狱而死，时年36岁。谢朓原有的诗文集已佚，明代张溥辑有《谢宣城集》。

谢朓为永明新诗风的杰出代表，被视为当时"文章之冠冕，述作之楷模"[1]。梁武帝萧衍称"不读谢诗三日，便觉口臭"[2]，谢朓论诗主张"好诗圆美流转如弹丸"[3]，创作讲究声律。他的诗歌创作摆脱了玄言尾巴，善于营造出清新自然、生动鲜明的意境。《晚登三山还望京》中"余霞散成绮，澄江静如练。喧鸟覆春洲，杂英满芳甸"等句将春江之景描绘得清丽自然，开拓了山水诗的审美境界。

在魏晋的名门望族中，谢氏家族文学修养最高。除了谢灵运、谢朓的卓越贡献，谢道韫、谢惠连等也在文学上有所建树。

谢道韫，生卒年不详，字令姜，陈郡阳夏（今河南太康）人。东晋名相谢安侄女，王羲之次子王凝之的妻子。聪慧而有文才。《世说新语》载："谢太傅雪日内集，与儿女讲论文义。俄而雪骤，公欣然曰：'白雪纷纷何所似？'兄子胡儿曰：'撒盐空中差可拟。'兄女曰：'未若柳絮因风起。'公大笑乐。即公大兄无奕女，左将军王凝之妻也。"[4] 后世遂以"咏絮之才"称赞文学才女。谢道韫今存《论语赞》文1篇，《泰山吟》《拟嵇中散咏松诗》《咏雪联句》诗作3首。

谢惠连（397—433），陈郡阳夏（今河南太康）人。幼年能文，与族

---

① 姚思廉：《梁书》卷49《庾肩吾传》，中华书局，1973年，第691页。

② 李昉：《太平广记》，北京：中华书局，1981年，第4册，第1483页。

③ 李延寿：《南史》卷22《王筠传》，中华书局，1975年，第609页。

④ 刘义庆：《世说新语·言语》，杨牧之、胡友鸣选译，浙江古籍出版社，1986年，第66页。

兄谢灵运交好，亦并称"大小谢"。善诗赋，有集 6 卷，已佚，明代张溥辑有《谢法曹集》。后世以《秋怀》《捣衣》两首最佳。钟嵘称赞其诗："工为绮丽歌谣，风人第一。"①

四、殷芸及殷氏家族文学

陈郡长平殷氏是魏晋南北朝之际地位显赫的高门士族。东汉之前，见诸史籍的陈郡殷氏人物不多。西晋时期，陈郡殷氏崭露头角。晋室南渡后，殷氏出仕为宦者不乏其人。绵延南朝时虽几经变迁，但家族子弟人才众多，殷融、殷康、殷茂、殷允、殷浩、殷仲堪、殷仲文、殷景仁、殷芸、殷均等好学博学之士不绝。其中以殷芸成就最为不凡。

殷芸（471—529），字灌蔬，陈郡长平（今河南西华）人。殷芸励精勤学，博洽群书。梁武帝普通六年（525），奉命撰成《小说》一书，世称《殷芸小说》。这是我国历史上第一部以"小说"为书名的志人小说集，主要记录历代帝王士大夫的逸闻轶事，原书 10 卷，后散佚。鲁迅《古小说钩沉》中有辑本，今存的《殷芸小说》为后人辑佚所得。

《殷芸小说》根据历史发展的脉络，以时代先后、帝王臣子为序，共分为 10 卷。《殷芸小说》不同于此前志人小说对名人事迹、逸事传闻记录梗概的写法，而是在描写中添加了大幅度的联想，赋予了人物特别的意蕴，使故事的文学色彩更为浓郁。《殷芸小说》除了志人，对相关的地方风物、野史传闻、地理名胜甚至鬼怪仙佛等，也多有涉猎。这些内容在增加文献价值的同时，还使《殷芸小说》呈现出了一种志怪与志人合流的迹象。

殷芸在诗歌创作上也颇有成就。诸如《咏舞诗》："斜身含远意，顿足

---

① 张怀瑾：《钟嵘诗品评注》，天津古籍出版社，1997 年，第 321 页。

有余情。方知难再得，所以遂倾城"①，刻画了一位舞女的舞姿形貌，描摹细致，属于齐梁宫体诗的范畴。

在六朝诸多世家大族中，殷氏是一个典型的文学世家。据史传所载，殷氏成员几乎人人有集，家族文风颇盛，代表人物还有殷融、殷仲堪、殷仲文等。

殷融（生卒年不详），字洪远，陈郡长平（今河南西华）人。喜《易》《老》之学，善属文而不善口辩，饮酒善舞，不以世事自缚。著有文集10卷。严可均《全上古三代秦汉三国六朝文》载有殷融的《上言奔赴山陵不须限制》《奏并襄阳郡县》《显赠刁协议》《奔赴山陵议》《后父不应拜后议》《议》6篇。逯钦立《先秦汉魏晋南北朝诗》中辑有殷融的《答孙兴公诗》1首。

殷仲堪（？—399），陈郡长平（今河南西华）人。殷融之孙，能清言，谈理与韩康伯齐名，"三日不读《道德论》，便觉舌本间强"②。善属文，有文集12卷。严可均《全上古三代秦汉三国六朝文》辑《游园赋》《将离赋》《太子令》《水赞》《琴赞》《天圣论》《酒盘铭》《合社文》等17篇。殷仲堪学识渊博，经史之学亦多有涉猎，著述丰富。有《毛诗杂义》4卷、《常用字训》1卷、《论语注》（今存9条）、《论集》86卷、《杂论》58卷、《杂论》30卷、《殷荆州要方》1卷。

殷仲文（？—407），陈郡长平（今河南西华）人。善属文，为世所重。鲍照《枯树赋》亦言其："风流儒雅，海内知名。"③严可均《全上古三代秦汉三国六朝文》辑《罪衅解尚书表》1篇。逯钦立《先秦汉魏晋南北朝诗》中辑有《南州桓公九井作诗》《送东阳太守诗》《入剡诗》3首。其中《南州桓公九井作诗》一诗还被收入《文选》。刘勰《文心雕龙》称："殷仲文之孤兴，谢叔源之闲情，并解散辞体，缥渺浮音，虽滔滔风流，而大浇文

---

① 丁福保编：《全汉三国晋南北朝诗》，中华书局，1959年，第1255页。
② 房玄龄等：《晋书》卷84《殷仲堪传》，中华书局，1974年，第2192页。
③ 章学诚：《文史通义校注》，叶瑛校注，中华书局，1985年，第214页。

意"①，肯定了他对变革玄言诗风的贡献。

五、周兴嗣《千字文》

周兴嗣（？—521），字思纂，陈郡项（今河南项城）人，南朝萧梁时期文学家。史称周兴嗣博学，善属文，通记传。与谢朓交好，得其举荐。周兴嗣因所献《休平赋》文辞甚美，任员外散骑侍郎，参撰皇帝实录、起居注、职仪等百余卷。著有文集 10 卷，其中《千字文》流传最广，影响最大。

《千字文》是周兴嗣奉命而作，南朝梁武帝从王羲之的碑文中拓出 1 000 字，供皇子们学书识字之用。但拓出的字杂乱无序，不便识记，梁武帝便命周兴嗣将这 1 000 字组织成文。相传，周兴嗣才思敏捷，在一夕之间编缀完成，而鬓发皆白。后梁武帝将《千字文》刊行于世，作为初学者入门之用。《千字文》成为中国古代孩童重要的启蒙课本。它集识字、书法和知识内容为一体，代表了中国传统教育启蒙阶段的最高水平，与后来的《三字经》《百家姓》并称为中国传统蒙学三大课本，称为"三百千"。

《千字文》全书共 250 句，每句 4 字，4 句一组，2 组一韵。其内容涉及天文地理、历史文化、农业科技、饮食起居、为人处世、修身持己、读书论学等多方面内容，如同一部袖珍的百科全书。清代汪啸尹辑、孙谦益注的《千字文释义》将其分为 4 个部分：从"天地玄黄"到"赖及万方"为第一部分，叙写了上古早期的历史与传说；从"盖此身发"到"好爵自縻"为第二部分，主要阐述人的行为规范以及品德修养等方面的内容；从"都邑华夏"到"岩岫杳冥"为第三部分，重点勾勒汉家宫殿、皇室宴会的辉煌盛况，展现古都两京的庄严与气派、历代英才贤士以及九州胜景；从"治本于农"到"愚蒙等诮"为第四部分，主要描述普通的闲赋家常、

---

① 王运熙、周峰：《文心雕龙译注》，上海古籍出版社，1998 年，第 434 页。

田园风光，最后附带一些常识知识等内容。

《千字文》不仅内容丰富，还是一首修辞完美、合辙押韵、对仗工整、易诵易记的四言长诗。通篇四言一句，音韵谐美，读起来朗朗上口。明代古文大家王世贞称其为"绝妙文章"，清代褚人获称赞其"局于有限之字而能条理贯穿，毫无舛错，如舞霓裳于寸木，抽长绪于乱丝"[1]。

《千字文》在中国文化史上也有独特地位，历代书法家都竞相书写，隋唐以后，凡著名书法家均有不同书体的《千字文》作品传世，如智永、怀素、欧阳询、赵佶、赵孟頫、文徵明等都有流传至今的帖本。

六、汉魏六朝其他名家著述

汉魏六朝时期的周口文学，显示出勃勃生机，除几大家族文学引人注目外，还有许多优秀的作家，作品，数量多质量高，共同展现出汉魏六朝文学蓬勃发展的局面。

虞诩（？—137），字升卿，小字定安。陈国武平（今河南鹿邑）人。严可均《全上古三代秦汉三国六朝文》收录有虞诩的奏议书论 11 篇，主要包括《上书自讼》《请复三郡疏》《荐左雄疏》《上疏谏输义钱》《上言台郎宜均选》《自系廷尉奏言》《奏谏增蛮夷租税》《驳尚书劾宁阳主簿事》等。成语"盘根错节"出自《后汉书·虞诩传》中虞诩所言："志不求易，事不避难，臣之职也。不遇盘根错节，何以别利器乎？"[2]

边韶（约 100—165），字孝先，号卧游先生，陈留浚仪（今河南开封）人，东汉初年教育家、天文学家，以文章知名。桓帝延熹八年（165），边韶为陈（今河南淮阳）相。有《边韶集》2 卷，今佚。现存《塞赋》《上言四分历之失》《对嘲》《河激颂》《老子铭》5 篇。其中《老子铭》刻石立于

① 褚人获辑撰：《坚瓠集》戊集卷 4《千字文》，李梦生校点，上海古籍出版社，2012 年，第 396 页。
② 范晔：《后汉书》卷 58《虞诩传》，李贤等注，中华书局，1965 年，第 1867 页。

老子庙前，开帝王在太清宫御制碑碣之先例。

第三节　隋唐文学

　　中国古代文学发展到隋唐时期，各种重要文学体裁都日臻成熟，文学创作尤其诗文创作进入了繁荣的鼎盛期。这一时期的周口文学在各种体裁创作上都取得了突出成就，作家作品众多，内容题材广泛。

　　隋唐时期周口籍代表作家仍以陈地殷氏、袁氏、谢氏的家族才子为主。以殷寅、殷亮、殷佐明、殷文圭、袁朗、袁郊、诗僧辩才、诗僧皎然、谢蟠隐、谢翱、王建、王衍等为代表，各有建树，成绩卓著。殷寅有文名于当世。袁朗作千字诗，影响甚大。诗僧辩才工于诗文，琴棋书画皆妙。诗僧皎然诗风清丽闲淡，著有《诗式》，开以禅论诗先河。袁郊是晚唐著名的传奇小说家，著有传奇集《甘泽谣》，为周口文学在小说创作上写下了浓墨重彩的一笔。

一、殷寅、殷亮、殷佐明、殷文圭及殷氏家族文学

　　陈郡的家族文学经历了汉魏六朝时的鼎盛，到了隋唐时期虽然有所沉寂，但"古人习一业则累世相传，数十百年不坠"①，殷氏家族子弟仍是人才迭出，著述传世，延续着家族的文化命脉。

　　殷寅，约生于唐玄宗开元初年，陈郡长平（今河南西华）人。天宝四载（745）进士，历官太子校书、永宁尉等。殷寅与颜真卿、柳芳、萧颖士等友善。《全唐诗》存其《铨试后征山别业寄源侍御》《玄元皇帝应见贺圣祚无疆》诗 2 首。

① 赵翼：《廿二史劄记》卷 4，曹光甫点校，凤凰出版社，2018 年，第 75 页。

殷亮，陈郡长平（今河南西华）人，殷寅之子。历官至吏部郎中、给事中、杭州刺史。有《颜真卿行状》1卷，《全唐文》作《颜鲁公行状》。该行状有七千余字，详细记载了颜真卿一生事迹，为唐人传记名篇。另有《颜杲卿家传》1卷，已散佚。

殷佐明（生卒年不详），陈郡长平（今河南西华）人。大约于唐代宗宝应元年在当涂（今安徽马鞍山）与李白交游。大历前期任太子正字。参与编撰颜真卿主编的大型类书《韵海镜源》，与颜真卿、皎然等数十人联唱，后结集为《吴兴集》10卷。《全唐诗》存《三言拟五杂组联句》诗1首。

殷文圭（907—960）字表儒，一字桂郎，陈郡长平（今河南西华）人。于九华山苦学，墨砚磨穿。唐昭宗乾宁年间进士。唐朝灭亡后，杨隆演继吴王位，殷文圭任翰林学士，官至左千牛卫将军。殷文圭才名当世，著述很多。有《殷文圭集》《登龙集》《冥搜集》《从军稿》《笔耕词》等，均已散佚。《全唐诗》《全唐文》等存其作品。

二、袁朗、袁郊、诗僧辩才及袁氏家族文学

袁氏家族绵延到隋唐，其中袁朗在朝代变更之际，以诗才之名受到赏识。袁郊创作传奇集《甘泽谣》，广为流传。袁氏诗僧辩才工于诗文，书画兼通。此时的袁氏家族虽然不及汉魏时隆盛，但也体现出其在诗歌、传奇小说等文学创作领域的影响力。

袁朗，生卒年不详，陈郡（今河南商水）人。东汉司徒袁滂的后人。勤学好文，曾作千字诗，影响很大。南陈后主闻其才，使为《月赋》1篇，复作《芝草》《嘉莲》二颂，深见优赏。入仕隋朝任尚书仪曹郎。唐初，封汝南县男，转任给事中，贞观初年去世。曾预修《艺文类聚》，有《袁朗集》14卷，已散佚。《全唐诗》存其《饮马长城窟行》《和洗掾登城南坂望京邑》《秋日应诏》《秋夜独坐》4首诗，多为五言体，叙写平实谨厚，

借景抒情，表达人生际遇慨叹。

袁郊，生卒年不详，字之乾，一作之仪，陈郡阳夏（今河南太康）人，袁滋之子。历任官职到祠部郎中、虢州刺史，与温庭筠友善，以诗唱酬，又有传奇集《甘泽谣》1卷，现存仅有8篇。《直斋书录解题》称袁郊"以其春雨泽应，故有甘泽成谣之语，以名其书"[①]。此书有剑仙女侠的故事、琐事轶闻记录，又有僧妖果报传奇，故事曲折生动，是唐人小说的上乘之作。

《甘泽谣》中《红线》一篇最为著名。小说叙事巧妙，以藩镇势力对峙为背景，以报恩作为中心情节和叙事主线，穿插补叙红线的惊奇往事，既做到了主线推进紧张有序，又有层出不穷、变幻莫测的神秘悬念。作者赋予了红线高超的技艺、豪侠的志向、坚韧的品质，使这个位卑的女子对藩镇割据势力的反抗更具传奇色彩。红线女也成为中国古代文学中急人之难、扶危救困的侠女形象代表。

《全唐诗》存袁郊诗4首皆以景物为题。《云》《露》《霜》以景物为媒介，在其中穿插历史传说典故，隐喻贬刺，别有寄托。《月》则结合嫦娥后羿的神话故事，悠远奇幻。

诗僧辩才（？—644）俗姓袁，陈郡阳夏（今河南太康）人。梁司空袁昂的玄孙，越州永欣寺僧人。其人博学工文，琴棋书画兼妙。存《设缸面酒款萧翼探得来字》《赴召》诗2首，见《全唐诗》《全唐诗补编·续拾》。相传《设缸面酒款萧翼探得来字》是辩才与萧翼"探韵"所赋之诗。诗中主要描写了两人相见甚欢的情形，表达了对新结识的志趣投机之友的热切情谊。全诗构思绵密，对仗工稳，感情真挚深沉。诗中的萧翼是唐太宗御史，他醉心书法，"购募备尽，唯未得《兰亭》"[②]。当他听说辩才是王

---

① 陈振孙:《直斋书录解题》卷11《小说家类》，商务印书馆，1935年，第306页。

② 何延之:《兰亭记》，张彦远辑:《法书要录》卷3，洪丕谟点校，上海书画出版社，1986年，第100页。

羲之七世孙智永的徒弟，可能藏有《兰亭集序》后，便想召见。据传辩才面对君王询问，以"坠失不知所在"应对。太宗求取不得，改以"智略之士，以设计谋取之"[1]。于是萧翼就改服伪装，与辩才交友，探韵赋诗。相传萧翼在取得辩才的信任后，乘机盗走了《兰亭集序》真迹，辩才也抱憾而终。

三、诗僧皎然、谢蟠隐、谢翱及谢氏家族文学

唐代陈郡谢氏早已不及前代兴盛，文学方面除诗僧皎然声名卓著外，唐末的谢蟠隐以及传奇故事中提及的谢翱也略有著述。

诗僧皎然，俗姓谢，字清昼，陈郡阳夏（今河南太康）人，是隋唐时期谢氏家族的后代子弟。他自称是谢灵运十世孙，实为谢安后裔。皎然应进士试不第，失意穷困，遂出家为僧。后定居湖州，与文士陆羽、顾况、张志和、刘长卿、韦应物、孟郊等联唱论诗。皎然精通琴棋书画，佛学、茶道也有专研。今存《皎然集》（一作《杼山集》），多为赠答送别、山水游赏之作。诗风清丽闲淡。南宋严羽在《沧浪诗话·诗评》中称："释皎然之诗，在唐诸僧之上。"[2]

皎然的诗歌内容主要以描写佛理禅趣、山水之景、隐逸生活为主，偶有忧国忧民之作。譬如写隐逸生活的《寻陆鸿渐不遇》，语言朴实自然，不加雕饰，抒发了平淡自适的个人情志。禅诗是唐代诗歌的一个重要组成部分。皎然的禅诗内容丰富，意境空远，能将禅理和日常景物以及作者心境相结合。近人俞陛云《诗境浅说》评价说："潇洒出尘，有在章句外者，

---

[1] 何延之：《兰亭记》，张彦远辑：《法书要录》卷3，洪丕谟点校，上海书画出版社，1986年，第100页。

[2] 古清扬、冯丽、任平君主编：《四库精华之集部·沧浪诗话》，远方出版社，2005年，第19页。

非务为高调也。"①《山居示灵澈上人》即借山水之景领悟禅机，从春柳、白云、松声、草色之中体会闲适与自在，诗境静谧，语言清雅。

皎然论诗著作有《诗式》《诗议》，"皆议论精当，取舍从公，整顿狂澜，出色《骚》《雅》"②，其中《诗式》更是"继钟嵘《诗品》之后的又一部较有系统的诗论专著"③。《诗式》以"真于性情，尚于作用"④为总纲，阐述诗歌的创作之法，并以"五格""十九体"之说对重要诗人诗作进行评述，涉及诗歌风格、意境、声律等方面，形成了一个完整的理论体系，对后世诗学发展也产生了深远的影响。

谢蟠隐，陈郡阳夏（今河南太康）人，颇有清才，自称是谢灵运的远孙。曾作《杂感诗》2卷（《唐才子传》作1卷），已散佚。谢翱的事迹及诗作多见于唐代传奇志异中。唐代张读所编撰的传奇小说集《宣室志》称，谢翱是陈郡谢氏之后，好为七字诗，在长安"举进士"时与金车美人相遇，互相赋诗。今存有《与谢翱答赠诗》4首，现多题为金车美人所作，但其中有2首诗据《宣室志》记载应为谢翱所赋。一首诗借楚王巫山梦遇神女的典故，抒发了自己与美人分别的不舍之情。另一首诗则书写了诗人故地重游，回望前事的种种哀伤与感叹。这两首诗多是艳情偶遇的想象之语，情思缠绵，绮丽缥缈。

四、王建、王衍父子的帝王诗歌

五代之际，朝代更迭频繁，征伐不断。这一时期的文学，以娱宾遣兴的词成就最大。陈州项城人王建、王衍父子在动荡不安的五代时期，以前

---

① 俞陛云：《诗境浅说》，上海书店，1984年，第26页。

② 辛文房：《唐才子传》，王大安校订，黑龙江人民出版社，1986年，第80页。

③ 张伯伟：《全唐五代诗格汇考》，江苏古籍出版社，2002年，第14页。

④ 皎然：《诗式校注》卷2，李壮鹰校注，人民文学出版社，2003年，第118页。

蜀帝王的身份留下了独具一格的诗词之作。

王建（847—918），字光图，陈州项城（今河南沈丘）人。唐昭宗天复三年（903）被封为蜀王。唐亡，于907年在成都称帝，建立前蜀政权。光天元年（918）六月卒，庙号高祖。《全唐文》存其《改衙厅为宫殿诏》等文8篇；《全唐诗》存其《赠别唐太师道袭》诗1首，描写了出征前的情景，表达了渴望"从此生灵永泰息"的宏愿。

王衍（899—926），字化源，原名宗衍，陈州项城（今河南沈丘）人，王建第十一子。永平三年（913）立为太子，光天元年（918）六月嗣位，改名衍。咸康元年（925）九月，后唐发兵攻蜀，十一月国破，王衍降后唐，次年四月被杀，世称后主。《全唐文》存其《幸秦州制》等文4篇，《全唐诗》存其《幸秦川上梓潼山》《甘州曲》《醉妆词》等诗词6首又2句。另有《坤仪令》1卷、《烟花集》5卷，均已散佚。王衍生活享乐奢靡，行为亦放荡荒诞。五代孙光宪《北梦琐言》云："蜀王衍尝裹小巾，其尖如锥，宫人皆衣道服，簪莲花冠，施胭脂夹脸，号'醉妆'，因作《醉妆词》。"[①] 此词反映了王衍寻欢作乐、昏聩荒淫的生活，风格浮艳。

五、李密、张九龄、李白等名家的咏周之作

除了周口籍文人外，这一时期还出现了许多寓居、旅居周口并写下灿烂篇章的文人，李密、张九龄、李白、张继、李颀、李商隐、岑参、白居易、卢纶、杜牧等皆有与周口相关的诗作，其中不乏名家名作。

李密有《淮阳感怀》诗1首，作于同杨玄感反隋兵败隐居淮阳期间。这是一首五言古诗。诗篇先写淮阳之秋景，以"玉露凋晚林""村荒藜藿深"的景象渲染出秋意深凉、村庄萧瑟的寥落之景，然后由写景转入述怀，宣泄自身遭遇坎坷困顿时的郁怨与惆怅之情。诗歌意境沉郁苍凉，借

---

① 严建文编著：《词牌释例》，浙江古籍出版社，2012年，第7页。

自然之秋写人生不得志之秋，既呈现了当时淮阳村郭的风景，也表达了诗人李密反隋兵败的黯淡心情。

张九龄的《旅宿淮阳亭口号》，是诗人返回家乡途经淮阳夜晚露宿时所作。诗篇描写了淮阳秋夜"暗草霜华发"的凄冷和"空亭雁影过"的孤寂，表达了诗人对故乡的思念，抒发了羁旅愁思之情。诗风清淡自然，为当时佳作。

李白的《颍阳别元丹邱之淮阳》《上李邕》，张继的《晓发淮阳》，李颀的《奉送漪叔游颍川兼谒淮阳太守》，李商隐的《淮阳路》等也在内容上表现了与淮阳相关的人、事、情、景。这些作品不仅在中国古代文学史占有一席之地，也是周口文学的重要组成部分。

第四节　宋元文学

宋元时期的文学在经济文化发展和时代思潮影响下，展现出了通俗化、个人化的演变倾向。这一时期的周口文学取得了多方面的成就，诗、词、散文、戏曲创作多体兼备。周口籍文人作家大量涌现，名人雅士留下诸多与周口有关的名篇佳作，展现出宋元时期周口文学发展的活力。

宋代的周口文人众多，诗文词表现俱佳。陈抟性情高洁，著述很多。李宗易诗效白居易，闲适放旷，平易浅近。王迪的歌诗慷慨，比兴尤存。祖籍阳夏（今河南太康）的谢氏族人也多有文学建树，其中谢景初博学能文，尤长于诗；谢炎文名在外。此外符彦卿、沈伦、沈继宗、谢景温、谢景平、丁度、何中立、谢绛等亦有佳作传世。

宋元之际的周口文人有徐世隆、赵期颐、焦文炯、冯梦周、王逢吉等，其现存作品主要为诗文之作。此时与周口相关的作品，影响较大的当论书会才人编撰的元杂剧《包待制陈州粜米》，剧作结构排场严谨精巧，是元代包公戏的代表作。

一、陈抟及其他宋元诗文创作

陈抟（？—989），字图南，自号扶摇子，亳州真源（今河南鹿邑）人。北宋著名的道学家、养生家。少以诗名，后唐时举进士不第，遂寄情山水，先后隐居在武当山、华山。后为宋太宗所重，赐号“希夷先生”。他尊奉黄老之学，精于《易》学，著述很多。有《易龙图》《指玄篇》《三峰寓言》《高阳集》等20余种，然多散佚。另有诗歌600余首，多已散佚。《全宋诗》存其《归隐》等诗16首，《全宋文》存其文6篇。

陈抟诗歌的内容多是反映隐逸情怀，表达看透浮华、不慕富贵的情操。《归隐》开篇以看破尘世，回顾世事的口吻展开，继而表露立志归隐修道的决心，最后抒发了回归自然的欣悦与自在。诗中用睡眠的舒适来表达对权势荣耀的否定和对混乱世事的回避。这是陈抟作品中常用的表现方式。诗人高卧华山，以长睡闻名，有“睡仙”之称。在《赠金励睡诗》《喜睡歌》《七绝》等诗歌中也反复描写长睡的逍遥自在，以此表达对富贵功名的蔑视。《对御歌》直言“闲思张良，闷想范蠡，说甚孟德，休言刘备”都不如“解放肚皮，但一觉睡”，表达了诗人避世高蹈、逍遥度日的志趣追求。此外，陈抟描写自然山水的诗《华山》《题石水涧》《冬日晚望》，景物高远脱俗，语言清新自然，有凌然出尘之气。

宋代的周口诗人李宗易、王逨也有许多诗作著述。李宗易，字简夫，宛丘（今河南淮阳）人。喜为诗，有诗集20卷，已散佚。《宋诗纪事》存其《闲居有感》等诗3首。《闲居有感》云：“架上书千卷，花前酒一尊。相持两成癖，此外尽忘言。”其闲适旷放之情溢于言表。王逨，字致君，宛丘（今河南淮阳）人。宋孝宗隆兴元年（1163）进士。有《西汉决疑》5卷、《王司业集》20卷，均已散佚。宋代周必大在《王致君司业文集序》中称其文章：“赡而不失之泛，严而不失之拘，议论驰骋于数千百载之上，而究极利害于四方万里之远"，他的诗歌更是"慷慨忧时，而比兴存焉"。①

宋元之际的周口文人以徐世隆、赵期颐、冯梦周、王逢吉等为代表。陈州西华的徐世隆著《威卿集》1卷，其中《挽文丞相》是元诗名篇。淮阳诗人赵期颐有《折杨柳送方叔高》《应景恭和太子世子韵》2首传世。扶沟诗人冯梦周著有《积善篇》《续积善录》，书中列出了人们生活处世中应该戒绝的14种弊行，全是警世劝世要语，当时广为传诵。王逢吉也是周口诗人，传世有《淮阳八景》8首。

二、谢枋得与谢氏族人创作

陈郡谢氏一族到了宋元已不复往时繁盛，幸有源于陈郡谢氏的宗族子弟谢绛、谢景初、谢炎等入延续家学之风，在文学创作上绵延不息。

谢枋得（1226—1289），字君直，号叠山，祖籍陈郡阳夏（今河南太康），信州弋阳（今属江西）人。谢缵第三十世孙。南宋宝祐四年（1256）中进士，与文天祥同科。德祐二年（1276）元军攻入南宋首都临安（今浙江杭州），国破家亡，流亡福建建阳，以卖卜教书为生。元朝大臣、集贤殿学士程文海推荐谢枋得，以其才堪大用，但辞官不赴。后元朝福建行省参政魏天佑强行将他押往大都（今北京），谢枋得绝食殉国。门人私谥文节。谢枋得著述甚丰，诗文俱佳。后人辑有《叠山集》，至今犹存。另有《批点檀弓》《碧湖杂记》《千家诗》《文章轨范》。

谢枋得诗风沉郁婉转，《元旦阻雨》《春日闻杜鹃》《寄谢叔鲁》等为民族存亡严重关头所作，有着强烈的爱国忧民的精神。他的文章也堪称一流，推崇"欧苏"，文辞清丽，自成一家。代表作《上丞相留忠斋书》慷慨愤激，格调高齐。《送史县尹朝京序》情感深挚，见解独到，颇具特色。

① 周必大：《文忠集》卷52《王致君司业文集序》，文渊阁《四库全书》，上海古籍出版社，1987年，第1147册，第553页。

谢绛（994？—1039），字希深，祖籍阳夏（今河南太康）。以文学闻名一时。有文集 80 卷，已散佚。《宋诗纪事》存其《小隐园诗并序》《答梅圣俞问隐》诗 2 首。《全宋词》存其《菩萨蛮·咏目》等词 3 首。其中《夜行船·别情》是首惜别词，风流蕴藉，文辞柔和轻艳。

谢景初（1020—1084），字师厚，号今是翁，祖籍阳夏（今河南太康）。谢绛之子。宋仁宗庆历六年（1046）进士，官至屯田郎。7 岁能属文，欧阳修、梅尧臣、钱惟演称其为奇童。博学能文，尤长于诗。他是梅尧臣的酬唱之友，很受晏殊、杜祁、范仲淹的器重。其婿为黄庭坚。有《宛陵集》50 卷，已散佚。《宋诗纪事》存其《观余姚海氛》等诗 3 首。《全宋文》存其《魏文侯墓碑》等文 4 篇。

谢炎，生卒年不详，字华南，祖籍阳夏（今河南太康）。谢安后裔。他是北宋较有影响的文学家。谢炎自幼热爱文学，尤其喜欢读韩愈、柳宗元的文章。他的文章与当时的卢积齐名，世人称之为"卢谢"。有文集 20 卷。

三、苏轼、苏辙、晏殊、张耒等名士咏周之作

北宋的政治文化中心集中在中原地区，一些文人雅士与周口结下了不解之缘。与隋唐时期前代文人相比，宋代寓居周口的名士留下的作品数量明显增多，如宛丘先生苏辙、宛丘居士张耒、三知陈州的晏殊、被贬知扶沟县事的程颢等。他们大多有在周口长期生活的经历，并且以自身为中心吸引其他文士往来酬唱交流，形成了不断扩张的辐射效应。此外，梅尧臣、李复、陈师道、郑獬、元好问等虽未曾旅经周口，但也留下了描写周口景物的诗词。

苏辙（1039—1112）在宋神宗熙宁十年（1077）出任陈州（今河南淮阳）教谕，自号颍滨遗老，和淮阳有着不解的缘分。苏辙在陈州时名胜游历殆遍，对柳湖尤其钟爱，寄情湖边风光，怡然自得，正所谓"枕畔书成

癖，湖边柳散愁"①。他邀请苏轼、张耒、李简夫等著名文人来此吟诗唱和。后人敬仰苏辙的文才和功绩，便在苏辙读过书的台上筑亭纪念。明宪宗成化六年（1470），时任陈州知州的戴昕重修八角琉璃亭，从此，"苏亭莲舫"成为陈州八景之一。

苏辙著有许多与淮阳有关的作品，如《初到陈州二首》《柳湖感物》《柳湖久无水怅然成咏》《次韵李简夫秋园》《次韵孙户曹朴柳湖》《赠李简夫司封》《题李简夫葆光亭》《次韵李简夫因病不出》《宛丘二咏》等，吟咏淮阳风物，描写与朋友在淮阳的诗酒往来。

苏轼（1037—1101）在与苏辙的往来唱和中留下了《次韵子由柳湖感物》《次韵柳子玉过陈绝粮二首》《陈州与文郎逸民饮别携手河堤上作此诗》《戏弟子由》《子由自南都来陈三日而别》等诗作，主要是描写赴淮阳与兄弟苏辙相聚离别时的所见所感。其中多有淮阳景物，"惟有柳湖万株柳，清阴与子供朝昏"②，表达了对淮阳柳湖水光湖色、垂柳依依景致的喜爱。

张耒（1054—1114），青年时到陈州（今河南淮阳）游学，时任陈州学政的苏辙爱惜其文才，把他推荐给苏轼，成为"苏门四学士"之一。张耒辞官后在陈州定居，自称为"宛丘居士"。张耒居陈时，前来受教的文人才俊络绎不绝。张耒留下了《出都之宛丘赠寄参寥》《寓淮阳驿》《宛丘道中》《离陈至华西》《离宛丘斗门》《春日怀淮阳六首》《太昊遗墟》《寓陈杂诗》《冬日放言二十一首》（第14首）等与淮阳有关的诗歌。

晏殊（991—1055），字同叔，是北宋前期著名词家。晏殊与陈州很有渊源，据《淮阳县志》记载，晏殊曾三次出任陈州知州。宋仁宗庆历八年

---

① 苏辙：《栾城集》卷3《初到陈州二首·其一》，曾枣庄、马德富校点，上海古籍出版社，1987年，第63页。

② 苏轼：《苏轼全集》卷6《次韵子由柳湖感物》，王文诰注，于宏明点校，时代文艺出版社，2001年，第286页。

（1048），晏殊以故相之尊任陈州知州。他在陈州西园开辟隙地种植莎草，观花养鸟，饮酒赋诗，"光风四泛，纤尘不惊，环境甚为幽美，作《庭莎记》"[1]。其词作名篇《浣溪沙·一曲新词酒一杯》据说也是作于此时此地。

此外，张咏、宋祁、元好问也留下过关于淮阳的作品。张咏，濮州鄄城（今属山东）人，葬于宛丘县（今河南周口淮阳柳林），著有《淮阳书怀寄朝中亲旧》《游赵氏西园》。宋祁曾知陈州（今河南淮阳），在陈州任上写了《宛丘作》《去郡作》《有诏换淮阳》《去年十月赴淮阳今实周一岁岁中三迁遂直内禁作诗记其出处》《瑞麦赋》。元好问也留下过《宛丘叹》，通过对比两位家在宛丘的县令：压榨百姓的李县令、关爱百姓的刘县令，反思历史，具有强烈的社会现实性，为人称道。

四、元杂剧《陈州粜米》

在戏剧方面，元杂剧《陈州粜米》与周口密切相关。

《陈州粜米》全名《包待制陈州粜米》作者不详，元杂剧剧本，一本四折。此剧写陈州大旱三年，居民饥寒交困，朝廷派刘得中、杨金吾前去赈济。刘、杨二人乘机中饱私囊，坑害百姓，打死不肯屈从的灾民张懒古。其子小懒古替父申冤，上告开封府。府尹包拯微服私访，乔装改扮，潜入陈州城，查明真相，为民申冤。剧作结构严谨精巧，艺术形象血肉丰满。包拯不仅具有铁面无私、刚直不阿的性格，还展现了幽默风趣、平易近人的一面，真实生动。

《陈州粜米》是极具传奇色彩和独特艺术个性的优秀之作。它演述的虽然是民间流传的北宋故事，却打上了元代社会现状的鲜明印记。它不仅是元代包公戏的代表作，也是中国古代文学史上戏剧创作的经典作品。该杂剧有《元曲选》本。后世有明代成化说唱词话《包龙图陈州粜米记》和

---

① 王翠莲：《晏殊诗文校注》，广西师范学院硕士学位论文，2013年，第112页。

今人晏甬据元杂剧改编的京剧《陈州粜米》同名作品，可见该杂剧的影响力。

第五节 明清文学

明清时期，中国古代文学在经济和思想文化的新变中获得了巨大的发展。周口作为三川交汇之地，随着漕运的发展，开始名声大噪，客商云集。这一时期的周口文学杰出作家和作品层出不穷，数量上远超前代，成为周口文学史上另一个重要时期。明代祖籍周口扶沟县的复古派前七子代表人物李梦阳以及祖籍周口太康县的复古派后七子主要人物谢榛，诗歌成就卓越。清代周口鹿邑人梁遂，诗词文赋无所不通，五言诗更是苍郁有力。周口扶沟杜氏作为诗圣杜甫后裔也是才人佳作不断。周口项城的马斯和，诗赋文，卓绝一时，被誉为"中州冠冕"。明清时期，周口还涌现了杰出的女性作家，如女诗人赵淑人，工于诗文，为人称道。

一、李梦阳、谢榛与明代周口文坛

明代周口诗人以祖籍扶沟县的著名文学家李梦阳、祖籍太康县的布衣诗人谢榛的成就最为突出，他们作为明代复古派前后七子的领袖人物之一，在明代诗坛有着举足轻重的影响力。而王钝、李佰、李泰、王伦、谢铎、李枝等周口籍文士也留下许多灿烂篇章。

李梦阳（1473—1530），字献吉，号空同子，明代中期文学家，复古派前七子领袖。庆阳（今属甘肃）人，后徙河南周口扶沟。故《登科录》直接称李梦阳为河南扶沟人。李梦阳倡导复古，提倡"文必秦汉，诗必盛唐"[①]，

① 张廷玉等：《明史》卷286《李梦阳传》，中华书局，1974年，第7348页。

变革当时文风。李梦阳的诗歌创作富有典型的现实意义。苍劲沉重的《朝饮马送陈子出塞》一诗描写的就是民众的悲惨处境，直言时政弊端。《君马黄》则刻画了宦官的骄横跋扈，揭露了统治集团的罪恶，遒劲激烈。李梦阳的七律也极为出色。《台寺夏日》对景物的描绘到位，气势磅礴飞动。《明史·李梦阳传》说："七言律自杜甫以后，善用顿挫倒插之法，惟梦阳一人。"[①] 充分肯定了其诗歌的艺术价值。

谢榛（1495—1575），字茂秦，号四溟山人、脱屣山人，山东临清人，祖籍阳夏（今河南太康）。16岁时作乐府商调，流传颇广。后折节读书，刻意为歌诗，以声律闻于时。后赴京，与李攀龙、王世贞等相识，一起论诗、写诗、结社，为复古派后七子之一。谢榛诗论主张复古，取法盛唐，同时推崇格调，重视感兴，著有《四溟诗话》。另有《四溟集》共24卷（一说10卷）。谢榛擅长近体，以律诗、绝句尤佳，多描写游历塞外所见的风光，同时也抒发四处游走的凄苦之感。

此外，元末明初的太康人王钝著有《野庄诗集》6卷，收入《四库全书》，另有《归田》《公余》2集，流传于世。明代扶沟人李恬，约活动于嘉靖、隆庆、万历年间，他写诗能脱烟火之气，潇洒出尘。朱彝尊的《明诗综》以及钱谦益的《列朝诗集》《列朝诗集小传》都收有李恬的诗作和传记。

二、梁遂与清代周口文坛

明末清初周口诗人梁遂诗词文赋无所不通，张安雅、钱廷文、朱炎昭、柳堂、谷元斌等也都是清代周口文坛的代表人物。

梁遂（约1621—1685），字大吕，号雪樵，明末清初鹿邑人。清代顺治年间进士。梁遂的著述颇多，清代光绪年间《鹿邑县志·艺文》中存其

---

① 张廷玉等：《明史》卷286《李梦阳传》，中华书局，1974年，第7348页。

《待云堂文集》《种石斋诗集》《倦飞吟》《放言集》《廊檐草》各1卷,《杂著》6卷。鹿邑《梁氏家乘》中记有书目的还有《续世说》《原始录》《典故考异》《新修秘省典要》《小雅草》《蓼虫吟》《视月革》《鸣鹿寇变纪略》《南中近》等书,并称"俱已行世"。

梁遂学识渊博,各体兼通。诗歌五言苍郁,近体亦工,惟声调吟咏偶有不合之处。梁遂的文章也颇值得称道,《重修蜡屐亭记》云:"明招山就有晋阮公孚金貂、蜡屐两亭,蹲麓面池,尽林壑之美,费而复兴者屡矣。"① 寥寥几语点明蜡屐亭的修废及周围景物,言简意赅。

此外,明清时期的周口文坛"陈郡七子"之一的张安雅也是贡献卓著。他留存于世的既有观点独到、论述周详的史论文章,也有感慨时事、关注民生的现实主义诗篇,如《战城南》《黄雀行》《兵车行》《蒙城盗》等,内容朴质而立意深远。学识渊博的陈州人钱廷文,古文诗词也为一时之冠,有《柳圃诗集》流行于世。清代周口扶沟吕潭人柳堂,尤好吟咏,其诗文,直爽写实,能关注民间疾苦,颇具白居易风骨。沈丘浣花老人谷元斌,其作品有《撒床歌》《采茶歌》《劝人勿争讼》《三字经巧合记》等,以诗歌的形式来醒世劝人,雅俗共赏,广为流传。

三、"诗圣"杜甫后裔扶沟杜氏

明清两代,扶沟杜氏继承"诗圣"杜甫遗风,能诗善文者,不胜枚举。据《扶沟县志》和《杜氏族谱》记载,从四世杜清起,杜氏仅传世诗文集就达30余部60多卷。在清代光绪《扶沟县志·人物传》中,杜清、杜璿、杜绍、杜孟乾、杜化中、杜化雨、杜维标、杜俊章、杜之昂、杜之丛等都是立传列入的杜氏诗人,家学绵延不绝。

明代杜璿父子诗承杜甫遗风,追随当时文坛领袖李梦阳,高举复古

---

① 张营墩修,周家驹等纂:嘉庆《武义县志》卷9《艺文》,《中国地方志丛书·浙江省专辑》,上海书店,1993年,第905页。

的旗帜，以至于扶沟"五尺之童，争言韵调"，当地文风鼎盛一时。杜璿（1437—1525），字良玉，号雪崖，博览群书，精晋人书法。著有《雪崖吟稿》《杜氏族谱》《见闻录》等。与县中有寿德者7人结为"耆英八老社"，互相酬答，有《寿德会诗集》传世。其子杜绍，生卒年不详，字述之，号朴庵。唯吟咏是好，与李梦阳多有诗歌唱和，诗风高雅，宛然唐音。

杜之丛（1637—1714），字树滋，号去病，又号容庵。清代康熙十四年（1675）乙卯科举人。作为杜甫后裔，杜之丛素工诗，童年便喜吟咏，又沉酣古籍，故得承风入雅。有《葆光堂诗稿》《师检堂诗集》和《陟城吟》（6卷）行于世。其诗多是关心社会现实、爱国忧民的篇章，风格似杜甫，深沉雄厚。代表作《泊水行》以沉痛之笔为民之苦难大声疾呼，鞭挞黑暗，忧国伤民，在扶沟有"小杜"之称。

四、"中州冠冕"马斯和

马斯和（1564—1619），字继竹，周口项城人。勤奋好学，五六岁能文，精通子史诸书，诗赋诗文，也是卓绝一时。时任项城知县魏震彝推崇他为"中州冠冕"。马斯和有许多著述，流传于世的仅有《来虹楼诗集》《清净一得语》。

《项城县志·丽藻志》保存有马斯和的《瑞莲赋》，从莲之美、莲之形、莲之情、莲之景、莲之德、莲之瑞几个方面铺采摛文，最后点明"万物一体"的哲理，体物写志。行文恣肆，文采横溢，是一篇优秀的赋体文学作品。

五、女诗人赵淑人

赵氏（？—1641），陈州（今河南淮阳）人。禹州参政陈公经济继室。自号梅竹道人，曾获封淑人，又称赵淑人。晚明女诗人。后因明末战乱城破，投井自洁。赵氏多才多艺，尤其擅长诗文，著有《大中解》，已佚。清代康熙年间邑人发现手抄本，刻为《赵淑人诗集》。其自戕前的诗歌"身受国恩四十年，肯将鸾诰染烽烟? 儿孙欲觅魂归处，梅月霏微竹影边"[1]，充分展现了她不卑不亢、志节贞烈的性情。清代马淑《过赵淑人故第》"钧阳城内淑人楼，真风扶持不可没。梅竹老人芳吟歇，小楼独照当时月。班婕谢女旷代才，独有丹心自超越"[2]，盛赞了赵淑人的才华和贞烈气节。

第六章

『周口作家群』与

周口现当代文学

第一节　周口现当代文学概览

中国现代文学是在中国社会内部发生历史性变化的条件下，用现代文学语言与文学形式，表达现代中国人的思想、感情、心理的文学。现代文学有着具备鲜明民族特色的小说、新诗、杂文、散文诗、戏剧、报告文学等文学体式。

而这一时期的周口文学，应和"启蒙""救亡""革命"的主题变奏，呈现出现实主义、浪漫主义和现代主义三水分流的态势。徐玉诺左手诗歌，右手小说，一生文学创作成绩斐然，他曾旅居淮阳多年，在淮阳创作了诸多优秀作品。现代著名作家夏莱蒂、李俊民、张默生等也在周口留下了生活、创作的轨迹。而纯粹的周口籍作家则有王作宾、薄自勉、郎世昌、曾克、李子木、穆青等，声名鹊起，在现代文坛占有一席之地。

中国现代文学求新求变又承续传统。旧体诗词也是现代文学宝库中光辉夺目的瑰宝，李擢英、王新桢、屠尔敏、吉鸿昌、张伯驹、袁克文、朱撰卿等周口名人雅士的旧体诗词，璀璨夺目，各有千秋。民族英雄吉鸿昌用树枝作笔，以大地为纸，写下的气壮山河的就义诗："恨不抗日死，留作今日羞。国破尚如此，我何惜此头！"[1] 洋溢着爱国主义和英雄主义的豪情，声震云霄，万古流芳。

1949 年 7 月 2 日，全国第一次文学艺术工作者代表大会在北平召开，标志着中国当代文学的宏伟大幕隆重开启。悠久的历史传统和丰厚的文化底蕴，孕育了周口一代又一代的文学人才，当代中国的周口文学，百花齐放，美美与共。

冯金堂堪称周口当代文学史上的第一位作家，《黄水传》成为周口当代文学的开山之作。进入新时期特别是 21 世纪以来，周口文学的发展进入快车道，"周口作家群"的炫目文坛，就是 21 世纪周口文学突飞猛进的

---

[1]　李继凯、王奎编:《中国共产党人早期诗文选》，太白文艺出版社，2020 年，第 134 页。

显著标志。"周口作家群的出现，不仅是以几位在全国有影响的周口籍作家为标志，而是从总体上形成了一个思想活跃、创作力旺盛、艺术成果丰硕的生龙活虎般的群体。"而且，"他们都把文学作为崇高的事业，矢志不移地钟情于文学，在创作上保持着蓬勃发展的强劲势头。"[①] "周口作家群"已经成为一个亮丽的特色文化品牌和新世纪中国文学新地标，中国作家协会副主席何建明说："'周口作家群'作为一种现象，已引起了文坛上的普遍关注"，在文化大发展大繁荣的今天，"周口作家群"已经"成为繁荣我国文学事业的一支中坚力量"[②]。

第二节　异军突起的"周口作家群"

新世纪以来，"周口作家群"的作家们潜心创作、开拓进取、求新求变，从而使周口文学呈现出繁花似锦、百鸟争鸣的良好态势，出现了蒸蒸日上的景象，"周口作家群"特色文化品牌更加响亮，已经"享誉中原，走向全国"[③]。

最早给"周口作家群"命名并进行积极推介的是《人民日报》资深记者缪俊杰。他分别在 2005 年 7 月 7 日的《人民日报（海外版）》和《神州》杂志 2005 年第 8 期，发表《中州代有才人出——周口作家群印象》和《周口作家群印象》，向海内外文坛隆重推介"周口作家群"及其创作，从而扩大了周口作家的影响。

"周口作家群"作为新时期文坛一个重要作家群落得到文艺界普遍认可的标志，则是中国作协创联部、河南省文联和河南省作协联合主办的

①　缪俊杰：《周口作家群印象》，《神州》2005 年第 8 期。

②　何建明：《"周口作家群"现象》，《周口日报》2013 年 4 月 19 日。

③　李凤霞：《周口市第二届文学艺术优秀成果奖颁奖大会隆重召开》，《周口日报》2012 年 7 月 18 日。

"周口作家联谊会暨周口作家丛书首发式、青年作家作品研讨会"等系列文学活动，于 2007 年 5 月在周口的成功举行。在研讨会上，时任中国作协副主席和书记处书记的陈建功说："周口惊现作家群！"让"周口作家群"这一称谓得到进一步认证。2007 年 5 月 15 日，《文艺报》刊登了田夫的文章《"周口作家群"令人刮目》。紧接着 5 月 24 日，《人民日报》发表了刘琼的评论《周口作家群的关怀和焦虑》，在文艺界产生巨大的反响。众多学者、批评家和作家、读者，纷纷把关注的目光投向了不事张扬、潜心创作的周口作家。

"鲁迅文学奖"和"茅盾文学奖"是我国具有最高荣誉的文学大奖。周口作家刘庆邦和邵丽，分别于 2001 年、2007 年凭借短篇小说《鞋》《明惠的圣诞》，获得第二届、第四届"鲁迅文学奖"。刘庆邦凭借长篇小说《遍地月光》《黄泥地》和《黑白男女》，3 次入围"茅盾文学奖"；邵丽凭借长篇小说《我的生活质量》和《我的生存质量》，2 次入围"茅盾文学奖"；朱秀海凭借长篇小说《音乐会》入围"茅盾文学奖"。这 6 部长篇小说以丰富的思想容量与出色的艺术成就，给众多评委留下了深刻的印象。另外，周口青年作家谷禾、尉然、刘海燕、孙全鹏被评为全国"21 世纪文学之星"。

所有这些突出的创作实绩，让文艺界进一步对周口作家青眼有加、刮目相看，并再次证明"周口作家群"称得上是当代中国文坛一支不可忽视、理应得到尊重的文学劲旅。

周口作家被称为群，不但因为队伍庞大，而且具有共同的特点。一是鲜明的地域特色，浓郁的乡土气息。展卷便有一股豫东泥土的芳香，历史积淀、风俗文化都在里面搅动，具有独特的韵味。中国是一个农业大国，几千年来，乡土情怀一直都是最纯真、最传统、最值得书写的。所以很多作家的写作，都是基于农村的生活体验和想象。尤其是周口作家，最擅长的就是这个。二是质朴鲜活的语言，原汁原味。比如刘庆邦的小说，是地道的豫东调，读他的作品，像是走在历史里，走在童年里，让人不忍释卷。三是对底层的聚焦，对小人物命运的关注。作家挖掘底层小人物的精神世界和内心情感，抒写他们的人生追求和理想。四是写实主义的风格。作家塑造了一系列生动活泼、性格各异的人物形象，具有强烈的真实感和时代感。这些鲜明的创作特色，说明"周口作家群"现象是非常值得关注和探讨的。

2011年9月28日，国家发布《国务院关于支持河南省加快建设中原经济区的指导意见》(简称《指导意见》)，中原经济区建设从此上升为国家战略。《指导意见》对中原经济区建设的五大战略定位之一就是传承弘扬中原文化，建设"华夏历史文明传承创新区"，从而增强中华民族的凝聚力。而建设"华夏历史文明传承创新区"的首要任务，就是要培育一系列优秀的特色文化品牌。

河南省是文化资源大省，是中华文化的发祥地，悠久而厚重的历史文化使河南省拥有其他省份无法比肩的文化资源宝库。"我们的文化资源对外传播，既是宣传又是文化产品输出，重要的是培育优秀的文化品牌。"[①]而培育优秀的特色文化品牌，是提升文化事业核心竞争力的重要抓手。河南文化资源丰富，但缺乏亮丽的特色文化品牌。华夏历史文明传承创新区建设的一个重大任务，就是要打造与中原经济区建设相适应的特色文化品牌体系。"周口作家群"应该努力成为一个特色文化品牌。

新世纪，周口作家不事张扬，潜心创作，周口文学成绩辉煌、有目共睹。"周口作家群"的异军突起、活跃文坛和日益壮大，也是"中原作家群"蓬勃发展的重要标志，并因此改变了"中原作家群"的整个创作格局，具有重要的文学史意义。

"周口作家群"人才济济，现有中国作家协会会员60余人，河南省作家协会会员近500人，周口市作家协会会员1 400多人。"周口作家群"主要由两部分作家组成：一是本乡本土养成并扎根本土、勤奋进取的作家；

---

① 徐艺玮：《河南文化资源对外传播的策略初探》，《安阳师范学院学报》2012年第1期。

二是从本乡本土走出，现今旅居在外但心系故乡的周口籍作家。"周口作家群"年龄结构均衡，写作梯队整齐，作品题材丰富，创作门类广泛。

"周口作家群"本土作家中，不但有一批一直活跃在文学创作各个领域的实力雄厚的中老年作家，还有一批思想新锐活跃、创作势头强劲的新生代作家。他们各自用自己的生花妙笔，共同构建了周口文学一道靓丽的风景线。

实际上，"周口作家群"的作品，整体上已经逼近当代中国文学的最前沿，业已成为当代中国文学宝库的重要组成部分。"周口作家群"在文坛发出自己高亢而独特的声音，充分全面地展示创作的繁荣，目前已经出版了"颍河作家丛书""绿地丛书""周口作家丛书""周口文学60年精品大系""中原之星文库（第二辑）""'诗韵阳城'诗歌丛书"等多套书系，充分展示了"周口作家群"的创作成绩。

"周口作家群"在当代中国文坛产生了广泛而巨大的影响，周口文学成就卓著、不同凡响，中国作家协会宣布"周口市文学创作基地"于2010年8月11日正式建立，时任中国作协党组成员和书记处书记的杨承志专程来周口，代表中国作家协会为"周口市文学创作基地"授牌。作为河南省唯一的国家级文学创作基地。周口市文学创作基地的建立不仅是周口市，也是河南省文学界的一个标志性事件，意味着"周口作家群"的创作已经产生了广泛而深远的社会影响，并得到了中国文坛的充分认可。2016年12月8日，周口市商水县被中国诗歌学会授予"中国诗歌之乡"荣誉称号；2018年5月23日，"中国诗歌之乡"花落周口市太康县。再次证明，"周口作家群"的确是当代中国文坛的一支劲旅。

2009年10月17日，周口市文学评论学会在周口师范学院正式成立，并同时举办了周口本土著名作家尉然和宫林的作品研讨会，产生了良好的社会反响。该学会还分别于2010年、2011年、2012年、2013年、2014年、2016年成功召开了周口作家申艳、阿慧作品研讨会，张新安作品研讨会，"周口作家群"作品研讨会，霍楠图作品研讨会，柳岸长篇小说《浮生》

研讨会，周口文学三俊鸟作品研讨会等。这些研讨会使"周口作家群"的影响力和美誉度得到了进一步提升。

《周口师范学院学报》从 2014 年第 1 期开始正式设立了"周口作家群研究"栏目，专门刊发关于周口作家作品的研究文章。该栏目由周口师范学院文学院副院长任动主持，负责组稿、审稿等工作。这对打造"周口作家群"特色文化品牌，提升"周口作家群"的影响力、知名度和美誉度，都起到了良好的推动和促进作用。2016 年 12 月，由周口师范学院学报编辑部协同科研处、文学院举办的《周口师范学院学报》特色栏目"周口作家群研究"研讨会在周口师范学院召开。河南省作家协会副主席墨白，周口市作家协会主席柳岸，学报编辑部主任、主编徐建立，以及尉然、宫林、申艳等周口作家代表，评论家代表，新闻媒体代表，学报编辑部成员，近 50 人参加研讨会。"周口作家群研究"特色栏目作为学报编辑部着力打造的特色栏目、精品栏目，彰显了周口师范学院的学报特色，突出了地方文化特色，对于壮大周口师范学院特色学科专业，促进周口师范学院教学和学科发展具有重要意义。该栏目设置以来，刊发了一系列具有较大学术影响力的文章，为推动国内外"周口作家群"研究作出了积极贡献，已引起作家和评论家的广泛关注。

从 2017 年开始，周口师范学院文学院还持续开展了"周口作家大讲堂"活动，并将之常态化。每年邀请周口作家代表来文学院讲学，与文学院师生面对面交流，激发教师们的研究热情和同学们的写作激情。周口师范学院文学院开展的系列地方特色文化讲堂"周口作家大讲堂"活动，对于培养学生阅读写作能力、促进学科发展、服务地方文化建设、促进地域性文学流派的形成、扩大周口文学的影响等，均具有十分重要的意义。

习近平总书记提出实现中华民族伟大复兴的中国梦，道出了亿万中华儿女的心声，具有强大的凝聚力和感召力。实现中国梦必须走中国道路，必须弘扬中国精神，必须凝聚中国力量。其中，中国精神能形象地体现在文艺作品中，因为"文艺是民族精神的火炬，是时代奋进的号角"①。"周口作家群"创作的作品为中国梦的实现，弘扬中国精神和社会主义核心价值体系，满足人民群众不断增长的、日益多样的精神文化需求作出了积极贡献，也把"周口作家群"这一个亮丽的特色文化品牌擦得更亮。

第三节　陈楚文脉与"周口作家群"

"任何一个作家首先是区域型作家，他们都受到地域文化集体无意识的熏陶和浸染，吸收了地域所赋予的独特文化内涵和审美特性，并把这种内在积淀与外在世界、个体经验和多元文化进行碰撞，从而走向更广阔、更坚实的文学精神存在。"②"周口作家群"创作成绩的取得，除了受特定地理环境的影响，也与本土深厚的地域文化积淀分不开，受到了"地域文化集体无意识的熏陶和浸染"③。

文化是一个国家、一个民族的灵魂，文化兴国运兴，文化强民族强。中国特色社会主义是全面发展、全面进步的伟大事业，没有社会主义文化繁荣发展就没有社会主义现代化。2019 年 9 月 18 日，习近平总书记在河南郑州主持召开黄河流域生态保护和高质量发展座谈会并发表重要讲话。黄河流域生态保护和高质量发展上升为国家战略，黄河文化由此也成为一个研究热点。

河南地处中原，是中华文明的重要发祥地，创造了辉煌灿烂的中原文

① 《中共中央关于繁荣发展社会主义文艺的意见》，人民出版社，2015 年，第 1 页。

② 龚奎林、吴国如：《打捞历史的文学碎片与寻找区域文化的价值认同——从〈江西文学史〉的学术品格谈江西文学地理学研究》，《江西社会科学》2008 年第 2 期。

③ 李怡、毛迅主编：《现代中国文化与文学（十三）》，巴蜀书社，2014 年，第 145 页。

化。关于中原文化与黄河文化的关系问题，有学者指出："中原地区位于黄河中下游之交，生活于此的华夏民族创造了丰富灿烂影响久远的华夏文明，华夏文明是中华文明的源头文化和主干文化，也是黄河文化的源头文化和主干文化。以中原文化为代表的华夏文明的政治模式、典章制度、伦理思想等都从中原地区传播开来，因此，中原文化是黄河文化的源头、核心和代表。"①中原文化是黄河文化的源头、核心和代表，周口文化则是中原文化与黄河文化的重要组成。

周口文化在学界亦称"陈楚文化"。"陈楚地区，即今河南周口所辖区域与安徽西北部分区域。……所谓陈楚文化，概指产生发展于陈楚地区的一种地域性文化，是有史以来生活在陈楚地区的人们所共同创造的一切文化的总称。"而且，"中华文化是多种地域文化交流、融汇的产物，陈地正处在多种地域文化交流的中心地带，在文化史上的地位十分重要，对中华主体文化的形成和发展作出了巨大贡献。"②"周口作家群"在创作上承续了陈楚文脉，以周口地域历史文化即陈楚文化底蕴作为创作的支撑，"周口作家群"的作品常常能够做到内容的厚重与思想的容量兼具，从而得以在文坛产生灵魂的穿透力。

周口文化尤其是其中的老子文化，对"周口作家群"的创作影响甚巨。老子的《道德经》是诗的哲学，也是哲学的诗，经天纬地，影响深远，就如神秘的遗传密码，穿越历史的时空隧洞，融入周口作家的血脉，成为周口作家的"集体无意识"，潜移默化地成为他们写作的范本和指导他们创作的重要思想资源，从而走向更广阔、更坚实的文学精神存在。河南周口是老子故里，周口作家李亚东创作了长篇历史小说《老子》，向老子这位世界文化名人致敬。

《老子》通过生动曲折的故事情节，写出了小说的历史价值。尽管历

---

① 杜学霞：《中原文化与黄河文化、黄河文明的关系阐释》，《河南日报》2020年3月27日。

② 王剑：《漫说陈楚文化》，《周口晚报》2018年9月6日。

史小说创作的主要目的不是为了还原历史现场，而是要借古人的酒杯，浇现实的块垒，写出现代人的感受，传达现代人的观念，抒发现代人的情感。但是严肃的作家在创作历史小说时，起码的历史真实还是要尊重的，否则，信口雌黄，随意扭曲，就会使历史小说堕入"戏说""大话"的尴尬处境，从而失去了历史小说作为艺术形态的高雅品位。长篇历史小说《老子》的可贵之处在于，作者在运用虚构的艺术手法营造生动情节的同时，写出了真实的历史，为我们正确认识老子其人及其思想，提供了重要的参考。老子所处时代礼崩乐坏，统治者刑严法峻，百姓苦不堪言。"武士又是一声呼应，即有四名武士动手将两名百工抬起，刷地投入了沸油翻涌的鼎中，两名百工仅仅发出'啊'一声惨叫，即消没声息，随着鼎中散发出了浓重刺鼻的油炸人肉的焦糊气味。"[1] 如此惨绝人寰的酷刑让老子认识到所谓的礼仪仁义，其实都是乱性之药、剐民之刀，最终放弃了"以礼救世"的主张，实现了思想的重大转变。

《老子》还写出了小说的趣味价值。小说不仅通过对李耳人生轨迹的描摹，艺术地阐释了老子思想的无为人道观和自然天道观，而且对中国传统文化多有涉及和解读，使小说具有了较强的阅读趣味。如通过老子与商容的对话，让我们知道了中国古代的"五礼"和"六乐"。"五礼"就是五种礼仪："祭祀的事称吉礼，丧葬的事称凶礼，礼宾的事称宾礼，军礼的事称军礼，冠婚的事称嘉礼"；"六乐"则是指周公对不同时代乐舞的区别划分，"黄帝之乐称云门，尧乐称咸池，舜乐称大韶，禹乐称大夏，汤乐称大蒦，武王之乐称大武"[2]。小说的趣味价值在于读者在阅读《老子》时，既得到了艺术的熏陶，也获得了知识的启迪，一举两得，何乐而不为？

《老子》对我国上古时代风俗风情的描绘，使作品具有了文化人类学价值。如作品对春节傩蜡大会的描写："按照当时的习俗，这种兴盛于中

---

[1] 李亚东：《老子》，昆仑出版社，1998年，第241页。

[2] 李亚东：《老子》，昆仑出版社，1998年，第107页。

原地区的春节傩蜡大会，是我们古老东方的一个狂欢节。它共分为傩仪、蜡祭和狂欢三个阶段。傩仪主要是驱鬼逐邪，要从傍黑开始在夜间进行。接连着的蜡祭要从次日天明开始，主要是飨祭祖宗神明，在白天进行。蜡祭之后举国进入三日狂欢之期，人们在此期间不分尊卑长幼，可以狂欢暴食，尽享口腹之欲；也可以聚会欢舞，尽享欢娱之乐。"[1]夹叙夹议，细致传神，逼真地呈现出了中国古代春节傩蜡大会的风俗画面，也使这部小说具有了鲜明的文化人类学价值。

《老子》艺术地诠释了老子思想的形成过程。"李耳对河水看得十分用心专注，既看春秋冬日的河中清流，看它那般柔弱无争之态，却又顽强不息日夜奔流；也看夏日雨后的河中浊流，怒如雄狮奔腾咆哮，横扫一切摧枯拉朽。一只只大小不一的船只平稳地从水面上驶过，更使得李耳对柔弱而又刚强的河水敬羡不已。"[2]众所周知，老子思想是非常推崇"水"的，认为"水利万物而不争"，唯有"不争"，然后才能成其大，最终成就大事。而老子正是因为经常在河边用心专注地看河水的奔流，才参悟了这层道理。小说就是这样运用大量生动的艺术描写，形象地诠释了老子思想形成的过程。

有学者指出："在任何情况下，我相信我们时代的忧虑就本质而言与空间有关，毫无疑问，这种关系甚于同时间的关系。"[3]知我者，谓我心忧；不知我者，谓我何求。老子的忧虑和痛苦，其实就是"空间"的忧虑和痛苦，即他所处时代的忧虑和痛苦。作为一个智者，老子参悟了人生的至理，他由最初的一个"尚礼之徒"，到痛悟"无为"之道，最终妙悟自然天道观。但他的思想在当时却少有人理解，即便是后世被尊称为圣人的孔子，对于老子思想也是无法接受，甚至对老子其人也无法理解。孔子对其

---

① 李亚东：《老子》，昆仑出版社，1998年，第120页。

② 李亚东：《老子》，昆仑出版社，1998年，第170页。

③ 〔美〕爱德华·W.苏贾：《后现代地理学——重申批判社会理论中的空间》，王文斌译，商务印书馆，2004年，第19页。

弟子发出了喟叹："记得前次见面之后，为师曾将其比喻为龙。这次再见，真可谓见到一条高深莫测的老龙哩！他忽隐忽现，凡人难识。云遮雾罩，自由腾空。其言旨深，闻所未闻。如九天雷霆，洪水决堤。"① 老子思想充满辩证色彩，博大精深，但在当时包括孔子在内，却没有几个人能够理解他的思想，老子的孤独感和失落感是不言而喻的。小说塑造老子形象，既写了他追求真理的求索心路，也写了他不被人理解的孤独和寂寞，人物形象立体感十足。

《老子》体现了"尊读者的写作"② 策略。"尊读者的写作"，就是让作品写得"好读"一些，以便获得更多的受众。为了让《老子》这部长篇历史小说更加符合中国读者传统的审美心理，让更多的读者喜爱，作者借鉴了中国古典小说的技法，运用工笔细描的艺术手段，为其笔下的艺术形象描形绘神。如主人公李耳"身架俊伟"，具有"方正的额头，浓密的黑眉，睿智的大眼，如削的鼻梁，坚毅的嘴唇和奇大的耳垂"③。女主人公多小妹，"虽然身穿褐衣标示贫苦，面容也显得凄楚，但由于年龄的增长身材却出落得更加丰满，面庞也更加俏丽楚楚动人"④。另外，"杞姑头上乌发压鬓，瓜子脸上眉黛唇红，粉鼻若削，眼似深潭，楚楚动人。苗条的身材上穿一身帛制素积，更使她风姿绰约显示大家闺范，不似乡野村姑。"⑤ 以上都属于正面人物，故而写得都很美。对于反派人物，如巫祝，则是"面相凶得活像魔鬼身子瘦得仿佛鬼影"⑥，田啬夫"邪恶非常一脸横肉个头高大"⑦，人物的外貌和他们的内心一样丑恶。这些人物肖像描写，不仅师法中国古典

① 李亚东:《老子》，昆仑出版社，1998 年，第 355 页。
② 王迅:《尊读者的写作——从麦家的读者意识看文学常道与变道》，《当代作家评论》2015 年第 5 期。
③ 李亚东:《老子》，昆仑出版社，1998 年，第 139 页。
④ 李亚东:《老子》，昆仑出版社，1998 年，第 137 页。
⑤ 李亚东:《老子》，昆仑出版社，1998 年，第 6 页。
⑥ 李亚东:《老子》，昆仑出版社，1998 年，第 44 页。
⑦ 李亚东:《老子》，昆仑出版社，1998 年，第 33 页。

小说肖像刻画的技巧，细致生动，务求穷形尽相，而且笔端常带感情，在字里行间浸透作者的价值判断，即由人物的外貌透视出人物的性格本质。这样的写法，非常符合中国读者的传统审美和接受心理积淀，让《老子》成了一部可读性很强的长篇历史小说。

歌谣俚曲的引用，也为《老子》增色不少。如盲老人的歌声："世道失常，我心忧伤。民生多艰，阅世无方。天何高兮，吾首难扬。地何厚兮，投足有妨。哀今之人，眼迷心盲。"① 这首凄美哀伤的歌谣既给作品增加了浓重的诗意，同时歌词也是当时黑暗社会的艺术写真，便于读者更加了解老子身处的时代，以及在那个时代，老子等富有正义感、道德感的人所受到的压抑和内心的痛苦。再如老子借重的时代歌声："南有乔木，不可休思。汉有游女，不可求思。汉之广矣，不可泳思。江之永矣，不可方思。"② 这首来自《诗经·国风·周南》的《汉广》歌词一唱三叹，九曲回肠，把老子对多小妹的爱慕，以及爱情无法实现只好把爱压抑于内心的抑郁之情等表达得淋漓尽致。

李亚东还常常在小说中直抒胸臆，生发议论，增强了小说的书卷气和学理性。老子和孔子同为中国大哲学家，二人有过交集，孔子曾向老子问礼、学习。尽管他们志趣不同，并不完全认同对方的思想，但都坚守自己的信念，都成为一代宗师。对于老子和孔子，作者尽管在感情上有所取舍，但对他们的评价却是客观公允的："一要'出世'一要'入世'的我国古代思想巨匠，都在各自漂泊半生之后，最终归回到了他们的安居之所。老子在体验了自然、人生的五彩万象而悟出无为人道之后，隐居沛泽更加潜心地探究天道奥秘，末了终于成为名扬天下的道教先驱。孔子则专注于六经修订，潜心于学问而成为儒家始祖。"③ 对人物的评价精准到位，也在小说中起到了画龙点睛的作用。

---

① 李亚东：《老子》，昆仑出版社，1998 年，第 45 页。
② 李亚东：《老子》，昆仑出版社，1998 年，第 78 页。
③ 李亚东：《老子》，昆仑出版社，1998 年，第 384 页。

一切境语皆情语。无论在抒情类还是在叙事类文学作品中，作者写景多是为了抒发情感，或借景抒情，或寓情于景。《老子》中有不少出色的景物描写，很好地烘托了氛围，抒发了情感。如："一轮皎月高高地挂在蔚蓝的天空，如银的月光泄满曲仁里大地，照耀得涡河的流水熠熠生辉。"[1] 在静谧月夜的温馨氛围中，女主人公多小妹宛曲的心理得以诗意地呈现。把人物的内在深层心理外化到具体可感的景物之上，以景写情，情景交融，相得益彰，显示了李亚东高超的艺术表现技巧。再如："他们行进到了两株树枝长在一起的连理树下。二树一为柿树，其上缀满了发黄的果实；一为核桃树，枝叶茂密。由于二树邻近，恰好各伸一枝长连在一起。在那连接之处，又挂有一只硕大的柿子，透熟火红区别于众多仅呈黄色的同类。"[2] 有论者说："一个小说家只有迈入成熟之阶段，写作才能散发出真正的自由和意义。一个成熟的小说家至少有这样几个写作品质：强大的小说思维力；敏锐的叙述节奏感；自己的语言气息。"[3] 李亚东称得上是一位成熟的小说家，具有"自己的语言气息"这种写作品质。他在《老子》中的景物描写，浸透着浓郁的情感，张力十足，如承载乡愁记忆的食物那般总是让人难以忘怀。

可以说，李亚东运用多种叙事策略，成功表达了自己的创作诉求，出色地塑造了"老子转识成智，大智若愚，有血有肉，独具个性而又怪诞的文学形象"[4]，把《老子》这部长篇历史小说打造成了艺术精品。

习近平总书记在文艺工作座谈会上的讲话中，要求文艺工作者"结合新的时代条件传承和弘扬中华优秀传统文化，传承和弘扬中华美学精

---

[1]　李亚东:《老子》，昆仑出版社，1998 年，第 75 页。

[2]　李亚东:《老子》，昆仑出版社，1998 年，第 155 页。

[3]　石华鹏:《一个成熟小说家的写作品质》，《文艺报》2016 年 3 月 2 日。

[4]　李亚东:《我写老子——作者自序》，李亚东:《老子》，昆仑出版社，1998 年，第 5 页。

神"①。老子思想是中华优秀传统文化的重要组成部分，蕴含丰厚的美学精神。"周口作家群"文学成就的取得，与本土深厚的文化积淀分不开，周口作为老子故里，老子思想对"周口作家群"的影响是显而易见、不容忽视的。

有学者说："不同区域的文学有可能因地域文化的差异而显示出一种显著不同的风格。绍兴与鲁迅，湘西与沈从文，上海文化与海派小说，京都文化之于老舍，山东高密与莫言，英格兰北部的湖区之于华兹华斯，威塞克斯之于哈代，美国南方约克纳帕塔法之于福克纳等等，都一再表明地理要素对文学的重要性，它可能是文学想象力的源泉，或是文学风俗画的远景，或是价值世界的地理象征和认同的隐喻，具有精神地理的意义；它也可能是真正塑造文学地域风格的无形之手，它赋予了文学独特的地方色彩从而成为某种文学风格的'注册商标'。"②以老子思想等深厚的传统文化作为创作的底蕴，"周口作家群"为我们奉献的大量优秀作品，能够兼具丰厚的思想容量与独特的精神视角，显示出了一种显著不同的风格，成了周口文学风格的独特"注册商标"，从而在当代文坛产生了灵魂的冲击力和穿透力。

"老子《道德经》，五千言宝典，物辩哲理启人生。"《道德经》是老子思想的集中体现，言简义丰、博大精深，对"周口作家群"的影响体现在诸多方面，不一而足。当然，这种影响又是润物无声、潜移默化的。就如"道之出口，淡乎其无味"，虽然"视之不足见，听之不足闻"，但是"用之不足既"。③

"周口作家群""遗世特立"精神的第一个体现，即"我独异于人"。"众人熙熙，如享太牢，如春登台；我独泊兮，其未兆。沌沌兮，如婴儿

---

① 习近平：《在文艺工作座谈会上的讲话》，《人民日报》2015年10月15日。
② 刘小新：《文学地理学：从决定论到批判的地域主义》，《福建论坛（人文社会科学版）》2010年第10期。
③ 饶尚宽译注：《老子》，中华书局，2006年，第87页。

之未孩；傫傫兮，若无所归。众人皆有余，而我独若遗。我愚人之心也哉！俗人昭昭，我独昏昏；俗人察察，我独闷闷。"①而这种独异于人、特立独行的精神，正是"周口作家群"的精神特质。周口作家一以贯之地坚持不欲"琭琭如玉"，而愿"珞珞如石"②，从而表达出独特的个性。比如墨白，他把很多小说的背景都放在了"颍河镇"。墨白笔下的颍河镇，首先具有地理学的意义。他曾在《同胞》《航行与梦想》《远道而来》《红房间》《瞬间真实》《幽玄之门》等诸多小说里介绍过颍河镇——墨白以家乡淮阳新站镇为原型创造出的镇子，并且在他的中篇小说《黑房间》里，画了一张关于颍河镇的方位图，用来强调颍河镇的"真实性"，以加深读者对颍河镇的印象。但更多的时候，颍河镇又是一个被赋予象征意味的艺术空间和人物活动的舞台，作为形而上意义的关于人类生存和精神的"隐喻场"而存在。

"虽有荣观，燕处超然。"③"周口作家群""遗世特立"精神的第二个体现就是利物不争、淡泊名利。诚如《老子》所言："天之道，不争而善胜，不言而善应，不召而自来，繟然而善谋。"④"上善若水。水善利万物而不争，处众人之所恶，故几于道。"⑤这种利物不争、淡泊名利的思想在当下文化消费主义时代显得弥足珍贵。"天之道，利而不害；圣人之道，为而不争。"⑥"为而不争"作为一种精神资源，已经深深融入了"周口作家群"的血脉之中，使他们淡泊名利，功成不居。"是以圣人为而不恃，功成而不处。其不欲见贤。"⑦"功成而不处"可谓是"周口作家群"的真实

---

① 饶尚宽译注：《老子》，中华书局，2006 年，第 49 页。
② 饶尚宽译注：《老子》，中华书局，2006 年，第 97 页。
③ 饶尚宽译注：《老子》，中华书局，2006 年，第 66 页。
④ 饶尚宽译注：《老子》，中华书局，2006 年，第 176 页。
⑤ 饶尚宽译注：《老子》，中华书局，2006 年，第 20 页。
⑥ 饶尚宽译注：《老子》，中华书局，2006 年，第 192 页。
⑦ 饶尚宽译注：《老子》，中华书局，2006 年，第 184 页。

写照，因为他们总是保持低调的创作姿态，不事张扬，潜心写作，默默地为读者奉献出一部部优秀作品。"天下难事，必作于易；天下大事，必作于细。是以圣人终不为大，故能成其大。"① 既然选择了远方，就应该风雨兼程。只有从小事做起，从细微入手，才能成就大事。"以其终不自为大，故能成其大。"② 所谓"桃李不言，下自成蹊"。只有不自以为是，方能成就自身的伟大。"周口作家群"的一个重要特点就是从不自我标榜，刻意炒作，而是靠作品说话。犹如江河滔滔，顺流而下，"以其不争，故天下莫能与之争"③。

老子讲究"不盈"："夫唯不盈，故能蔽而新成。"④ 一个人只有从不自满，才能够不断更新自己，创新精进。求新求变，不断超越，是"周口作家群""遗世特立"精神的第三个体现。这种另辟蹊径、求新求变的精神，在很多周口作家身上表现得非常突出，尤其是女性作家，如邵丽、柳岸、申艳等。她们不断超越自己，勇于开拓新的创作领域，甚至跨界写作，如邵丽的"挂职系列小说"、柳岸的"公务员系列小说"、申艳的"乡土诗歌系列"等，体现了执着的探索精神。

"知人者智，自知者明。"⑤ 经常审视自己，三省吾身，方能知不足而前行。周口作家贵在有自知之明，知道"无为而无不为"。是为人民而写作，还是为金钱而写作？是为时代而放歌，还是把写作当作攫取名利的工具？这些是每一个作家都应该认真思考的严肃问题。从这个层面上讲，"无为而无不为"其实体现出的是一种理想主义精神，而追求理想主义正是"周口作家群""遗世特立"精神的第四个体现。"是以大丈夫处其厚，不居其

① 饶尚宽译注：《老子》，中华书局，2006年，第153页。
② 饶尚宽译注：《老子》，中华书局，2006年，第85页。
③ 饶尚宽译注：《老子》，中华书局，2006年，第161页。
④ 饶尚宽译注：《老子》，中华书局，2006年，第37页。
⑤ 饶尚宽译注：《老子》，中华书局，2006年，第83页。

薄；处其实，不居其华。"①"周口作家群"自始至终坚守理想，处其实而不居其华，而是以严谨的创作态度，向着艺术的彼岸世界奋然前行。

"大方无隅，大器晚成。大音希声，大象无形。"②凡大器晚成的作家，往往有持续的创作后劲。"周口作家群"中有不少"大器晚成"的作家，如邵丽、孙方友、柳岸、尉然等。邵丽自述其文学创作的正式起步始于1999年，当时她已经34岁了，而今二十余年过去，邵丽不仅创作了大量文学精品，而且荣膺了"鲁迅文学奖"等多种文学大奖，对中国新世纪文学发展作出了应有的贡献。

老子认为："人之生也柔弱，其死也坚强；草木之生也柔脆，其死也枯槁。故坚强者死之徒，柔弱者生之徒。是以兵强则灭，木强则折。强大处下，柔弱处上。"③由此可见，"柔弱胜刚强"是老子思想的重要内容，而这种思想在周口作家宫林的作品中得到了淋漓尽致的艺术诠释。

宫林的短篇小说《点晕》和在此基础上扩展而成的长篇小说《马年马月》，讲述的都是在偏僻的乡村，普通民众面对农村的恶势力进行不屈抗争的故事。这两篇故事发生在豫东农村坞坡镇。主人公是一个叫伍保的剃头匠，他的绝活儿是"点晕"。小说把伍保的点晕绝技渲染得神乎其神：

> "点晕"是伍保的家传绝技，等给人理发净面完毕，最后伸出他洁白的右手，虎口张开，将食指和拇指卡在客人的脖子上一点，客人就晕了。一晕便有了上天入地的感觉，舒服死了。一瞬醒来精神抖擞，瞎子也能目光灼灼。④

---

① 饶尚宽译注：《老子》，中华书局，2006年，第93页。
② 饶尚宽译注：《老子》，中华书局，2006年，第102页。
③ 饶尚宽译注：《老子》，中华书局，2006年，第182页。
④ 宫林：《点晕》，《周口文学60年精品大系·短篇小说卷》，河南文艺出版社，2014年，第194页。

伍保正是靠点晕的家传绝技为民除了害，把强奸妇女却逍遥法外的乡村恶霸黑皮"点"成了"皮囊"，也就是医学上所说的植物人。黑皮仗着他娘是村主任，姨表兄弟是派出所所长，在乡村为所欲为，无恶不作，成了人见人怕的恶魔。他竟然在光天化日之下强奸了美丽善良的乡村少女小梅。小梅痛不欲生。小梅的爷爷为了告状，"已经在乡里县里来回跑了好几天了，县里让乡里解决，乡里让派出所解决，派出所长是黑皮的老表啊，说调查调查再说"。眼看着小梅无处申冤，作恶者受到袒护而得不到惩罚，平时柔弱的伍保决心以自己独有的方式为民除害。在伍保身上，我们看到了传统中国农民沉默无言而意志决绝的"报复"，"令人不禁想起周口这里，正是当年陈胜吴广揭竿而起的'陈州'——热血与热情涌动的热土"①。

老子主张"天人合一"。"是以万物莫不尊道而贵德。道之尊，德之贵，夫莫之命而常自然。"②而天人合一的思想对"周口作家群"影响甚巨。比如"周口作家群"领军人物之一的刘庆邦，他的很多小说就非常充分地诠释了天人合一思想。其中短篇小说《梅妞放羊》、长篇小说《红煤》堪称典型。《梅妞放羊》中，梅妞与大自然的和谐相处，对她放养的羊群流露出的情感，体现的都是一种朴素的天人合一思想。而《红煤》则触及了当前引起我们高度关注的环境问题、生态问题等，小说中红煤厂村的现状可以说是一个隐喻。有学者指出："自然生态环境和社会文化生态是人类生存不可或缺的两个重要方面，也是生态文明建设的基本内容。然而，这两个方面在当前人类追求和实现现代化的过程中却遭到越来越严重的破坏。"③自然生态环境和社会文化生态危机，特别是自然生态环境危机已经引起了"周口作家群"的关注和思考。

---

① 刘琼：《"周口作家群"的关怀和焦虑》，《人民日报》2007 年 5 月 24 日。

② 饶尚宽译注：《老子》，中华书局，2006 年，第 123 页。

③ 邓涛：《农村生态文明的历史呼唤》，《文艺报》2009 年 1 月 17 日。

老子认为："以辅万物之自然，而不敢为。"① 这里的"不敢为"不是面对自然无所作为，而是要顺应自然，按照自然的客观规律办事，这样才能天人合一，人与自然和谐相处，从而避免各种生态危机。宋志军的散文《长在瓜秧上的夏天》，以温暖明亮的艺术色调，描绘了作者满溢着诸多乐趣的童年生活场景："伴着我们童年的有树上的知了、沟畔的野花、和溪流里的小鱼，还有田野里的庄稼。"② 宋志军孩童时候的乡村，自然生态环境还没有遭到破坏，满眼都是青山绿水，给人一派生机盎然、葱茏葳蕤的怡人景象。但是，"惋惜的是现在环境破坏得厉害，儿时绿树绕村、溪水清清的景象大抵一去不复返了"③。作者在这里给读者道出了一个严峻的现实，那就是社会的现代化进程和人类富足的物质生活，往往是以破坏甚至是牺牲自然生态环境作为代价的。而自然生态环境的破坏，不仅直接威胁了人类的健康，带来了诸多社会问题，而且遗患无穷，甚至会影响子孙后代的生存。自然生态环境问题正越来越引起包括宋志军在内的众多有识之士的深度关注。《长在瓜秧上的夏天》这篇散文对危及人类生存的自然生态环境问题的艺术传达与深切关注，见微知著地表达了他们对自然生态环境遭到破坏的深沉的忧患意识，这种忧患意识在宋志军的诸多散文中都有着艺术的深刻反映。比如《关于鱼儿的记忆》，就是宋志军对自己童年生活的艺术观照。

"那时候我家所在的村子风景很美"，"记忆里有蓝天、白云、绿树、青草，水清得照人，鱼儿在水里畅游，影子清晰可见。那个年代，乡下的环境是那么优美、清洁，连泥土都散发着芳香"。

---

① 饶尚宽译注:《老子》，中华书局，2006 年，第 155 页。
② 宋志军:《长在瓜秧上的夏天（外二篇）》,《中国作家（文学版）》2014 年第 15 期。
③ 宋志军:《长在瓜秧上的夏天（外二篇）》,《中国作家（文学版）》2014 年第 15 期。

但是现在一切都变了："家乡村边的池塘已被填平，沟也窄了、浅了很多，也没有记忆中那么多水了，即使夏季下大雨，却再也不能从水里捉到鱼儿了。"①

由此可见，人类社会的现代化进程在改善人们的生活、给人们带来诸多便利的同时，也严重破坏了自然生态环境。这一严峻的社会问题不能不引起具有担当意识和社会责任感的广大作家的深深忧虑。而这也正是宋志军作品的意义和价值所在。

"古之善为道者，微妙玄通，深不可识。"②老子心目中的"善为道者"，微妙畅达，与天相通，深刻玄远，人不可识。这种思路颇有神秘主义的倾向。受其影响，"周口作家群"中，宫林、尉然、墨白等的小说，霍楠图等的诗歌，往往氤氲着神秘主义的气息。比如宫林的中篇小说《大雪无边》，从民国写到改革开放，时间跨度很大，像莫言的《红高粱》一样，讲述的是"我爷爷"的人生传奇。"我爷爷"身怀绝技，绰号"神鞭张"，他的皮鞭"打出的威力不亚于一把快刀"，"曾一鞭将一棵茶杯粗细的槐树拦腰打断"。而且，"我爷爷"古道热肠、为人仗义，在清静坡村人中威望很高。小说中有不少带有"魔幻"色彩的超现实主义描写，如：

直到爷爷开垦了一片丰腴的菜园以后，才在那里又堆了一个土堆，还插了一枝柳条。后来成了一株树。如今这棵当年的柳条已接近一抱粗细，夏天里能制造出大片阴凉的树影。不过，任何人都只能坐在那里凉快一小会儿，谁若是在那里睡上一会儿舒服觉，醒来以后至少得三天头痛。③

---

① 宋志军：《关于鱼儿的记忆》，《环境经济》2015 年第 9 期。
② 饶尚宽译注：《老子》，中华书局，2006 年，第 37 页。
③ 宫林：《大雪无边》，《山东文学》2001 年第 3 期。

另如"文革"中，干姜的大儿子带领一帮"红卫兵"小将，去砸村里的古庙"破四旧"。但古庙并没有被砸毁，因为"在他们这支神情激昂的队伍走向四板桥时，天色就开始黯淡下来了。嗖嗖冷风吹拂在炎热的季节里，竟然能把这些刚才还在洼地里光着脊背干活的人们冻得发起抖来"。不仅如此，"庙院的大门上有一把大锁冷冰冰地贴在门上。干姜儿子很勇猛地抱了一块石头，举起来猛地砸向那大锁。'轰'地一声巨响，人们看到那里迸射出一片火焰飞舞的花蝴蝶，天女散花一般散落向人群。没等人们明白过来，干姜儿子已经直挺挺地躺倒在庙门前，脸色苍白，豆大的汗珠从额上滚落下来，痛苦地惨叫着"，而且，"干姜的大儿子从此得了一场病，病好以后神智就不很清楚"。① 小说中这些近于神秘主义的叙述和描写，都是非常态的，"魔幻"的。而种种"超越现实的神奇现象"，结果是使"人类内心便会生活在一种岌岌可危的恐惧感与灾难感之中"，② 从而达到了批判"文革"中人性极端扭曲的社会现实的艺术效果。

第四节　刘庆邦、邵丽——"周口作家群"的两面旗帜

"周口作家群"中，刘庆邦和邵丽无疑是两颗璀璨耀眼的明星，也是"周口作家群"的两面旗帜。

刘庆邦和邵丽均以小说创作驰誉文坛，为中国新世纪文学的丰富与发展都作出了重要贡献。

作为后现代与后结构批评的文本理论，"互文性"（Intertexuality）也被译作"文本间性"，"通常被用来指示两个或两个以上文本间发生的互文

---

① 宫林：《大雪无边》，《山东文学》2001 年第 3 期。
② 刘恪：《先锋小说技巧讲堂》，百花文艺出版社，2007 年，第 248 页。

关系"。依照这种批评理论，"对文学的解读终将是一种互文性解读"，因为根本"不存在独立的文本，而只有文本之间的关系，这就是说只有互文本"。① 中国煤矿作家协会主席刘庆邦和河南省文联主席、河南省作家协会主席邵丽，都是"周口作家群"和"中原作家群"的优秀代表，以小说创作驰名当代中国文坛，并都曾荣获"鲁迅文学奖"。而他们的小说在形成鲜明个性的同时，也在多个方面构成了明显的"互文性"关系。

第一，刘庆邦与邵丽小说的"互文性"，表现在注重表现丰富的人性，具有人性的深度。刘庆邦一直认为文学的精神是劝善的，他写作的终极目的就是使人们得到美的享受，心灵得到慰藉，对改善人心起到一点促进作用。怀着用文学作品来改善世道人心的劝善理想，刘庆邦小说的着力点就放在了挖掘普通人美好的人性上面。他的短篇小说《梅妞放羊》借助诗化的情节，给读者展示了乡村少女梅妞人性中"性"的萌动和"母爱"意识的觉醒，细腻的笔触中深藏着尖锐的艺术冲击力，不由得不让读者感到震撼。而何弘对邵丽的评价是："始终关注人物的内心生活，努力去探索人内心深处最微妙的地方，揭示人性的复杂性，这应该说是邵丽小说的一个重要特点。"② 的确，邵丽小说的一个显著特征就是善于揭示人性的复杂性。其短篇小说《礼拜六的快行列车》充满哲理与象征意味，一切都是不稳定的，也是不可知的，人的生活、情感与精神仿佛永远处于漂泊之中。作品着力描写城市大龄高知女性情感的落寞与精神的孤独无依，对人性复杂性的揭示可谓精细入微。

第二，刘庆邦与邵丽小说的"互文性"，表现在具有心理小说的意味。谢有顺认为："真正有价值的写作，是那种不断地靠近心灵、靠近心灵中

① 陈永国：《互文性》，赵一凡等主编：《西方文论关键词》，外语教学与研究出版社，2006年，第211~220页。
② 何弘：《因为理解 所以悲悯——邵丽小说简评》，《文艺报》2007年11月13日。

神圣的部分的写作。"① 刘庆邦与邵丽的小说毫无疑问都属于"真正有价值的写作",因为在他们的小说中,都有极为出色的心理描写。他们在创作时,总是贴着人物写,不断自觉地靠近人的心灵,着力挖掘人物的内心世界,特别是人"心灵中神圣的部分"。只不过,刘庆邦写人时"向内转",最擅长的是刻画少女的心理。比如小说《鞋》中,女主人公守明做鞋时,每一针都慎重斟酌,每一线都一丝不苟。小说的结尾,对守明急切、激动、害臊、紧张、恐惧、渴望、不满、赌气等一系列复杂心理的出色描摹,使作品张力十足,显得余韵悠悠,耐人咀嚼。而邵丽的小说则注重揭示人物的病态心理。比如《明惠的圣诞》塑造明惠这一"圆形"人物并探讨其悲剧命运时,就非常注重对其病态心理的揭示。明惠的病态心理主要体现在两个方面:一是嫉妒,二是虚荣。这两种心理过于强烈,造成了明惠的病态人格,并最终导致明惠坠入悲剧的旋涡。

第三,刘庆邦与邵丽小说的"互文性",表现在注重细节的力量。"构成对命运、对故事、对人物最强有力说服的是细节,细节是我们洞察人物与事件的根本所在。"② 情节是人物性格成长和发展的历史,而情节由众多的细节构成。刘庆邦的短篇小说《听戏》,写"姑姑"对戏曲的痴迷,展示普通乡村妇女卑微的精神追求以及这种追求所遭遇的摧残。"只要听说哪里有戏唱,姑姑提前几天就开始来情绪……眼睛明了,腰肢软了,干起活来麻利得像一阵风。"③ 无论小说主题的阐释还是人物的塑造,无不借助细节的力量。邵丽的短篇小说《水星与凰》,则是一篇探讨合理婚姻生活的短篇小说。"我妈急匆匆地去找凰。凰那会儿正和女儿吃晚饭,饭桌上只有豆芽和一盘青菜炒肉丝,肉丝比头发丝粗不了多少。"④ 凰与水星离婚后,一个人带着孩子生活,日子相当拮据窘迫,这从吃饭时只有两个菜,

---

① 谢有顺:《活在真实中》,中国电影出版社,2001年,第368页。
② 刘恪:《先锋小说技巧讲堂》,百花文艺出版社,2007年,第236页。
③ 刘庆邦:《听戏》,《作家》2000年第11期。
④ 邵丽:《水星与凰》,《花城》2006年第4期。

"青菜炒肉丝"里面的"肉丝比头发丝粗不了多少"的细节中自然地流露了出来,读后不由得让人对凰的遭遇心生同情。细节的力量正是《水星与凰》"纸短情长"、在艺术上获得成功的一个重要因素。

第四,刘庆邦与邵丽小说的"互文性",表现在富有个性的语言表达。汪曾祺说:"语言是小说的本体,不是附加的,可有可无的。从这个意义上说,写小说就是写语言。"①刘庆邦与邵丽驾驭语言的能力都很强,他们的小说语言既能出色地承担叙事功能,又形成了各自独特的个性,从而成为他们小说创作取得突出成绩的最为外显的标志之一。刘庆邦小说的语言自然本色,富有豫东地方色彩,如:"这闺女满嘴都是外国话,打个手机,不是恼,就是爷死,再不就是噢开。天凤最看不惯她二哥,认为她二哥有几个钱就烧包儿烧得不行了。"②小说《美满家庭》的主人公耿文心,是"胎里带来的"盲人,而且一直住在偏僻的乡村,他对社会的认识主要来自"听"电视,他把有钱人要派头叫作"烧包儿",把英文单词"NO""YES""OK",念成"恼""爷死""噢开",就非常恰切地表现了他的身份与性格,个性鲜明,呼之欲出。邵丽的小说则有典雅含蓄与幽默调侃的两种语言风格。首先是典雅含蓄。比如《故园中的现代女人》,安然与尚天迷狂的爱情,被作者写得优美、含蓄而富有诗意:"我们把夜色关在窗外,我打开所有的灯,我要在一片光明里,把我的一切交给这个鼻梁笔挺,一唇绒毛的男人。我把自己一页一页地在他面前打开,让他以青春的勇气,批阅我美丽的年轮。我们一次次地奔跑,我们一次次地飞翔,他就这样热辣辣地阳光普照,我就这样浓研研地盛开。"③其次是幽默调侃。如《水星与凰》中的水星是一个没有责任感的男人,他的工资从不用于家庭建设,只知道在外面吃喝玩乐,作者用幽默调侃的语言对水星的自私行

---

① 汪曾祺:《汪曾祺文集(文论卷)》,江苏文艺出版社,1993年,第1页。

② 刘庆邦:《美满家庭》,杨占平主编:《变革的村庄》,北岳文艺出版社,2009年,第286页。

③ 邵丽:《故园中的现代女人》,《中国作家(文学版)》2000年第7期。

为进行针砭："水星在家里像个男人，在外面也像个男人。他做人不小气，花钱眼都不眨一下。水星的工资从来不管家用，打牌，喝酒，尽是做些男人该做的活计。"①

时至今日，周口文学蓬勃发展的重要标志就是"周口作家群"的异军突起。当然，在整个中国现当代文学发展史中，"周口作家群"还处于边缘位置，"周口作家群"仍需要继续努力，多出精品力作，用优秀的作品争取更多的话语权。

当下的文化、文学重镇还在北京、上海等地，那里有更多的资源和更好的平台。对于文学而言，平台非常重要，周口的位置使作家们的眼界、机会等受到限制。目前，"周口作家群"的发展瓶颈是新生力量的创作比较薄弱，而挖掘文学新人、培养新生力量是一个系统工程，不可能一蹴而就。在这样的背景下，要想培养周口的创作队伍，打造周口的文学品牌，需要静下心来，多读书，多思考，多和一线作家交流，多向知名作家学习，耐得住寂寞，潜心创作。不过，中外文学史也已经证明，无论身处边缘抑或中心，只要有丰富强大的内心，慎终如始，持之以恒，一定会在文学创作方面取得骄人的成绩。

习近平总书记说："文艺工作者应该牢记，创作是自己的中心任务，作品是自己的立身之本，要静下心来、精益求精搞创作，把最好的精神食粮奉献给人民。"②作家最终还是要靠作品说话，身处边缘也能创作优秀作品。有分量的作品多了，"周口作家群"的地位和影响自然也就上去了。

对于周口文学的未来，我们充满信心和美好的期待。

---

① 邵丽：《水星与凰》，《花城》2006 年第 4 期。
② 习近平：《在文艺工作座谈会上的讲话》，《人民日报》2015 年 10 月 15 日。

第七章

书院义塾与周口

传统教育

中国自古有重视教育的传统。作为中国古代传统教育机构的重要组成部分，书院义塾发挥着至关重要的作用。可以说，一个地方的书院义塾数量以及发展质量不仅决定着这一地域教育发展的整体水平，也影响着这一地域人才的数量和质量，进而对这一地域学风、教风、民风等产生潜移默化的影响。周口作为一个有着悠久历史和文化的地区，其文化的厚重得益于老庄文化凸显的辉煌光环，书院义塾则是周口悠久厚重文化积淀的重要力量。可以说，周口广袤大地上高扬的书院义塾旗帜，不仅在中国书院义塾史上地位举足轻重，而且其中蕴含的文化因子与人文价值亦光彩熠熠，深深影响着一代又一代的人们，至今仍然广泛流传，使人受益。

第一节　书院义塾的兴盛与周口传统教育的勃兴

袁枚在《随园随笔》中云："书院之名起唐玄宗时，丽正书院、集贤书院皆建于朝省，为修书之地，非士子肄业之所也。"[①]可见书院起初并非教授学生学习之地，后来才渐渐成为古代教授学生、培养人才的重要场所。随着书院的兴盛，尤其自宋代以来，在朱熹等人的大力倡导下，书院讲习之风盛行。明代阳明学派也颇重讲习，以王阳明为例，他曾经说过："读书讲学，此最吾所宿好，今虽干戈扰攘中，四方有来学者，吾未尝拒之。"[②]加之各地义塾的兴盛，共同构建了古代颇为重要的教育阵地，出现了白鹿洞书院、嵩阳书院、岳麓书院、石鼓书院等著名书院和姚氏义学、龙渊义塾等知名义塾。在此背景下，士子一心向学之风也颇为炙热。

---

① 王英志编纂校点：《袁枚全集新编》第 7 册，浙江古籍出版社，2015 年，第 275 页。

② 王守仁撰，吴光、钱明、董平等编校：《王阳明全集》（三），上海古籍出版社，2014 年，第 1088 页。

纵观周口书院义塾，其发展兴盛显而易见。

扶沟县主要有明道书院，"相传书院二字系先生亲笔，后遂为明道先生祠。……乾隆十二年，署令吴溶重修，知县杨烛改为大程书院。十四年，知县马伯辂捐买废察院旧房，建立雪讲堂三楹。"① 义塾方面，"康熙二十九年奉文立义学。……道光七年，知县姚用书奉文劝捐义学，各绅民捐地二百九十亩，地仍本人经管。又捐钱八千零四十……计设立义学共十八处"②。

淮阳县主要有以下书院："弦歌书院，在城西南隅。""柳湖书院，在月波寺西偏，就文昌宫增修。""与言书院（崇祯九年，睢陈道张鹏翀建）。"③ 义塾方面有崇经义塾等。

鹿邑县有"鸣鹿书院，旧在升仙台前道。……改建于芙蓉街。……真源学舍，在升仙台前。康熙二十八年知县吕士鷄创建，嘉庆二十二年，知县刘德元重修，始名鸣鹿书院"④。义塾方面，"明洪武三年始立社学，城内义社旧在养济院东，四乡每里立一社学"⑤。

太康县"明时有连城书院，在西关外，寇毁，康熙三十年间，知县朴怀宝改建于文庙东，曰'兴贤书院'"⑥。太康县还有二贤书院，据《陈州府志》记载："太康县二贤书院，雍正七年许宅基变价入官，十二年知县吴

① 光绪《扶沟县志》卷8《学校志》，《中国方志丛书·华北地方》，成文出版社，1976年，第2册，第537~538页。

② 光绪《扶沟县志》卷8《学校志》，《中国方志丛书·华北地方》，成文出版社，1976年，第2册，第543~544页。

③ 民国《淮阳县志》卷5《民政下》，《中国方志丛书·华北地方》，成文出版社，1976年，第1册，第325~326页。

④ 光绪《鹿邑县志》卷7《学校》，《中国方志丛书·华北地方》，成文出版社，1976年，第1册，第305~306页。

⑤ 光绪《鹿邑县志》卷7《学校》，《中国方志丛书·华北地方》，成文出版社，1976年，第1册，第309页。

⑥ 民国《太康县志》卷4《教育志》，《中国方志丛书·华北地方》，成文出版社，1976年，第1册，第236页。

本涵详请改为书院。乾隆八年知县宋士庄见堂房圮坏，捐俸重修。"① 义塾方面，"县东旧有社学，遭冠（寇）毁，知县朴怀宝改建于西关外，久废。道光五年，知县戴凤翔捐俸于县东高朗集、西独塘集、南王隆集、北平台岗设立义学四处，延师教读。……增立在城东门内关帝庙义学一处，西门内天宁寺义学一处，乡间增立十四处"②。

商水县主要有以下书院："凤台书院，在义学巷。""静远书院，旧在周家口南寨东南隅文昌宫，光绪初胡朝彦、胡体纲、刘冠军、杨洁心等创建。""文富书院，附在城内文昌宫。光绪十年，贡生王聚典、廪生史书楷等创设。"③ 义塾方面，"义学（即凤台书院地），旧志在云路街南首西偏，地基六间宽，南至城，北至街。……光绪三十年，改为初级小学校"④。

项城县有莲溪书院，"旧有虹阳书院，在文昌宫西偏，系前令顾芳宗创建，岁久倾圮。乾隆二十五年，邑候梁作文以基址湫隘，爰相土于准提阁前构讲堂二楹，旁房十余所，缘虹河旧有瑞莲之兆，因颜之曰'莲溪书院'"⑤。义塾方面，"在城内文昌阁西，康熙二十七年，知县顾芳宗捐俸创建"⑥。

西华县有衍畴书院，"设于箕宫后箕台旧址，名云曰'衍畴'，亦由箕子而得名。创始何时，无可考。乾隆志载南李捐入地若干，北李捐入地若干，想见明时该院之盛"⑦。义塾方面，"乾隆志载有社学，设于逍遥镇，

---

① 乾隆《陈州府志》卷7《圣迹》，清乾隆十二年刻本，第13页b。
② 民国《太康县志》卷4《教育志》，《中国方志丛书·华北地方》，成文出版社，1976年，第1册，第237~238页。
③ 民国《商水县志》卷9《学校志》，《中国方志丛书·华北地方》，成文出版社，1975年，第2册，第487~489页。
④ 民国《商水县志》卷9《学校志》，《中国方志丛书·华北地方》，成文出版社，1975年，第2册，第489页。
⑤ 宣统《项城县志》卷9《学校志》，《中国方志丛书·华北地方》，成文出版社，1968年，第1册，第787页。
⑥ 宣统《项城县志》卷9《学校志》，《中国方志丛书·华北地方》，成文出版社，1968年，第1册，第810页。
⑦ 民国《西华县续志》卷8《教育志》，《中国方志丛书·华北地方》，成文出版社，1968年，第1册，第404页。

他处缺如。道光七年，奉令于各里各设义学一处"①。

以上可略见周口地区的书院义塾情形。

俊才良士的数量是中国传统教育兴盛与否的重要判断依据。周口传统教育培养了包括李梦阳在内的众多俊才良士。以周口扶沟为例，"宋至清代，扶沟县共有进士 38 人，举人 123 人，副榜 8 人，征辟 45 人，拔贡 27 人，岁贡 322 人，例贡 138 人。以进士、举人为例，与扶沟邻县相比，除太康县外，都略多于邻县。在这些人中，有会魁 2 人，解元 2 人，亚元 2 人，亚魁 5 人，经魁 2 人，连科及第者 7 人；明代为举人、进士者 23 人；清代为举人、进士者 12 人。这些人中，父子连科及第者 2 人，父子同为举人者 24 人，同为进士者 4 人，祖孙同为进士者 4 人，兄弟同为进士者 4 人；有 6 科 2 人同为进士，17 科 2 人同为举人。4 科 3 人同为举人。这些人中，有 342 人居官。"② 显然，硕硕人才的出现离不开周口书院义塾的影响。

第二节　大程书院与周口传统教育的进境

朱汉民论述宋代书院的"师道"精神："唐宋变革之际，儒家士大夫崛起并进一步强化自己作为文化主体的自觉意识，他们不仅主导和推动唐宋之际的思想文化变革，同时还希望在山水之间搭建一个以'书'为中心的院落，以承载自己的师道精神和人文理想。"③ 以此来看，程颢及其创建的大程书院可为佳例。

---

① 民国《西华县续志》卷 8《教育志》,《中国方志丛书·华北地方》, 成文出版社, 1968 年, 第 1 册, 第 405 页。

② 郝万章:《略论大程书院对扶沟的影响》,《五辞斋文物考古文选》, 中国广播电视出版社, 2010 年, 第 315 页。

③ 朱汉民:《宋代书院的"师道"精神》,《学习时报》2021 年 9 月 3 日。

大程书院为宋代著名的教育家、理学家程颢在北宋神宗熙宁八年（1075）至元丰三年（1080）在扶沟任知县时所建。"原名为：'书院'，（旧时地方设立的供人读书、讲学的处所，从唐代开始，历代都有，清末废科举后，大都改为学校）因程颢与其弟程颐合称二程，均为名重于时的大儒，又因程颢居长，故以大程称之，于是后人便把程颢所创建的书院称为'大程书院'。"[①]

众所周知，程颢为理学名家和传道、授业、解惑的著名教育家。何际美在《社学记》中曾美赞这位教育家说："昔明道先生之为令也，诸乡皆有校，暇时亲至召父老与之语，儿童所读书，亲为正句读，有不善则为易置，择子弟之秀者聚而教之。其在晋城与在扶沟皆然，至今扶人尸祝之不忘。"[②]而程颢显示出具有教育家的特质，从一则《丁郎鸟与丁郎蛋》的故事里体现出来。

　　程颢小时候，读书很用功，把孔子、孟子的《诗经》《尚书》《中庸》《大学》《论语》等都背得烂熟，还研究天文、地理、世俗、人情。他一进学馆，读上好书，便着了迷，几天不出学馆门。他的弟弟程颐，却和他相反，总认为读书没啥意思，经常逃学，到山上、河边玩耍，对读书之事不甚了了。有一天，程颐又溜出学门，爬上一棵树去摸鸟蛋。真奇怪，受惊而飞出的两只大鸟，羽毛艳丽，叫声如犬吠，程颐看到鸟窝里有几个四四方方的鸟蛋儿。这是啥呢？他抓了几个就跑回学馆，要难难他的哥哥。他一见程颢就拿出鸟蛋儿问："哥，你看这是啥东西？"程颢知道他又出去玩了，早就想教育他，就反问："你说这叫啥？"程颐说："不知道。"程颢说："这叫丁郎蛋。"弟弟眨了眨眼问："你怎么知道？"程颢说："丁郎，丁郎，下蛋四方，叫声如

---

①　秦永军、郝万章主编：《周口文物考古研究与探索——扶沟篇》，中国广播电视出版社，2007年，第43页。

②　郝万章编著：《扶沟石刻》，中国广播电视出版社，2011年，第60页。

狗咬，窝是灵芝草，栖在檀香树上。你看这窝是宝，树也是宝，你只抓了几个蛋回来，这有什么用处？"弟弟听了瞪大眼睛，惊疑地问："哥，你整天坐在屋里读书，咋知道得那么清楚？"程颢说："古人云：'秀才不出门，能知天下事'。关于这丁郎蛋，书里写得清清楚楚，你不读书，成天只知道玩，所以你就不懂。"程颐听了哥哥的话，羞得满面通红，低下了头，惭愧地说："哥，从今后我和你一起读书，再也不贪玩了。"程颐发愤读书，后来也成了名。[①]

程颢一心向学终成一代名儒，而他对弟弟程颐的教导也能见其教育家天赋。

程颢在扶沟任知县时的理政方略也每每体现出教人向善的教育家本色。刘定之《重修明道祠记》对程颢在扶沟的春风化雨之功不吝赞美之词："邑多盗，每岁焚舟掠财，先生捕一人，使引其类，得数十辈，不复穷治旧恶，分地以处之，令常挽舟为业，自是邑境无盗。……当先生知扶沟时，安石抱负筹策已悉施行，而畿甸近邑，寇盗之炽，宦侍之横若是，略莫能弭戢，逮先生从容处之，不拘常法，不待声色，而咸得其当，使其得位而施之，功能讵可量耶！"[②]

正是程颢对教育的大力重视和实践，才有了后来扶沟教育的辉煌。可以说，大程书院是周口古代书院义塾教育的一面旗帜，二程凸显的理学光环自然使大程书院彰显着其他书院难以媲美的文化品格。而大程书院流芳千古，并非只是因为其加冕了名人的桂冠，更重要的是自程颢以来注入的文化品性，其中儒家所注重的修身、齐家、治国、平天下的内外兼修之道自然是题中之义。这一点从大程书院的藏书就容易得知，如《钦定四书文》《圣谕广训》《学政全书》《孝经易知》《吕语集粹》《规劝

---

① 吕新江主编：《洛阳神话传奇》，九州出版社，2003 年，第 239 页。

② 郝万章编著：《扶沟石刻》，中国广播电视出版社，2011 年，第 53 页。

第七章 书院义塾与周口传统教育

195

条约》《成均讲义》《增刊条约》《明职》《教士规条》《正本赠言》《仪注》《读书分年一日程》《学宫备考》《大清律例》《大清续纂条例》《御制劝善要言》等①，注重培养内外兼修、德才兼备的人才。大程书院的藏书不仅包括修身进德的儒家经典，而且囊括了齐家、治国、平天下的多门学问，这对培养德才兼备的君子型官吏显然大有裨益。由此可见大程书院的教学目标明确，重点也极为突出，在当时的政治、社会背景下，契合实际而且较为合理。

大程书院历经变革，几经修缮，逐渐堂屋宏大，在官方以及乡绅世族的大力帮助下渐次兴盛。有关大程书院更为具体的历史沿革，《陈州府志》记载："扶沟县明道书院，旧址莫可考，今在南街路西。康熙二十九年，知县缪应晋创建。三十五年，知县赵如桓增设经蒙两学。其后知县吴士憙集邑大夫耆老谋，于台之东建成人有德堂及诸生号舍，台之西建小子有造堂，再西为射圃，乃仅构讲堂三楹，馀以老疾休致去。五十六年，知县郁士超又建敬业堂三楹于东。雍正六年，知县秦铸建节孝祠于内，割其西平分之规制，遂狭小云。"②

改革开放后，在各级政府的重视与大力支持下，大程书院再次熠熠生辉。"大程书院，占地面积 2 800 多平方米，房屋 80 间，均为砖木结构，青砖砌壁，上覆灰瓦，楹柱上皆饰彩绘。沿十四级台阶而上，依次为大门三间，前后出厦，70 颗金色乳钉对称均匀地镶嵌在两扇红色大门上，大门上悬着我国著名书法家陈天然书'大程书院'金字匾额。十间临街房均分于大门两侧，把整个书院映衬得肃穆清雅。后为'龙门'……亦三间，前后出厦，上悬我国著名书法家陈国桢书'龙门'金色巨字匾额。龙门前两个月亮门把前院分为东西两院，显得分外幽静。最后面为'立雪讲堂'。……讲堂前两侧分列东、西文场（科举时代指考场），每侧 2 排，每

---

① 光绪《扶沟县志》卷 8《学校志》，《中国方志丛书·华北地方》，成文出版社，1976 年，第 2 册，第 541~543 页。

② 乾隆《陈州府志》卷 7《圣迹》，清乾隆十二年刻本，第 15 页 a。

排 13 间。再向前有古松两株，苍劲挺拔，蔚然成荫。整体建筑布局简约规整，精巧别致，古朴典雅，美观大方，体现了中国古典建筑的传统特色。院中花坛高低参差，样式各异，花坛内的黄杨终年常青，月季花四季盛开，其他花卉枝叶繁茂，花色各异，映衬得整个书院清静幽雅，景色宜人。"①

大程书院自创立伊始，就十分注重办校育人的立校初心。程颢讲"乡必有校"，十分重视教师的主导作用。在这种思想指导下，他"于熙宁八年至元丰四年礼聘游酢为扶沟县教谕"，"扶沟县从而逐步形成了五步一塾、十步一庠的民众办学热潮。……扶沟书院一贯选贤掌教'置师不善，则易之'（宋韩持国撰《明道先生伯淳墓志铭》一文）"。② 大程书院逐渐树立起自己独有的办学理念，并在后续发展中，注入程朱理学"主静"、对光风霁月境界的推尊等思想，最终成就了大程书院在书院史上的辉煌与灿烂。这种尊师重道之风无形中也成为大程书院一个重要的精神表征，影响深远。正是在程颢奠定的教育思想基础上，"明清时，作为科举考试预备机关的大程书院……其中任尚书者 3 人，布政使、御史及州府县级官吏136 人。明代著名文学家、'前七子'首领李梦阳，曾任兵、户、刑三部尚书的刘自强，主建曲阜孔子环画碑的山东巡按何出光，光绪年间全国进士第五名的柳堂，近代接受西方民主科学思想，积极反对科举制度，为戊戌变法献身的清末人李柏森等，就是其中的佼佼者。"③

需要提及的是，程颢在教学中温文尔雅，待人温和，这与严厉的程颐形成了鲜明对比。对此，张岱年尝辨析曰："伊川教弟子，以严毅著称。《程氏外书》又载：'明道犹有谑语，若伊川则全无。……伊川直是谨

---

① 郝万章：《扶沟大程书院沿革考》，《五辞斋文物考古文选》，中国广播电视出版社，2010 年，第 300~301 页。

② 游恒派：《游定夫与扶沟大程书院》，福建省南平游酢研究会、台北市游氏宗亲会编：《游酢研究》第二辑，闽北报社印刷厂，1994 年，第 50 页。

③ 许凤才主编：《中原文化大观》（下），新华出版社，2007 年，第 895 页。

严，坐间无问尊卑长幼，莫不肃然。'（《二程集》第 442 页）又云：'明道先生每与门人讲论，有不合者，则曰更有商量，伊川则直曰不然'。"[1] 可以说，不管是宽松的程颢还是谨严的程颐，二人的教学方式均启迪并影响着后人。

至于大程书院对扶沟教育的影响，可谓至深至远。《扶沟县志》曰："扶本郑之旧壤，在羲轩与商之中叶。……越及近世，涵泳于明道之教泽，提振以空同之文章。"[2] 明言程颢和大程书院不可磨灭的贡献。郝万章《略论大程书院对扶沟的影响》一文则具体论曰："办学方面，宣统元年（1909），全县有高级小学 4 处，242 人，初级小学 52 处，844 人。民国二十三年（1934），全县有初级小学 225 处，教员 585 人；完小 12 处，教员 93 人；初级中学 5 处，学生 345 人，教员 27 人。……建国后，党对教育十分重视，教育事业有了新的发展，广大乡村迅速掀起办学热潮。……扶沟县的教育事业正是在程颢办学的影响下，启迪了以后官吏对教育的重视，使重视教育的良好风尚代代相传，继承并发展下来。"[3] 可见大程书院已经成为扶沟教育史上一张耀眼夺目的名片，相信未来大程书院也必将发挥其不可替代的作用和影响。

第三节　弦歌书院与周口传统教育的发展

在周口传统书院义塾教育的发展历程中，另一个占有举足轻重地位的是弦歌书院。弦歌书院与大程书院一样，同样闪耀着圣贤的光环，蕴含

---

① 张岱年：《辨程门立雪》，《群言》1992 年第 8 期。

② 光绪《扶沟县志》卷 8《学校志》，《中国方志丛书·华北地方》，成文出版社，1976 年，第 2 册，第 525 页。

③ 郝万章：《略论大程书院对扶沟的影响》，《五辞斋文物考古文选》，中国广播电视出版社，2010 年，第 317~319 页。

着深厚的文化底蕴，并为古代社会输送了大量人才。据统计，清代河南贡院历次乡试中考中解元的学子中，来自弦歌书院的有：嘉庆二十四年（1819）己卯科的郑从轩（陈州府淮宁人），道光十九年（1839）乙亥科的王襄衢（陈州府淮宁人），咸丰九年（1859）己未科的曹学礼（陈州府项城人）恩科。[①] 弦歌书院的成绩可圈可点。这不仅体现了弦歌书院在教育士子方面的卓越成效，而且表明弦歌书院在古代教育模式中已经形成颇为有效的体系。而在弦歌书院等营造的思鲁向学氛围下，"清代县内计有文武进士24人，举人过百名。诸如：苏应元教六子成名，清圣祖为题宸翰（县志有传），雷梅隐事亲最孝，各亲王都赠贺诗，（现有《孝义赠言》诗集四卷）"[②]。

关于弦歌书院的历史沿革，《中国书院辞典》记载："因孔子曾困厄于陈，明成化六年（1470）知州戴昕建祠，名'厄台'。嘉靖七年（1528）巡抚谭缵改建为绝粮祠，后堂建为知德书院，撰有《增修厄台改为绝粮祠知德书院碑记》。后御史赵继本又易绝粮祠为弦歌台。万历二十九年（1601）睢陈道徐即登建讲堂数楹，名仰止轩，更后堂名为思鲁书院，撰《思鲁书院引》勉励诸生讲求进取。清康熙五十二年（1713）部御史揆叙建楼5楹，东西厅各3楹。乾隆五年（1740）知府金山率7邑令绅捐建东西斋房24间，易名弦歌书院。以社学义田6顷并入书院，每年可征租银194两，为山长脩脯银。十九年知府高士镶捐修大殿，知县冯奕宿捐修楼房5楹并讲堂厨房共7间。二十七年知县江圻筹增经费。嘉庆十五年（1810）知县昌宜泰劝捐钱1 500串。四年贡生杨五铎倡捐银1 470两存当生息。道光二年（1822）知府瞿昂莅任，逢月课亲为讲授。五年登拔萃者3人，登贤书者2人。咸丰二年（1852）知县戴成文挪用院款3 000余

① 刘卫东、邱建章主编：《河南大学人才培养ABC》，中国文史出版社，2006年，第23~27页。

② 中国人民政治协商会议河南省淮阳县政协文史资料研究委员会编：《淮阳文史资料》第2辑，淮阳县印刷厂，1990年，第8~9页。

串，书院遂废。十年举人万更新走省控迫，知府刘拱宸、知县李澍率邑绅倡捐，书院复兴。光绪三十二年知县左辅奉文改设两等小学堂。宣统二年（1910）改为第二高等小学堂。"[1]

《淮阳人文探究》的记载与前书略有出入："弦歌书院位于弦歌台后院。明嘉靖七年（1528）巡按谭缵创建，初名知德书院。由吴悌任书院掌教，主持院务，收受门徒。由州守主持月课季考，警策学子勤勉诵读。明万历二十九年（1601），睢陈兵备道徐即登将书院易名为崇正书院。清康熙二十九年（1690），知州王清彦又改名思鲁书院。康熙五十二年（1713），都察御史撰叙新建书楼五楹、东西厅各二楹。至此书院藏书有阁，讲艺有堂，栖士有舍，蔚然其观。其间常有名师讲学，邻县生徒慕名而至，学风日盛，成为讲学诵读之胜地。清乾隆五年（1740），知府金山率邑令及富绅捐建东西斋房、斋厨26间，将院名更为弦歌书院，金山亲题书院匾额。之后，书院屡经捐建，规模日益宏敞。清道光二年（1822），知府瞿昂苣任，每月必亲临讲授，士子多有成就。清咸丰二年（1852），因知县戴成文挪用书院款项，使书院遂废。咸丰十年（1860），举人万更新赴省控迫，知府刘拱宸、知县李澍及绅士于鳌等慷慨捐助，弦歌书院得以复兴。"[2]

金山于乾隆二年（1737）所写的《弦歌书院碑记》记载颇详："书院之设，造士也。陈郡治二焉，其一隶画卦台。无讲诵之堂，无休息之舍，师弟子相与于栖神一宇，朝聚而暮散矣；其一隶弦歌台。台之后，楼五楹，庑左右三楹，周垣属于台门如异宫，额曰'思鲁'，地有余闲，列以卉木花发生意，鸟说天机，每一过之，令人忆畴。昔读书时未易得此也。而师徒朝暮亦复落落晨星，其故安在？夫古人造士虑庞杂，而处之闲燕画卦台者久矣。尸祝居之势固不得与之争，聚而肄业。其时少散而见外物，其

① 季啸风主编：《中国书院辞典》，浙江教育出版社，1996年，第161页。
② 张进贤编著：《淮阳人文探究》，海天出版社，2009年，第244页。

时多处非其所，良无足怪，若弦歌台则既幽敞而专矣。《语》云：‘百工居肆，以成其事。’今士人为学，曾不风雨明晦于事事之地，学业其焉成，虽然，有可居而弗恒厥居，荒嬉毁随，学人之责也。授之居而不尽所居，具文故事，亦长人者之责也。爰分俸先属，而都阃赵君助焉，绅士输焉，得金六百有奇，结屋二十余楹，于楼庑卉木之隟，鸠工庀材，高氏骅、孟氏调有力焉。一增前所未有经册，具几席，修庖湢，毅俾褚生修藏游息其中，延良师董戒朝夕，用底厥成，则汰其画卦台者监修脯之田归于一，盖博广厉之名，二书院不为多，崇有造之实，一书院不为少矣。易前额曰‘弦歌’，从地也，亦冀陈人之学道于鲁乎，何思。”①

当时的弦歌书院颇为宏阔："弦歌书院在弦歌台后，初为思鲁书院，前太守金公更其名曰‘弦歌书院’。厅五间，厅之上书楼五间。东西厅各三间，由东西厅北东西书房共三十余间。书厅之后檐廊三间，厨房一间，东西书屋厨房各一间。四面围墙，古木参差，内外掩映。院门一座，题其石曰‘弦歌书院’。"②

据上可知，弦歌书院名称历经"知德书院""思鲁书院"等才改为现名。现在的弦歌书院在周口淮阳龙湖景区，位于弦歌台的后面，"正面是五间两层的藏书楼，又叫藏经楼。……东西两侧备有三间讲堂，亦称东西讲堂，现残留房含。弦歌书院自古就有‘弦歌夜读’之美称，古代很多文人到此朝拜，留下不少诗篇佳句，正是‘书声隐隐月溶溶，似谱弦歌写素衷’。"③弦歌书院位于弦歌台后，主体建筑为藏经楼。"弦歌"之名与孔子有关。《史记·孔子世家》云："陈蔡大夫谋曰：‘孔子贤者，所刺讥皆中诸侯之疾。今者，久留陈、蔡之间，诸大夫所设行，皆非仲尼之意。今楚，大国也，来聘孔子。孔子用于楚，则陈、蔡用事大夫危矣。’徒役

---

① 王兴亚等编：《清代河南碑刻资料》(8)，商务印书馆，2016年，第183页。
② 乾隆《陈州府志》卷7《圣迹》，清乾隆十二年刻本，第12页a。
③ 丘献甫主编：《三皇故都——周口》，河南科学技术出版社，2018年，第133页。

围孔子于野。不得行，绝粮。从者病，莫能兴。孔子讲诵弦歌不衰。"① 可以说，先贤在如此困厄境地，仍然奋发学习，这一典范行为足以激励后学。孔子身上体现出来的儒家内外兼修之意也正可视为弦歌书院的育人宣言。

弦歌书院与大程书院教育人才的目标相类，也是培养内外兼修、德才兼备的国家栋梁。早年肄业于弦歌书院的樊执中（1714—1790），"字圣传，号敬亭，又号道材。河南项城人。早年肄业于弦歌书院，究心于濂洛关闽之学，为院长所器重。后于故里设馆授徒，多所成就。清高宗乾隆十九年（1754）中进士，授补知县。归籍候补期间，受聘主讲于上蔡书院 5 载，严订学规，明示'二约三戒'，力主'慎独'为切要功夫，旨在养成践履笃实、忠惠廉洁的品德。晚年辞官归里后，出任项城莲溪书院山长，依旧以程朱理学为教，因材施教，循序渐进，四方负笈来学者日众。"② 他不仅身体力行地践行儒家文化，而且推己及人，造福一方学子，这显然与其早年在弦歌书院接受的教育密不可分。

第四节　周口义塾教育概况

毋庸讳言，义塾多带公益特性。"义塾，又称义学，类似于慈善性质的教育机构，往往由地方士绅出资捐建，并提供学田（或者房产、商铺），利用租谷或租金作为塾师薪金和维持费用，免费招收附近贫寒子弟入学。"③ 作为周口书院教育的有益补充，义塾教育也受到时人重视："社学之立，用养童蒙，以为由塾升序之地也。盖黉宫所育之才，能使成人

① 司马迁:《史记》卷 47《孔子世家》，中华书局，1959 年，第 1930 页。

② 顾明远总主编:《中国教育大系·历代教育名人志》，湖北教育出版社，2015 年，第 268 页。

③ 蒋纯焦:《中国私塾史》，山西教育出版社，2017 年，第 45 页。

有德，未能尽使小子有造，故凡乡曲之间悉应立学，而城邑尤要。无如官守兹土、留心教化者有恐廉俸不敷，除每岁馆金薪水之费，实无余力建舍，又安能遍及乡曲哉？……惟闾邑绅士同心合力，勷成盛举，是所厚望耳。"[1]周口各县基本都有义学创设，而捐建力量既有官员也有民间人士。《淮阳县志》载："明万历二十三年，邑人王纲捐义田一顷二十亩，收租设学。……康熙十二年，知州孙芳以银一百二十六两二钱买梁允成等地六顷十八亩九分九厘六毫为常年经费。……道光五年，知府瞿昂倡设义学。……又都司任城于道光三年偕中军千总刘国栋督饬□汛同捐置署东熊姓宅，设义学以教兵民子弟。"[2]此外还有崇经义塾，"光绪十年知府吴重熹、知县焦思濬以学黉余款购徐姓宅地，建正房南向三楹为藏书楼，东西向各三间，大门一间，东西门房各一间，为义塾。"[3]沈丘县也有义学，"前志所载社学八处，今皆废坏无存。康熙十五年，知县戴良佐另立社学一处，在南关文昌阁前。瓦房三间，东西房四间。嗣后项城知县顾芳宗署沈事，修瓦亭三间，头门一座，瓦房六间。"[4]至于西华县的义学，"社学在县西五十里小陶镇，有学宫旧址，俗因误传为古清水县，知县李培曾设义学于此，后义民熊□捐赀及募重修殿三楹，祀孔子。生员程融等又约社会积赀备祭修庙学。乾隆三年，奉抚院尹遂为西义社，每月劝课焉。"[5]

扶沟的义学发展，清代知县缪应晋功莫大焉，何际美《社学记》云："天下不可一日无政教，故学不可一日而亡于天下。……立社学使乡里童子读书其中，亦使乡里之贫穷而馆谷不能具者，不至自弃于教外。噫！法

---

① 乾隆《沈丘县志》卷6《学校志》，清乾隆十一年刊本，第86页b~87页a。

② 民国《淮阳县志》卷5《民政下》，《中国方志丛书·华北地方》，成文出版社，1976年，第1册，第326页。

③ 民国《淮阳县志》卷5《民政下》，《中国方志丛书·华北地方》，成文出版社，1976年，第1册，第326页。

④ 乾隆《沈丘县志》卷6《学校志》，清乾隆十一年刊本，第86页a~86页b。

⑤ 乾隆《陈州府志》卷6《学校》，清乾隆十二年刻本，第30页a~30页b。

第七章 书院义塾与周口传统教育

诚良矣哉！扶小邑也，止有大学；而社学之举，前此未有，考之邑乘，并无其籍。邑侯缪公甫下车，即思毅然创为之，然苦教者难其人，亦无其地，会有杨生者，负远贾强有力者之债，贫甚，欲售其居，邑侯怜之，即捐金估值，以予其地，宽敞而屋亦坚固。是年举明经者，罗子名绅，能文章而优于行，即延为师，岁出束修二十四金，皆侯俸薪之余也。邑人乐公之举，其童子之俊秀者皆来学，比屋而居，诵读之声达于闾里，每于公务之暇时，进诸童子而考课人，人皆免于学，侯之乐于为善，而成就人材固如是哉！"[1] 以上可见缪应晋的大力扶持和慷慨解囊使扶沟地域的贫困学子得以汲取知识，获得难得的教育机会。而正是因为缪应晋的导夫先路之功，后来者继续在义学的道路上前行。吴士熺《改建义学记》曾记述缪应晋之后的义学沿革："义学旧在南街，乃前邑宰缪，捐俸买武生杨发早故宅所成。……因将义学故址，售罗姓为家庙，得价五十七两，于先生祠左建立讲堂三楹，工未半，适邑宦张绍祖、生员张天枢捐其先人明户科都谏参衡公所筑废阁以助，讲堂既成，环以垣墙，共费三十七金，尚余二十金，化民台之倾颓，亦得以修葺告成焉。余今者老病归休矣，事与愿违，志士所叹，自兹以往，追纵先贤，大兴学校，是所望于来者。"[2] 直至民国，这种集资办学之风仍有延续，聂清永书《筹办陆桥小学纪念碑》记载了"当时的教育家高东峰先生首举，联谊乡亲师生将私塾改办为济众学堂的壮举和经过，反映了当时人民群众求知心切和集资办学的高尚品德"[3]。

以上可略窥周口义塾的发展情形。在官绅合力支持下，周口书院义塾的发展蒸蒸日上。需要指出的是，在人文素养极高的周口大地上，官绅士族大多能慷慨解囊，义塾的兴修资助自不待言，对于书院建设，他们也多能倾力相助。高甲三《学田膏火记》记载大程书院兴修过程中的

① 郝万章编著：《扶沟石刻》，中国广播电视出版社，2011年，第59~60页。
② 郝万章编著：《扶沟石刻》，中国广播电视出版社，2011年，第62页。
③ 郝万章编著：《扶沟石刻》，中国广播电视出版社，2011年，第81页。

乡绅士族身影曰:"明道书院自周寨学田之人,诸生藉以为膏火者几六十年。迩来文运日昌,每届课期会者辄百十余人。前邑侯新城江公虑东西斋之不能容也,因别择一区立为义学以分校。……公又岁捐俸金以助之,然俸金之助不可以数数然也。为久远计,莫若广设学田。于是吾乡好义者相继而起,监生王世孝,捐地二十亩,耆老孙标捐地八亩,监生李祖廷又以所典闲地四亩捐人,并生员万元英于嘉庆八年捐地十四亩九分,未及刻石,共计地四十六亩零。"[1] 正是因为乡绅士族不吝财力的鼎力支持,周口传统书院义塾教育才能经久不衰,不仅在历史的长河中翻滚出一个又一个晶莹剔透的浪花,而且助推着周口传统教育铸就了一个又一个辉煌。

第五节　周口书院义塾教育的当代价值

周口书院义塾教育的兴盛铸就了周口传统教育的辉煌。当然,周口书院义塾教育中的有益营养也反哺于现当代的周口本土教育。具体体现在以下方面。

第一,体现在"重视教育、培养人才"的教育理念与目标。第二,体现在对以二程为代表的"静修"理论的推举。第三,体现在"置师不善,则易之"(韩持国撰《明道先生伯淳墓志铭》)的重师重道理念。第四,体现在教育培养学生时注重内外兼修、学以致用的思想。第五,体现在以兴办书院义塾为代表的捐资助学传统。如《扶沟县志》载陈纪助学事曰:"陈纪字孟纲,山西临汾举人。天顺初知扶沟县。岁荒,煮粥以食贫民,教民敦本务学。每夜遣吏伺察民间,有读书纺绩之声者,诘

---

[1]　郝万章编著:《扶沟石刻》,中国广播电视出版社,2011年,第69页。

旦劳谕，给膏油以助之。"①而在修扶沟文庙过程中，也不乏民众帮助的身影，何际美有《郝氏捐石坊记》以表彰美赞之。②又如在商水凤台书院发展历程中，"道光二十年，监生杨峻峰捐地九十六亩，王应祥捐钱六百千"③。第六，体现在对以程颢为代表的"光风霁月"人格典范的弘扬。这些无一例外地影响着现当代的周口本土教育，也必将影响着周口未来的人文教育。

需要提及的是，作为周口传统教育的一个缩影，周兴嗣编撰的《千字文》至今发挥着重要影响。众所周知，中国古代有广受欢迎"三百千"（《三字经》《百家姓》《千字文》）的启蒙著述，其中《千字文》以其丰富的文化内涵以及朗朗上口的文学属性尤为后人激赏。《千字文》凝铸了周兴嗣的辛勤汗水。他利用自己丰赡的学识以及深厚的文化修养，将历史、地理、天文、农耕、修身养性等知识用朗朗上口的语言组织在一起。在启蒙童子的同时，也使他们得到相关传统文化知识的熏陶，可谓一举多得。如其叙述上古历史曰："始制文字，乃服衣裳。推位让国，有虞陶唐。吊民伐罪，周发殷汤。坐朝问道，垂拱平章。爱育黎首，臣伏戎羌。遐迩壹体，率宾归王。鸣凤在竹，白驹食场。化被草木，赖及万方。"④语言流畅，韵律婉转，不愧是传诵至今的启蒙读物。

① 光绪《扶沟县志》卷5《名宦传》，《中国方志丛书·华北地方》，成文出版社，1976年，第2册，第377页。

② 光绪《扶沟县志》卷8《学校志》，《中国方志丛书·华北地方》，成文出版社，1976年，第2册，第532页。

③ 民国《商水县志》卷9《学校志》，《中国方志丛书·华北地方》，成文出版社，1975年，第2册，第487页。

④ 黄秉泽、黄昉注译：《三字经·百家姓·千字文·弟子规》，崇文书局，2020年，第83页。

第八章

周口漕运文化

2021 年 7 月下旬，郑州发生了历史上罕见的水灾，为了保护郑州人民的生命财产安全，政府决定泄洪：郑州往贾鲁河泄洪，许昌往颍河泄洪，平顶山往沙河泄洪。三条泄洪河流交汇到周口，周口成了重要的泄洪枢纽。周口承担了如此艰巨的任务，自然离不开历史上它发达的水运功能。早在 2 000 多年前，周口的水运就非常发达。春秋战国时期，鸿沟水运网是通向淮河的必经之处，而周口则是鸿沟通往淮河到达沿海的重要枢纽。宋代，四大漕运四渠之一的蔡（惠民）河也就是今天贾鲁河的前身，是中原水路通向淮河的必经之地。明清时期被誉为"小武汉"的周家口是南北水陆交通的重要驿站，也是沟通南北水运的枢纽。因地理位置重要，周家口成为北方晋商和南方徽商货物交易的集散地，周家口也非常繁华，成为明清时期河南四大名镇之一。对周口漕运发展历史的梳理，有利于理解漕运的兴衰过程，探古知今，为现代周口经济发展提供一些借鉴。

第一节　周口漕运的开端——鸿沟水系的形成

周口漕运开始的标志就是鸿沟水系的形成。中国历史上大型漕运工程的修建，始于春秋末年，盛于战国。此时中原地区诸国的水利灌溉发达，以魏国开凿的鸿沟对后世特别是周口影响最大。鸿沟的 2/3 在今天的周口地区。鸿沟作为魏国的大型水利工程，它的主干从今日荥阳北引黄河水入古莆田泽，再经大梁向东南流，经过淮阳，从沈丘流入淮水的支流颍水。鸿沟的开凿对古代周口地区经济的发展起到了很大的促进作用。是周口漕运发展史上的一个亮点。

一、鸿沟与鸿沟水系

（一）鸿沟

鸿沟是中国古代最早沟通黄河和淮河的人工运河。战国中期，地处七雄中央的魏国意图加强对江、淮地区的控制，要绕过偏在东方的菏水由泗入淮很是不便，就利用淮河北面距离黄河、济水较近的几条支流，如颍、沙、涡等水于魏惠王十年（前360）开渠引河水注入圃田泽，时称"大沟"。魏惠王三十一年（前339），又将大沟运河延伸到大梁城（今河南开封）北，又绕过大梁城东，折南而行，经杞县、太康、淮阳，在今天周口沈丘境内注入颍水，这就是历史上有名的鸿沟。

（二）鸿沟水系

鸿沟是人工引用黄河水开凿成的水道。鸿沟由黄河引出水来以后，随即分成几支，在当时它沟通了宋、郑、蔡、曹、卫等国。这就是说，像商丘、新郑、淮阳、下蔡、定陶、濮阳等地方循着鸿沟及其支流都可以到达。鸿沟及其支流还分别和济水、汝河、淮河、泗水汇合。这就组成在黄河以南这四条大川之间的水运网。鸿沟的主要水源来自荥阳分河的济水，在汉代时鸿沟改称为狼汤渠。鸿沟引来黄河丰富的水量，又有圃田泽为它调节流量，不仅本身航运通畅，而且为与它相连接的淮、泗的几条支流丹、睢、涡、颍等河流提供了充分的水源。丹水从今开封北分出后，至今商丘北的一段称作汳水，过商丘后的下游一段称作获水，东至今徐州北入泗；睢水从今河南开封旧陈留西分出后，经今商丘之南、永城东北，又东南至今江苏宿迁西入泗；涡水从今太康西北分出后，过今鹿邑、亳州北，东南至怀远东入淮。由此魏国开凿的这条古运河将河、济与淮、泗的丹、睢、涡、颍诸支流联系在一起，从而在河淮平原上形成以鸿沟为主干以自然河流为分支的完整的水道交通网——鸿沟水系。

二、鸿沟水系形成的历史影响

春秋、战国时期的运河，是各诸侯国统治者在不同的目的要求下开凿的。因为事先没有通盘计划，组成鸿沟系统的各条运河不分主次，叠为轻重，整个运河系统比较紊乱而缺少中心。但是，这些运道已能充分利用平原地区河流、湖泊分布较密、便于施工的有利条件，沟通了江、淮、河、济的航运交通，并有利于农田灌溉。在推动社会生产的发展和促进南北经济文化交流上，起了重要的作用。特别是鸿沟开凿以后，不仅使济水、淮河和黄河互相贯通，构成了鸿沟运河系统，方便往来，而且灌溉了大片农田，形成了鸿河流域农业丰产区。

从秦汉至魏晋南北朝，鸿沟一直是黄淮间主要水运交通线路之一。鸿沟水系形成后，北通黄河、济水，南临淮水，并通过巢肥运河、邗沟、堰渎、胥浦、古江南河和百尺渎，向南直达长江、太湖、东海及钱塘江，沿济水东下经淄济运河通往齐都临淄，由济北上通过濮水入卫（濮阳），由济入河，由河入洛，向西又可以远及洛阳。鸿沟作为中原航运的重要纽带，使我国历史上的运河开始进入有体系的时代。

三、汉魏时期漕运范围的扩大

以周口为中心的中原地区，其漕运水利事业在汉魏时期上了一个新台阶。人们利用河流的水利资源，制订用水办法，浇灌农田，农业丰收得到了保障。《史记·河渠书》载："荥阳下引河东南为鸿沟，……此渠皆可行舟，有余则用溉浸，百姓飨其利。"[1]

这一时期，为周口地区在农田水利方面作出重大贡献的是三国时期的邓艾。邓艾出身寒门，他在农田水利建设方面的主要事迹在《三国志》等

---

[1] 司马迁：《史记》卷29《河渠书》，中华书局，1959年，第775~776页。

史书中有详细的记载。

> 邓艾字士载，义阳棘阳人也。少孤，太祖破荆州，徙汝南，为农民养犊。年十二，随母至颍川，读故太丘长陈寔碑文，言"文为世范，行为士则"，艾遂自名范，字士则。后宗族有与同者，故改焉。为都尉学士，以口吃，不得作干佐。为稻田守丛草吏。同郡吏父怜其家贫，资给甚厚，艾初不称谢。每见高山大泽，辄规度指画军营处所，时人多笑焉。后为典农纲纪，上计吏，因使见太尉司马宣王。宣王奇之，辟之为掾，迁尚书郎。
>
> 时欲广田畜谷，为灭贼资，使艾行陈、项已东至寿春。艾以为"田良水少，不足以尽地利，宜开河渠，可以引水浇溉，大积军粮，又通运漕之道"。乃著济河论以喻其指。又以为"昔破黄巾，因为屯田，积谷于许都以制四方。今三隅已定，事在淮南，每大军征举，运兵过半，功费巨亿，以为大役。陈、蔡之间，土下田良，可省许昌左右诸稻田，并水东下。令淮北屯二万人，淮南三万人，十二分休，常有四万人，且田且守。水丰常收三倍于西，计除众费，岁完五百万斛以为军资。六七年间，可积三千万斛于淮上，此则十万之众五年食也。以此乘吴，无往而不克矣。"宣王善之，事皆施行。正始二年，乃开广漕渠，每东南有事，大军兴众，泛舟而下，达于江、淮，资食有储而无水害，艾所建也。①

从材料中可知，早年邓艾为屯田掌犊人，以才学被举荐为都尉学士，却"以口吃，不得作干佐。为稻田守丛草吏"。但邓艾并不因受压抑而丧志，仍然发奋勤学。三国时期，由于战争频繁，需要各级官吏能文能武，能守能战。曹魏屯田本来就是一种兵农结合的体制，邓艾能适应时势的要求，

---

① 陈寿：《三国志》卷28《魏书》，中华书局，1959年，第775~776页。

虽身为屯田的小吏，却"每见高山大泽，辄规度指画军营处所"。

邓艾受到周围人们的冷讽热嘲而不为所动，继续孜孜不倦地钻研兵法。因具备屯田经验和通晓兵书，他脱颖而出。邓艾被提为颍川郡的典农纲纪，职责是主管本郡的人事并参与政务活动。后来被委派为上计吏，在年终到朝廷去汇报本郡的人事和财政工作。后为太尉司马懿所赏识，辟为僚属，邓艾得以从地方到中央施展他的才智。这时，邓艾虽已近不惑之年，但总算有了施展才华的机会，屯田即是一件充分显示其智慧的大事。邓艾屯田可称是三国时期最具规模的一次屯田，地域广阔，涉及许多地方。

邓艾的战功则是灭蜀，同时对灭孙吴也有不可磨灭的贡献。邓艾屯田使曹魏能在周口及其他地区屯积大量粮食，使以后历年的对孙吴作战以至灭孙吴时都有充足的粮食作为后盾，解决了长期困扰曹魏对孙吴作战的粮食问题。同时，水路的修通也给运送兵粮器械带来很大的方便，因此邓艾对三国统一有着独特的贡献。此外，邓艾引河水灌溉两淮地区，在两淮大规模兴修水利，广种水稻，引进北方比较先进的农业技术，对以后淮河地区农业经济的发展也起了很大作用。邓艾兴办的水利工程，主要分为两类：一类是直接影响屯田发展的农田灌溉工程，另一类是同屯田、运兵有关的军事漕运工程。

首先介绍农田灌溉工程的情况。农田灌溉水利可分为两种：一种是兴立陂塘，以遏水灌田；另一种则是开辟或疏浚水道，以扩大水源，畅通水流。而后者在某种意义上又与军事漕运工程紧密地连在一起。随着屯田事业的发展，各州郡在兴修水利上做出了很大的成绩。根据记载，邓艾沿颍水上游的陈、项一直到颍水下游入淮口的寿县一带，作了实地调查。他认为，这一带土地肥沃，唯缺水利。他分析了当时的政治、军事形势，认为应该把屯田的重点由许昌南移到颍水中下游和淮河两岸。此计划被批准后，他便开始在两淮屯田。由于渠道的开凿，水源有了保证，邓艾便在淮北大规模营田。营田的过程中所兴修的水利工程遍及淮河。其中，在淮河上游，修有汝南的二十四陂（今河南西平境内）和西华的邓门陂，在颍水南北大兴陂塘、开艾城河，修高底河。据《元和郡县志》载，陈州殷水县（今河南商水）北 25 里有灌溉城，是邓艾在大兴陂塘时所筑。邓艾在陈州西华县西 10 里，又筑集粮城，以储藏屯田所得的粮食。在淮河中游，修建芍陂和汝陂，并截山溪水为小陂 50 余处。在淮河下游，修白水塘，立二堰，开八水门，使白水塘和破釜塘相通，置屯田 49 所，灌溉良田 4.2 万顷。邓艾在两淮所兴修的水利工程不仅对发展农业有灌溉之利，而且对曹魏更有重要的军事意义。经过他的经营，水利工程上达河汴、下连淮颍，运道畅通，资食有储。每逢东南有事，大军南征，泛舟而下，直达江淮，为后来南取孙吴的战争奠定了雄厚的物质基础。

其次介绍军事漕运工程的情况。淮南是曹魏对孙吴征战的前线。为了解决军事漕运问题，曹魏非常重视江淮地区的水运渠道的修治。这类渠道的上游利用河南阳武荥口分流的狼汤渠。狼汤渠向东流至开封转而向南，就在这折流的过程中，先后分别同淮河的支流睢水、涡水、颍水相接，纵横交错，形成了黄淮漕运大动脉。曹魏时期最重要的军事漕运水利工程主要分布在京师许昌与两淮之间。它们分别为睢水漕运、涡水漕运和颍水漕运。由于涡水漕运和颍水漕运与周口联系紧密，在这里就仅介绍涡水漕运和颍水漕运。

涡水漕运。涡水是连接黄淮漕运的一条重要水道，属鸿沟系统。涡水的上源就是阴沟水，上通黄河水流。因而阴沟水和狼汤渠又在今扶沟境交汇，故也有人认为涡水首受狼汤渠。《汉书·地理志》载："涡水首受狼汤渠，东至向入淮，过郡三，行千里。"[1] 即涡水又东南经阳夏故城（今河南太康）、鹿邑故城（今河南鹿邑太清宫）、谯县（今安徽亳州）、城父故城（今安徽亳州城父城西北）、龙亢故城（今安徽怀远龙亢）等地向东入淮。涡水漕运把中原两淮地区连接起来，成为曹魏的又一条重要水道。谯县位于涡水的中游。曹丕在位时期，这里曾是曹魏的东方水师训练基地，军事

---

① 班固：《汉书》卷 28 下《地理志》，颜师古注，中华书局，1964 年，第 1636 页。

地位十分重要，同时它又是当时的五都之一，因而成为曹魏时期军事漕运水利工程的重点建设对象。涡水在曹魏时期之所以能够长年通航，显然与当时官府主持修治是分不开的。

颍水漕运。黄初年间（220—225），贾逵为豫州刺史，他"外修军旅，内治民事，遏鄢、汝，造新陂，又断山溜长溪水，造小弋阳陂，又通运渠二百余里，所谓贾侯渠者也"①。"新陂"在颍州郡鄢陵县，系引流经鄢陵的汝水支流作陂，故称"遏鄢、汝，造新陂"。"小弋阳陂"系遏淮河支流潢水作陂而成。因地处弋阳（今河南潢川）境内而得名。至于"通运渠二百余里"的贾侯渠，即是《晋书》上所载的广漕渠，因史料记载较为简略，已无法确指其方位。它可能是对历史上狼汤渠的局部改道和疏浚。该段运渠上承沙水，下通百尺渠而入颍水。正始三年（242），邓艾又对百尺沟及沙水支流疏浚贯通。颍水漕运是曹魏时期沟通黄淮的重要水道。而广漕渠、淮阳渠及百尺渠的整治疏通不仅为江淮地区的农田灌溉提供了水源保证，而且使颍水漕运与中原地区畅通起来，成为江淮连接中原的重要通道。正是因为睢水漕运、涡水漕运及颍水漕运水利工程的建设，才把曹魏的核心地区——黄淮地区有效地连接在一起，形成了一个网状的黄淮漕运大动脉。而畅通发达的水运网的形成具有其重大的经济、军事意义。曹魏在两淮的水利建设取得了很大成效，使两淮之间数百万亩农田连年丰收，从寿春到京师许昌，到处呈现一片繁荣景象。

可见，曹魏时期为强兵足食而推行屯田措施，客观上刺激了曹魏时期水利工程的建设。卓有成效的农田灌溉水利工程为周口地区的经济开发创造了极为有利的条件，同时又为曹魏政权的经济恢复和发展奠定了坚实的物质基础。此外，曹魏的军事实力增强了，在东南对抗孙吴的战略地位大为提高；而畅通的军事漕运水利工程的兴修为曹魏、西晋讨伐孙吴提供了强有力的军事保证。所有这些，摧毁了三国鼎立以来的力量均衡机制，为

---

① 陈寿：《三国志》卷15《魏书·贾逵传》，中华书局，1959年，第482页。

曹魏取刘蜀、司马氏灭孙吴而最终统一全国奠定了坚实的基础，因而曹魏的两淮水利工程对三国后期政治格局的变动也产生了重要的影响。而这所有的一切都与邓艾有着很大的关系。

四、五代时期对蔡河的整治

蔡河又作"蔡水"，即古沙水。《水经注》中的"沙"即此河。五代时期的蔡河是在鸿沟的基础上发展演变而来的，五代时期对蔡河的整治记载不多，可知周显德中自开封城东导汴水入蔡用来通槽。

蔡河下游自今淮阳东出鹿邑下今黄河一支已淤堵断流，唐人杜佑提出新挖凿一条运河。因为藩镇割据战争的影响，汴河时常被切断。为了解决漕运转输的困难，杜佑提出由汴州南下，入琵琶沟，绝蔡河至陈州（今河南淮阳）入颍水，由颍水入淮水，就可以避开藩镇军队控制汴河。这个计划由于平定李纳之乱被搁置，后来经李芄、李勉等人的努力，终于把蔡河成功疏浚了。称为疏浚，是因为它大体上沿用了古代鸿沟系统中的狼汤渠，只要对这些淤塞的古水道加以疏浚，就可以恢复通航。

五代时期轻视对蔡河的维修，致使其水量小而难通漕运。于是在后汉乾祐三年（951），郑州官员疏引郭西水，入中牟渠，增蔡水漕运。但是此举并没有彻底解决蔡河水量小的问题，尤其是蔡河水匮段约长十多里，水小岸狭，或时干浅。同年，司勋员外郎李钦明建议，在定力禅院西，决开汴河，引其水入蔡河，以增加其水量，解决陈蔡等地漕运量有限的问题。

后周显德六年（959）二月，周世宗命马军都指挥使韩令坤负责，在开封城东，导引汴水入蔡河。蔡河的南半段是颍水的自然河道，加上洧水、小汝水等河流的注入，水量充沛；而北半段水量较小，又没有天然河流的注入，故五代时期对蔡河的整治，主要集中在这一段。

经过了五代时期各朝的努力，蔡河的通航能力大大改善了，不仅可以行驶商船、漕船，而且可以行驶兵船。

第八章 周口漕运文化

215

第二节　周口漕运的发展——宋代四大漕运的疏通

一、宋代四大漕运兴起的背景

北宋定都开封，其漕运路线便与前代发生了较大的变化。开封位于河南中部的平原之上，这里地势平坦，河渠众多，水路联系四通八达，形成了以开封为中心的放射型运河网，汴河、淮南运河、江南运河、黄河、蔡河、广济河以及御河汇聚于此。为了确保大规模漕运正常进行，能够把南方丰富的物资运送到京城开封，北宋政府投入了巨大的人力和物力，因地制宜地对各漕运水道加以治理，取得了相当大的成效。

二、宋代四大漕运概况

北宋东京开封有汴、蔡（惠民）、金水、广济（五丈）四河，流贯城内，以通各地漕运，合称"漕运四渠"。其中蔡河主要位于今天的周口，下面就对蔡河的情况作一介绍并谈谈四渠在当时对中原地区的影响。

（一）蔡河概况

蔡河即惠民河，早有行船记载。后周时，"以通陈、颍之漕"[①]。宋初，京西南是重要的纳粮之区，政府对蔡河漕运极为重视。宋太祖建隆元年（960），大发役夫，"导闵水自新郑与蔡水合，贯京师，南历陈、颍达寿春，以通淮右"[②]。以后又多次动工，引附近诸河进入蔡河以增加其水量。据记载，这条漕运水道实际上是由蔡河、闵河两段组成，西南为闵河，东南为蔡河，闵河自尉氏流经祥符，在开封与蔡河相汇，于宋太祖开宝年间

---

① 司马光：《资治通鉴》，中华书局，1956年，第9595页。
② 徐松：《宋会要辑稿》，中华书局，1957年，第7586页。

更名为惠民河。故宋人或称蔡河或称惠民河。

总的说来，蔡河水量较小，不利行船。针对蔡河存在的这一问题，北宋主要采取了各种截流的办法以保持水位，如：在河道上广设斗门、水闸，依时启闭，调停水势。又分引周围河渠注入蔡河，以维持蔡河漕运。但蔡河河道淤浅阻船的现象仍然时有发生。北宋时，蔡河年漕运粮食大体保持在 60 万石。

（二）蔡河的治理

蔡河是北宋时期联系南方以及西南的重要渠道，为了保证漕运的畅通，朝廷十分注重蔡河的治理工作。

北宋初年，组织人力疏浚蔡河的河道并设置斗门调节水量。宋太祖建隆二年（961），又调发陈许等州丁夫数万人浚蔡河南入颍川。对蔡河的治理也注意采取别的途径来提高运输能力，引水助运。乾德二年（964），宋太祖令陈承昭率丁夫数千凿渠，自长社引水至京师合闵河过去，春夏雨水多的季节，水时常泛溢，民田把水引入闵河以后就减少了水患。闵河益通漕，这段渠道的修成不仅解决了水泛滥的问题，而且增加了闵河的水量，更加有利于漕船往来，可谓一举两得。

宋真宗咸平五年（1002）七月，汴京一带连日大雨，蔡河涨水，开封自朱雀门东抵宣化门有三四尺深的水，城南流水皆入蔡河，大水已严重威胁都城。真宗派人四处查看，利用陂池古河道处来疏决，避免了一次水灾危害。

宋神宗熙宁四年（1071）七月，程昉请开宋家堤以助漕运，八月杨琰请增置上下坝闸蓄水以备浅涸。熙宁八年（1075），神宗下旨把西京的米运往河北，由于担心蔡河舟运不能到河北，侯叔献、刘淦等人便建议汴河可沿故道凿堤置闸，把汴河的水引入蔡河。虽然这一工程仍未解决行船问题，但它表明宋人在不断地想办法增加蔡河水量以泄水分洪。

（三）宋代四大漕运在中原的地位

漕运四渠形成了以开封为中心的水运交通网，又以汴河最为重要。全国最富庶的东南六路（淮南路，江南东、西路，荆湖南、北路，两浙路）的漕粮百货均由该渠运往京师。蔡河主要输送陈（今河南淮阳）、颍（今安徽阜阳）、许（今河南许昌）、蔡（今河南汝南）、光（今河南潢川）、寿（今安徽凤台）等州所提供的粮食，但它所沟通的地区却不局限于此。

自开封沿蔡河南下入颍，由颍入淮，可达长江下游地区。自开封向西南经颍、沙等水可与邓州（今河南邓州）、襄阳府（今湖北襄阳）等地相通，蔡河是仅次于汴河的另一条南北水运要道。

第三节　周口漕运的继续发展——元代贾鲁河的疏通

一、贾鲁与贾鲁河

元朝时期，水利的兴修方面对周口地区影响较大的当属贾鲁河的疏通修建，是周口漕运在宋代惠民河漕运基础上的进一步发展。下面就对贾鲁河的疏通情况和影响作一介绍。

（一）贾鲁其人

贾鲁（1297—1353），字友恒（或作有恒），元代河东高平（今属山西）人。据《元史》记载，他于元仁宗、英宗年间两次以明经科中乡贡，泰定初年（1324）恩授东平路儒学教授，历官行省掾、潞城县尹、丞相东曹掾、太医院都事等职。元顺帝至正初年参与撰修《辽史》《金史》《宋史》，后升任中书省检校官，又调任都水监、右司郎中、都漕运使，直至中书左丞（副宰相）。贾鲁为人谨慎，处事精细，富有才干和谋略。因此，自从脱脱任丞相以后，他一直受到信任。他一生功绩中最值得称道和肯定的，要数治河方面的功绩。他主张疏、浚、塞并用，使得黄河恢复故道。《元史·贾鲁传》的记载如下。

至正四年，河决白茅堤，又决金堤，并河郡邑，民居昏垫，壮者流离。帝甚患之，遣使体验，仍督大臣访求治河方略，特命鲁行都水监。鲁循行河道，考察地形，往复数千里，备得要害，为图上进二策：其一，议修筑北堤，以制横溃，则用工省；其一，议疏塞并举，挽河东行，使复故道，其功数倍。会迁右司郎中，议未及竟。其在右司，言时政二十一事，皆见举行。调都漕运使，复以漕事二十事言之，朝廷取其八事：一曰京畿和籴，二曰优恤漕司旧领漕户，三曰接连委官，四曰通州总治豫定委官，五曰船户困于坝夫，海运坏于坝户，六曰疏浚运河，七曰临清运粮万户府当隶漕司，八曰宣忠船户付本司节制。事未尽行。既而河水北侵安山，沦入运河，延袤济南、河间，将隳两漕司盐场，实妨国计。

九年，太傅、右丞相脱脱复相，论及河决，思拯民艰，以塞诏旨，乃集廷臣群议，言人人殊。鲁昌言："河必当治。"复以前二策进，丞相取其后策，与鲁定议，且以其事属鲁。鲁固辞，丞相曰："此事非子不可。"乃入奏，大称帝旨。十一年四月，命鲁以工部尚书、总治河防使，进秩二品，授以银章，领河南、北诸路军民，发汴梁、大名十有三路民一十五万，庐州等戍十有八翼军二万供役，一切从事大小军民官，咸禀节度，便宜兴缮。是月鸠工，七月凿河成，八月决水故河，九月舟楫通，十一月诸埽诸堤成，水土工毕，河复故道，事见《河渠志》。帝遣使报祭河伯，召鲁还京师，鲁以《河平图》献。帝适览台臣奏疏，请襄脱脱治河之绩，次论鲁功，超拜荣禄大夫、集贤大学士，赏赉金帛，敕翰林丞旨欧阳玄制《河平碑》，以旌脱脱劳绩，具载鲁功，且宣付史馆，并赠鲁先臣三世。[①]

（二）贾鲁河

贾鲁河发源于郑州西部的荥阳，流经河南东南部，最后在商水注入淮河的支流颍河。历史上的贾鲁河曾经是一条重要的漕运河道，对中原地区的社会和经济发展发挥了重要作用。贾鲁河，因元朝末年治河名臣贾鲁的疏治而得名，俗称"小黄河"，史书记载如下。

> 查荥阳之东，广武山之南，一水东流，经郑州、中牟之北，祥符之西，由朱仙镇南，经尉氏、扶沟、西华之东，沈丘之南。在元时名为郑水，土人名为贾鲁河者也。南至周家口，与颍水合流，名为沙河。[②]
>
> 自荥阳西南诸山溪，合京、须、索、郑之水，东流至祥符，经朱仙镇达周家口，复合沙、颍诸水，委输于淮，以元臣贾鲁实治之，遂名贾鲁河。[③]

二、贾鲁河疏通的背景

贾鲁河在元末由贾鲁疏浚后，经历明清两代，又进行了多次治理。贾鲁河的支流众多，主要有郑水、惠济河、乐河、双洎河、清水等。众多支流汇成的贾鲁河已成为中州一巨川，向南注入颍河。

明代对贾鲁河的疏治与黄河的治理密切相关。正统十三年（1448），黄河决徙于荥阳孙家渡口入汴河，至寿州入淮。至弘治年间，都御史刘大夏

---

① 宋濂等：《元史》卷 187《贾鲁传》，中华书局，1976 年，第 4290~4292 页。

② 沈德符：《万历野获编》，辽海出版社，2009 年，第 337 页。

③ 转引自陈隆文《从〈朱仙镇新河记碑〉看贾鲁河水运的历史价值——水利碑刻与中原水环境变迁研究之一》，《中原文物》2014 年第 1 期。

等人治理黄河时，凿荥阳县孙家渡口河道 70 余里，疏浚祥符四府营淤河 20 余里以达淮，黄河复南循故道，由中牟历汴至颍。经过刘大夏等人的治理，贾鲁河的上游便在荥阳孙家渡口与黄河相接，贾鲁河遂成为黄河水南入淮河的一条通道。但此后不久，孙家渡口便淤塞了，以后也曾有过疏浚，然屡开屡淤。自嘉靖以后，为避免接纳了一部分黄河水的贾鲁河注入淮河后使淮河水势过大，殃及沿岸寿春的明代藩王园寝，孙家渡口便未再治理。河南境内的黄河水从此也不再由此路入淮，而由开封、归德、虞城经徐、邳入淮。天启年间，贾鲁河郑州段河身特高，常有水患。郑州知州刘光祚到任后，疏浚贾鲁河，令民穿渠蓄泄，灌溉田数千顷，商贾通流，民以为便。

清代贾鲁河不再与黄河相通，但受地势影响，黄河泛滥多次漫溢贾鲁河。为保证贾鲁河这条主要水路交通的畅通，两岸人民不断对贾鲁河进行治理。乾隆二十六年（1761），黄河决于中牟杨桥，漫溢贾鲁河，使贾鲁河改道南流，而故道淤浅。后经朱仙镇人民集资修治，在镇西南构筑石坝，将河截断，引水东北流，才保证了贾鲁河航运的畅通。

三、贾鲁河的疏通对后世的历史影响

明清时期，贾鲁河是中原地区一条重要的水运通道，对货物的流通和两岸经济的发展发挥了不小的作用。

明代嘉靖以后，贾鲁河不与黄河相通，减少了黄河泥沙的淤积，也为贾鲁河的航运创造了有利条件。清代乾隆以前，贾鲁河宽约 30 米，深约 6 米，舟楫如林，成为中原地区南北漕运的一条干线。除统治者运输粮食外，商人也利用贾鲁河行驶商船、贩运私货。除江淮物资由长江入淮外，再溯贾鲁河，至黄河流域的华北各地，西北地区的物产也经黄河运至中原地区，然后再经贾鲁河转运至江淮流域。这样便在一定程度上促进了全国范围内的商品流通和南北经济交往。

贾鲁河的航运还促进了沿岸市镇经济的发展，其中以朱仙镇和周家口两地最为突出。朱仙镇位于开封城西南，贾鲁河贯穿其中，将镇分为东西两部分。明末至清代中期，周家口进入商业兴盛时期。周家口位于沙河、颍河与贾鲁河的交汇处，航运畅通的贾鲁河是周家口得以兴起的主要依托。周家口是河南的主要商埠，最盛期在清康熙、乾隆年间，属中原四大镇之一。

贾鲁治河正值农民起义风起云涌、元朝接近灭亡之际，工程浩大而工役酷刻，亦为前代所少有。为此引得后人诸多议论，褒贬不一。以明代曹玉珂、清人胡渭为代表持全面否定态度；以清代水利专家靳辅为代表持政治上否定、治河上肯定的态度；以明代杰出的水利专家潘季驯为代表则充分肯定贾鲁治河的贡献。我们应当充分肯定贾鲁组织这样大的治河活动，而且取得堵口复河的成功。贾鲁的技术和胆识都远远超出同时代的一般治河官员。他的疏、浚、塞结合的治河思想以及工程布置、施工部署、障水堵口技术等，都有许多合理的地方，对我国的治河事业发展也作出了一定的贡献。

第四节　周口漕运的繁荣——明清时期周家口的崛起

明代万历年间，贾鲁河的河道疏浚完成，周家口成为南接江淮、北通山陕的重要商品集散地。凭借三川交汇和漕运的优势，周家口的发展驶向了快车道。

清代，陈州治所移设周家口，统管全镇市面，周家口遂成繁荣市镇。雍正年间，陈州升为府，并添设粮捕水利通判驻扎周家口。乾隆年间，周家口日益繁盛，已开辟 16 个渡口。到道光十八年（1838），周家口山陕商人中有名号可考者有坐贾 164 家、行商 320 家，周口全镇商人商号数量达1 500~2 000 家，每家资本约二三十万至百万两白银，以此可见当时周家口商业的盛况。周家口镇成为与朱仙镇、道口镇、赊店镇齐名的中原四大名镇。

一、周家口繁荣的背景

（一）周家口特殊的地理位置

明代永乐元年（1403），明成祖朱棣迁都北京。他采纳户部建议，开辟淮颍漕运，大批物资由江淮经颍河转运，取道卫河经天津到北京，周家口漕运始兴。沙颍河开通漕运后，市集由沙颍河北岸扩展到南岸。相传有户周姓人家在南岸子午街（今河南周口川汇老街）开设摆渡以方便两岸往来，第一个渡口即周家渡。一般认为周家口自明代开始起步，到了清代康乾年间真正进入鼎盛期。

清代周家口得以繁荣主要得益于其地理位置。颍河、沙河和贾鲁河在此交汇，东南流入淮河而到达江南。贾鲁河经朱仙镇过扶沟县东北，经西华县流至周家口入颍河。贾鲁河南流入颍处的周家口遂成为豫东重镇。

（二）周家口南北漕运河道的特点

从东边来的漕运之淮船改在颍岐口换船入贾鲁河，再沿贾鲁河北上直达朱仙镇，过黄河入冀，经天津到达北京。清初，为确保航运畅通，贾鲁河多次疏浚。那么，为何要在这个地方换船呢？这是由周家口漕运河道的特点决定的。

江淮之舟像元宝，两头翘船头尖，吃水较深利于分水破浪。到周家口后，沙颍河水量比江淮大减，贾鲁河水道相对较窄，要将货物改卸到对联划子上才能继续行进。"对联划子"是一种船，前后两节，一般长达25米、宽近4米，立有双桅，最多可载重80吨左右，而吃水只有2米左右。一组对联划子的载重，大约相当于两节半老式火车车厢的容量。

二、周家口繁荣的表现

周家口在清代乾隆年间已经开辟 16 个浦口，最盛时本地居民达到四五万人，而流动人口则达到数十万人，是中原四大名镇之一。

（一）商旅奔驰

最繁盛时期的周家口街道有 116 条。每条街道都有自己的专门行业，如：麻线街是专门卖麻袋的，打铜街是专门做铜盆等铜器的。而且平均每两条街道就要建造一座庙宇，既求庇佑，又增香火之气。虽然整个周家口镇有 116 条街道，生意众多，但它的商业主要是靠转运贸易发达起来的。这些转运贸易主要在河南东部和江南之间完成，其输出的商品以陈州、开封两地所产的农副产品为主，输入则以江南所产的绸布、杂货为主。周家口当时商业的繁华程度可以用"商旅奔驰"四个字形容。许膻教授曾经以周家口山陕会馆道光十八年（1838）的两块碑为依据，按照修建山陕会馆从商人中千厘抽一集资的原则，推算出在周家口的山陕商人中仅有名号可考者，就有坐贾 164 家、行商 320 家，合计 484 家。[①]

（二）会馆林立

商业发达的重镇，必定有商人留下的遗迹，这些遗迹最直接的体现就是会馆。

明清时期，在河南各地十分活跃的最大商帮是山陕商帮，周家口的商人也以山西、陕西籍为主，其次是安徽、福建、江浙、江西、湖广等省的商人。这些商人在周家口修建了十余座商人会馆，规模都十分宏大。其中在周家口创建最早的会馆是山陕会馆，它不仅占地面积大，而且拥

---

① 穆仁先主编：《三川记忆：周口市中心城区文化专项规划调研资料汇编》，周口市政协文化专项规划调研小组，2014 年，第 180 页。

有的商家比较多。山陕会馆又称关帝庙，在周家口共有两座，分别坐落于沙河南北两岸。南岸会馆在周家口偏西沙河南岸，大约建于康熙二十年（1681），占地 20 亩，其建筑有戏楼、东西廊房、大拜殿等，但今已经不存。保存最完整的是北岸会馆，它位于沙河北岸的兴隆街；坐北朝南，占地 2.1 万平方米，这座会馆始建于康熙三十二年（1693），其后在雍正、乾隆、嘉庆、道光、咸丰、光绪等年间曾多次重修和扩建，至今保存完好。

第五节　周口漕运的衰落——贾鲁河的淤废

贾鲁河对朱仙镇、周家口这两个商业名镇的兴起所起到的作用是毋庸置疑的，但自光绪三十年（1904）京汉铁路通车、1912 年津浦铁路通车以后，中原南北交通便很少利用贾鲁河了，加之黄河多次决口泛滥，贾鲁河的水运作用逐渐丧失，其经济地位也日渐衰落。

从元初开始，黄河下游就出现了夺睢、涡、颍入淮的几股河道。此后，或东流入泗，或南流入淮。经常数股并行，迭为主次，变迁极为混乱。元代到清代前期，黄河夺淮入海已有五六百年之久，下游河道严重淤积，河床已显著抬高。元明清三代都极力挽黄河趋向东南。黄河决口泛滥多在今豫东、鲁西南和苏、皖两省的北部，这里的地形普遍淤高。黄河干流多由南岸分流由睢、涡、颍、浍等河入淮。1938 年 6 月黄河花园口决堤，全河南泛于贾鲁河、颍河和涡河之间地带，成灾严重，史所罕见。贾鲁河漕运也由此淤塞。

第六节 周口漕运的复兴——通江达海战略的实施

历史上的周口，就像一个一穷二白的百姓，成长为腰缠万贯的商家巨鳄，后又跌落谷底。但即使全线断航，沙颍河依旧奔流不息，默默滋养着三川大地，古朴厚重的大铁牛仍然在传递周口人坚毅不屈的精神内核。改革开放的春风唤醒了沉睡多年的沙颍河，随着沙颍河复航，周口重装出发，豫货出海，走上了复兴路。因水而兴的周家口在明清时代商贸航运繁盛400余年。千年潮未落，时代扬新帆。随着国家"一带一路"倡议的实施，沙颍河通江达海的能力再次凸显。以周口为起点，沙颍河航运上游可到漯河、平顶山，向东沿淮河而下，分别从上海、盐城、连云港实现通江达海的梦想。单船通航能力可达 2 000 吨，拖队可达 1 万吨以上，集散货能力可覆盖河南、湖北、陕西、安徽、江苏、浙江、上海、山东、广东。随着内河航运的再次复兴和繁荣，沙颍河被国家规划为内河航运高等级航道，是国家规划的两横一纵两网十八线中重要的一线。周口港正成为中原经济区贯通陆海大通道、连接长三角的桥头堡，成为河南深度融入一带一路建设、连接海上丝绸之路的内河航运新起点。

一、航运复兴梦

从历史漕运的盛极而衰到再次扬帆起航，周口从渡口、埠口到内陆港口，一步步走来，周口一直未放弃航运复兴梦。新时期，周口人为实现沙颍河的复航坚持不懈地努力，特别是 2000 年周口撤地设市以来，周口沙颍河复航工程更是加快了步伐。2005 年 12 月 28 日，随着 6 艘 400 吨的货轮驶入周口港，标志着周口航运踏上了复兴之路的新征程，掀开了新的发展篇章。2009 年沙颍河实现常年通航。

2009 年 6 月 1 日，制约沙颍河常年通航的安徽耿楼航运枢纽正式建成，标志着沙颍河周口以下实现常年通航。耿楼航运枢纽闸上常年通航水位保持在 29.5 米左右，沈丘船闸下引航底板高程 26 米，沈丘船闸闸下水深可常年保证在 3.5 米左右，能满足 500 吨至 1 000 吨级船舶通航。至此，被誉为黄金水道的沙颍河周口段已由季节性通航实现常年通航，周口市真正形成了"公、铁、水"一体化的立体交通运输体系。6 月 23 日，周口港迎来常年通航后的首批大宗货物。由"永裕 501 号"大件货轮装载着周口市"十五项重点工程"之一的淮阳 500 千伏输变电建设项目变电设备，驶入周口港。该批货物长 13.2 米、宽 4.3 米、高 4.6 米，重达 131 吨，由重庆 ABB 变压器有限公司生产，它从重庆启航，经长江航道到达扬州，后由"永裕 501 号"大件货轮承运，经京杭运河、洪泽湖、茨淮新河进入沙颍河，并顺利抵达周口港。[①]

2009 年 12 月 10 日周口港成功承运河南省首批过境运输内贸货物，两艘装载着超百吨发动机定子的千吨级货轮抵达周口港。该批货物为河南省平顶山市鲁阳发电厂从哈尔滨电机厂购买的发动机定子，由哈尔滨大件运输码头吊装启运，经松花江、黑龙江至黑龙江佳木斯的抚远港，用浮吊船进行换装，再经俄罗斯尼古拉耶夫斯克港装入中国籍商船出海，经鞑靼海峡、日本海、朝鲜海峡进入东海运抵上海港，而后至安徽淮南航运公司的千吨级货轮驶入长江，经京杭大运河、洪泽湖、淮河进入沙颍河。以中国—俄罗斯—中国的陆海过境运输方式运输大件货物方式，在周口乃至河南前所未有，先出口后进口再转到内陆城市，是运输史、贸易史上的一种新模式，作为成本低、效益高的省内唯一一条内河航道，沙颍河黄金水道的价值开始显现。

---

① 周口市地方史志办公室编：《周口年鉴 2009—2010》，中州古籍出版社，2011 年，第 304 页。

2010 年沙颍河周口港首迎 7 000 余吨拖队。5 月 21 日上午，周口港迎来河南内河航运 30 多年首批船队，总载重 7 000 多吨的驳船拖队顺利驶入周口港。大规模拖队驶入周口港，在河南航运史上尚属首次，标志着沙颍河具备了长年通航万吨航船的能力。该事件被评为周口市 2010 年十大经济新闻。随后，河南的煤炭、粮食多次经周口港中心港区运往华东地区，下游的矿石经水路运抵周口并在中心港区顺利中转，沙颍河航运进入新的发展时期。[①]

2012 年沙颍河周口至漯河段航运开发工程开工奠基。12 月 30 日，沙颍河周口至漯河段航运开发工程开工奠基仪式在周口市举行。该工程主要建设内容如下：建设周口港至漯河港 83.9 公里四级航道，进行梯级渠化，沿河规划建设周口船闸、葫芦湾通航枢纽、大路李通航枢纽，建设漯河港、周口港西华港区、商水港区，建设 500 吨级泊位 16 个，设计吞吐能力 405 万吨，工程概算总投资 17.5 亿元。建设工期 4 年。周口船闸是工程首期建设的项目。概况投资 2.05 亿元，建设规模均为 500 吨级，通航标准为 IV 级。船队队形 1+2×500 吨（双手单列、顶推），船队尺度为 111×10.8×1.6 米，闸室有效尺度为 120×12×3 米。[②]

2013 年 10 月 25 日，周口港口物流产业集聚区正式挂牌成立，成为河南唯一一个以港口为依托的产业集聚区。2017 年 4 月，周口中心港一期工程开港运营，港口复兴梦也拉开了序幕。未来，周口港根据需要还计划陆续开通周口到南京、周口到连云港等多条直达航线。周口人的航运复兴梦将再次插上了腾飞的翅膀。

① 周口市地方史志办公室编：《周口年鉴 2011》，中州古籍出版社，2011 年，第 194 页。

② 周口市地方史志办公室编：《周口年鉴 2012》，中州古籍出版社，2012 年，第 202 页。

二、渡口迎新生

三川交汇，一河穿城，周口中心港目前已成为河南唯一的内陆大港，拥有全省唯一的内河航道，天然黄金航道——沙颍河航道。新时期，周口市委、市政府以发展临港经济、建设满城文化半城水、内连外通达江海的中原港城为目标，依托建港口、集物流、聚产业、优生态、兴港城的发展主线，以文化城、以水润城、以绿荫城、以业兴城、以港促城，探索出了一条由黄土经济向蓝水经济的转型之路。

三川大地出彩蝶变，港城魅力峥嵘初现。周口中心港联动淮河、长江、外运，是多式联运的重要节点环节。周口致力于突出沙颍河对外联系、港口枢纽节点的作用，建设对外联系长三角与东部沿海地区，向内辐射带动中原经济区的交通物流节点、门户窗口地区。同时，周口中心港码头的建设与发展是临港经济发展的平台，周口先后引进国内、国际高水平技术团队投资、建设，沿沙颍河港区段约 6.5 千米的岸线，规划建设为东、中、西三个作业区、77 个千吨级泊位，总投资约 45 亿元，预计年通货能力 5 000 万吨以上、集装箱 80 万标箱。根据周口港区提供的相关资料显示，2018 年港口货物运输量 1 300 万吨，占当年河南港口吞吐量的 85%。根据规划，周口港二期工程有 6 个挖入式港池，35 个千吨级泊位。建设内容包括港池、码头平台、道路、堆场等，总投资约 6 亿元。功能定位以集装箱装卸为主，兼顾大件货物和部分杂货。港口中作业区码头建成后，将形成年吞吐量 5 000 万吨的货物周转能力，西通豫西矿产资源区，经安徽、江苏，东连宁波舟山港、上海阳洋山港的临港产业发展平台，为周口临港经济发展，带动沿河经济快速发展起到重大作用。

千年潮未落，正是扬帆时。目前，周口正以周口港区为中心，打造沙颍河产业隆起带，引领临港经济科学发展。连续举办多届临港经济论坛，扩大招商引资，开展精准招商，取得了丰硕成果。聚力营造以港兴市的发展格局，沙颍河航运通江达海的优势日益凸显，社会经济效益显著提升，周口临港经济大发展，正当其时。

三、豫货出海口

现在的周口，正以港口为依托，全力建设中原港城。今后，周口将从内陆腹地一跃发展成为东接长三角地区、西融中原经济核心区、南通长江中游经济带和武汉城市群、北达京津冀的区域性交通枢纽城市，成为河南的入海门户，也是中原经济区连接长三角经济圈的水上门户、桥头堡。周口港启运的船舶，经过淮河、京杭大运河，可通江达海，覆盖苏、沪、浙、皖等广大地区。今后，诸如加拿大的小麦、菲律宾的红土、东南亚的红木等海外货物将齐聚周口港，然后通过陆路交通辐射，成为带动周边区域经济发展的新增长极。尤其是周口中心港自正式开港运营以来，港口运输货源充足，货物吞吐量大幅增加，有数千艘货船进出港口，航运业务显著增加，省内外众多航运企业、淮河长江沿线港口码头运营单位及临港产业关联度高的企业纷纷来周口洽谈合作业务。同时，周口中心港与海河联运港际合作联盟各港口通过信息平台实现资源互补、信息共享，并和诸多合作方深度对接，就联手打造"公、铁、水、空"多式联运枢纽达成合作共识。社会经济效益显著，周口知名度明显提升，有效促进了中原经济区与长三角经济圈及海上丝绸之路的融合发展。

周口港区作为发展临港经济的主战场和桥头堡，将强力推进港口三大作业区码头建设，推动周口中心港经营不断提档升级。同时，围绕港口规划建设的仓储物流园区、粮食食品产业园区、装备制造园区、口岸功能及综合保税园区、新型建材产业园区这五大临港园区也正在快速推进。现在的周口，正全力打造豫货出海口，把临港经济铸成周口新的增长极，建设周口开放的经济产业高地，朝着中原港城的目标飞速狂奔。

第九章

周口戏曲文化

河南地处九州之中，华夏腹地，称为"中原"。中原乃农耕首善之区，具有历史悠久且高度发展的农业文明，特别是在中华文化形成的关键时期，河南多数为夏、商、周的国都所在地，这些也奠定了中原文化在中华民族文化中的核心地位。中原地区不仅是中华文明的发祥地，也是民族戏剧的摇篮。周口位于河南东南部，不仅是中原传统农耕核心区，也是河南地方戏曲流布的重要地带。"任何时代任何一种社会文化现象，不会是无本之木，无源之水，必有其渊源和流衍，因此必有其产生、发展和变化的过程，同时，任何时期任何一种文化现象又是特定的自然、民族、政治、经济环境的产物，又随着自然、民族、政治、经济环境的变化而变化。"[①]从大的方面说，自然条件从宏观上制约了文化现象的分异，如我国南北不同的地理环境形成南北文化、民俗、语言等差异。行政区划对文化现象的整合，又使区内的文化现象趋于一致。河流和山脉的阻隔作用又得以形成一个相对的封闭空间。在这个封闭空间中，音乐事象与文化地理有着密切的关系，明代王世贞在《曲藻》中说："凡曲，北字多而调促，促处见筋；南字少而调缓，缓处见眼。北则辞情多而声情少，南则辞情少而声情多。北力在弦，南力在板。北宜和歌，南宜独奏。北气易粗，南气易弱。"[②]不同的地域环境导致不同的音乐风格，而特定艺术形式的产生一定离不开其所处区域的文化地理环境，越调、太康道情戏、淮北梆子戏（豫剧沙河调）等便在这样的文化地理环境中滋生勃兴。

第一节　周口戏曲沿革与发展

　　周口地区位于豫东平原，贾鲁河、涡河、沙颍河、汾泉河贯穿东西，

---

① 邹逸麟编著：《中国历史地理概述》，上海教育出版社，2005年，第360页。

② 王世贞：《曲藻》，中国戏曲研究院：《中国古典戏曲论著集成》（4），中国戏剧出版社，1959年，第27页。

土地平坦肥沃、四季分明，极适宜于农业耕作。自太昊伏羲"都宛丘"、创八卦、立礼教，在这块土地上不仅有谢氏、袁氏家族留下的珍言墨迹，还有丰富多彩的民间戏曲遗存，彰显着周口厚重的历史底蕴和悠久的艺术渊源。

一、古代戏曲沿革

戏曲的起源可以上溯到原始时代的巫仪歌舞。周口地区历史悠久，这块土地上的先民很早就在劳动中创造出了原始的巫仪歌舞，后经演化发展，到春秋战国时代之前，已经盛极一时且广为流传。王国维在《宋元戏曲史》中说："周礼既废，巫风大兴；楚越之间，其风尤盛。"[①] 在原始巫舞的发展过程中，祭祀神灵的仪式中，巫觋以装扮表演愉悦神灵，具备了"角色扮演"的元素，故而王国维称此类巫舞为"后世戏剧之萌芽"。《诗经·陈风》云："东门之枌，宛丘之栩，子仲之子，婆娑其下。"[②] 淮阳城东的宛丘，在当时已形成我国目前所知的最古老的盛大歌舞场所，足见在殷商时代戏曲已然在周口地区萌芽。

秦汉时期，伴随着巫觋地位的下降，戏曲表演从娱乐于神转变为娱乐于人，歌舞艺伎和百戏演出从宫廷流布民间，尤其是角抵戏和歌舞戏。近年来出土大量戏曲文物，如：西华、扶沟出土的歌舞画像砖、淮阳出土的陶伎乐俑、项城出土的陶质戏楼，都证明了戏曲在周口地区的进一步发展。其后历经魏晋南北朝的演进发展，至唐代出现参军戏，演出中有"参军"和"苍鹘"两个角色，具有里程碑意义。宋代汴梁商业极大繁荣，市民阶层兴起，在勾栏瓦舍中逐步演化出吸收融合其他歌舞、说唱、杂技等技艺形式的杂剧。周口地区北靠汴京，自然会有外来艺人入汴京和汴京艺

---

① 王国维：《宋元戏曲史》，东方出版社，1996年，第2页。

② 郑玄笺，孔颖达疏：《毛诗正义》卷7，《十三经注疏》，中华书局，2009年，第1册，第801页上栏。

人外流，很多路经周口，在民间和城中演出戏曲。

从宋末到元代，周口地区各地方戏曲剧种传入的勾栏瓦舍戏和杂剧演唱技艺基础上，在这块土地上开始了各自的孕育发展阶段。从剧目上看，出现了以周口地方故事为题材的元代杂剧《陈州粜米》和《秋胡戏妻》（石君宝撰），时至今日在淮阳还留有"米砂冢"和秋胡"望鲁台"的遗址。明代，戏曲在周口地区各地已兴盛起来，各地纷纷搭建戏楼。诸如淮阳城隍庙戏楼、项城秣陵城隍庙戏楼、西华逍遥戏楼等十余座。这些戏楼大都为庙院的附属建筑，主要供春祈秋报、酬神还愿时演出之用。

清代戏曲在周口已经蓬勃发展，各地方剧种已各自形成了独立的门户。突出表现在一方面诸多戏曲剧种传入周口地区并发展壮大，另一方面戏曲班社在本地区形成规模。豫剧于明末传入周口地区，后在沙河两岸形成新的唱法腔调，即豫剧沙河调；卷戏自明末传入沈丘，后由沈丘传入项城；罗戏于清代康熙年间风靡于周口地区；越调于清代同治年间流入项城；花鼓戏于清代道光年间传入周口地区；道情和曲剧也于清末出现在周口地区。由于各地方戏曲剧种已经在周口地区形成，戏曲班社及规模庞大的从业人员也随之形成。据目前掌握资料看，周口地区出现最早的戏班是项城秣陵于明末自发组建的戏曲演出玩会班。规模较大的戏班是清嘉庆四年（1799）商水人赵龙章组建的赵家戏班。影响较大的戏班有郸城县张完集旧戏班，商水县邓城赵宅戏班，太康县双盛戏班，扶沟县人和班、福成班等。据统计，清末仅商水、西华两县规模较大戏班就有25个之多。在这些戏班的传承教授下，周口地区涌现出一大批技艺精湛的戏曲艺人。最终形成了以越调、太康道情戏、豫剧沙河调为主的地方戏曲剧种，以及曲剧、坠剧、卷戏、罗戏、二夹弦、花鼓戏、木偶戏竞相争胜的民间戏曲演剧盛况。

二、近现代戏曲发展

民国时期，周口地区戏曲发展更为兴旺发达。无论剧种品类、班社数量，还是艺人群体，都呈现出繁荣景象。不仅如此，伴随着近代社会转型的浪潮，在周口地区演出过程中也涌现出戏曲改良的苗头，注重社会教化、改良社会风气、组织新剧团、演出新剧本等。

在剧种即班社演出方面，仅太康流行的剧种及民间小戏就有：罗戏、柳戏、越调、二夹弦、大油梆、河北梆子、道情戏、花鼓戏、京剧、曲剧等十余类。演出戏班则有 40 余个。另外，仅西华从艺人数就多达上千人，根据相关统计数据显示达到 400∶1 的比例，即每 400 人便有 1 人从事戏曲演出活动。戏曲艺人方面，在这一时期演员大都出自各县区戏曲科班。在民国初年，周口各类戏曲科班多达近百所。学员在科班学艺时，班规森严，基本功训练扎实。在此背景下，豫剧角色行当和演出剧目也发生了巨大变化。一方面，豫剧旦行突破了男旦的限制，坤角演出有了较大提升，促进了旦行的细化，也出现了一大批优秀的戏曲女演员。另一方面，演出剧目不再局限于宫廷戏和公案戏，家庭伦理类和社会问题类的市井小戏也随之增多，丰富了剧目，更好地满足观众口味。

随着新文化运动的开展，戏曲教化民众的价值受到文艺界人士的关注。戏曲改良运动自上而下，从城市到乡村进行着深刻的变革。根据《西华县志》记载：1932 年，西华县首次建立戏曲研究机构——戏曲改良委员会。该会隶属县民教科领导，下设委员 5 人，每月开会一次，负指导及设法改良之责，编有新戏曲多种，如《终身大英雄事》《解放女》《孔雀东南飞》等。戏曲改良委员会的指导，不仅改变了人们对戏曲的认知，戏曲事业也得到社会各界的重视。同时，有效革除了旧戏曲中弥漫的封建迷信和伤风败俗元素，将现代社会的新知识和新理念通过戏曲演出传到社会最底层。诸如，太康县四街豫剧班在 1929 年首次排演了时装戏《总理北上》，该剧由冯子慎编剧，主要内容是描写孙中山去北平与段祺瑞谈判南北议和的故事，开创了周口地区戏曲排演时装戏的先河。至抗日战争全面爆发，河南省文化运动委员会所属光明话剧团为宣传抗日，在地下党组织的领导下，在太康、沈丘、淮阳、项城、周口等地排演活报剧，借助戏曲话剧演出有力推动了抗日救亡运动。

中华人民共和国成立之初，周口地方政府为了戏曲事业的发展，先从扶植、资助旧戏班和零散艺人入手，兴办戏曲艺术事业，建立戏曲团体，培养新的戏曲人才。1951 年 5 月 5 日，中央人民政府政务院制定颁布《关于戏曲改革工作的指示》，简称"五五指示"。这是全国发布的第一个关于戏曲改革的政府文件，具体阐述了戏曲改革工作的任务和审查剧目的标准。周口地方政府根据这一指示精神，也对戏曲事业实行了改戏、改人、改制的"三改"政策。众多的旧戏曲班社由业主班改为合作班，后经登记，整顿。到 1952 年，周口地区各县区都相继建立起了正式纳入县文化编制的专业剧团。除了戏曲院团的改制，在艺术创作上，也进行了大胆的改革和创新。为了净化舞台保持戏曲演出的完整性，剧团在演出时把原来居坐于舞台正中的乐队改为一侧，为演员表演和设置布景提供了较为充分的空间。新中国成立之初，各专业剧团都增设了专业编导人员，并在文化局设置了剧目组，对旧剧目进行了整理和改编。周口共整理改编传统剧目200 多种，又新编了历史戏、现代戏 100 多种。在伴奏方面，也扩大乐队阵容，使用西式乐谱，并随之配备了专门的音乐设计，形成了演员唱腔先由音乐设计再进行演唱的新型声腔体系。

第二节　周口戏曲声腔与演剧

基于黄淮流域特殊的地理环境、民风习俗、语言交通及宗教信仰等因素影响，周口地区形成了以越调、太康道情戏、淮北梆子戏（豫剧沙河调）为主要剧种，同时活跃着曲剧、坠剧、卷戏、罗戏、二夹弦、花鼓戏、木偶戏等剧种。

一、越调

越调是河南省地方戏曲剧种，因其主奏乐器是"象鼻四弦"，所以旧时又称"四股弦"。它主要流行于河南省的西南部，以及湖北省的西北地区、陕西省的东南部、安徽省西北的一部分、山西省的东南和河北省的南部部分地区。清初以皮影越调戏、木偶越调戏、越调大戏三种形式广泛流行。

越调剧种以唱、念、做、打、舞为表演戏曲程式，生旦净丑十几种，脚色行当齐全，与豫剧相似。越调唱腔高亢、明快、淳厚、质朴；吐字清晰、以字代音、以声传情、唱中有笑、笑中有唱，既善于表现激昂慷慨、悲壮高歌的场面，又能抒发深沉、轻柔、哀怨的感情，具有河南民间音乐特色和乡土气息。越调原为曲牌体剧种，逐渐由曲牌体向板腔体过渡，有曲牌 200 多个，多来自其他戏曲剧种和民间音乐，分笛牌和弦牌两部分，形成了一整套的板式、曲牌、杂调和伴奏方法。剧目方面有以传承老戏为主的正装戏和移植改编的外装戏两类。

新中国成立以后，越调在河南省大有发展。郑州、许昌、周口、南阳建立越调专业剧团。1959 年举行了河南省越调会演，汇集了全国上下 16 个专业越调剧团，共有一千多名越调工作者会师许昌，是越调界空前的盛会。河南省越调剧团前身是河南省淮阳专署三分团——由九女大戏班改制的民友越调剧团，于 1949 年 6 月成立。1953 年淮阳和商丘专署合并，剧团改称为商丘专区越调剧团。几经变更，1965 年，周口专署成立，剧团改名为周口地区越调剧团。1983 年 5 月，剧团晋升为河南省越调剧团。河南越调以女演员扮须生而出名，在越调的发展过程中，直到 30 年代才有女演员登台，最早成名的是张秀卿和杨桂芝，拿手好戏有《收姜维》《抱琵琶》等。继而崛起的是人称大梅、二梅的申凤梅（1928—1995）、申秀梅（1930—1993），申凤梅，工老生，人称"铁嗓子"，11 岁学习越调，1963 年又拜京剧表演艺术大师马连良为师，精进艺业，有"活诸葛"的美称。

她代表剧目很多，特别是"两吊一收"，即《李天保娶亲》《诸葛亮吊孝》《智收姜维》，还被搬上了银幕。

河南省越调剧团在已故著名越调表演艺术家申凤梅的引领下，相继排演优秀传统戏、新编历史戏和现代戏200多部：主要剧目有《诸葛亮吊孝》《智收姜维》《李天保娶亲》《白奶奶醉酒》《山村新曲》《扒瓜园》《卖箩筐》等，传统剧目有《三哭殿》《哭四门》《两狼山》《大保国》《二进士》等，保留剧目有《诸葛亮出山》《舌战群儒》《七擒孟获》《斩关羽》《空城计》《尽瘁祁山》《无妄府》《双锁木匮》《火焚绣楼》等。该剧团2012年划转为河南省越调艺术保护传承中心。

河南省越调剧团阵容强大、行当齐全。1960年申凤梅、李大勋的调入更是丰富了剧目，并多次晋京演出，受到党和国家领导人的亲切接见。1963年3月，经中国京剧院著名京剧表演艺术家袁世海和杜近芳推荐，河南越调首次应邀赴京演出。从3月21日在吉祥剧院首演到5月15日进怀仁堂演出，前后历时近两个月，演出30余场，轰动京华。4月2日、9日和5月15日，越调三进中南海为党和国家领导人演出。周总理看了越调《智收姜维》后走上舞台握住申凤梅的手说："你把诸葛亮演活了，河南的诸葛亮很会做思想工作！"1994年，申凤梅带病拍摄越调电视系列片《诸葛亮》。1995年，申凤梅在周口去世。

北京电影制片厂、珠江电影制片厂相继拍摄了《扒瓜园》《李天保娶亲》《诸葛亮吊孝》《智收姜维》四部戏曲电影和越调电视系列艺术片《诸葛亮》。在参加全国戏曲赛事和河南省历届戏曲大赛及汇演中，越调频频荣获大奖。特别是大型现代戏《吵闹亲家》荣获1991年度中宣部"五个一工程"奖、文化部"文华新剧目奖"和河南省"五个一工程"奖、河南省首届"文学艺术优秀成果奖"。《尽瘁祁山》获得2003年河南省第九届戏剧大赛金奖第一名，并同获作曲、舞美等十五项单项奖。新编历史剧《老子》获得第十三届文华大奖。

二、太康道情戏

太康道情戏，又称"河南道情戏""豫东道情戏"，也曾称"道情班"等，流行于河南周口、商丘、驻马店、开封、新乡、漯河等地。太康道情戏以唱为主少道白，其唱腔中板腔和曲牌兼而有之，曲调敦厚朴实，唱词通俗易懂。道情戏的伴奏乐器由原始的渔鼓、简板，逐步过渡到以两把道情胡为主，后来增添了大胡、笙、琵琶、中阮等。代表性剧目有《王金豆借粮》等。

清代末年，流行在河南、安徽地界的渔鼓道情与莺歌柳、鼓儿词等曲艺形式相互结合，演变成一种新的艺术形式，即戏曲中的道情戏，在各地表演。早期的太康道情戏班演出简陋，多为"围鼓圈""座摊"的"玩会儿班"形式，班社组织较为松散，演出成分曲艺多于戏曲。常参加大户人家的堂会，又被称为"客房台戏"。随后，道情戏班纷纷登上舞台，沿沙河流域在乡村集镇逢会搭高台演唱。如清代同治十年（1871）成立的龚德成道情戏班，据《龚长法传》载："1900年农历二月，太康县老塚淮寺起古会，……其中从新蔡来的一班'道情筒子'甚为稀奇，他们不在高台演唱，而是地摊形式：平地上用粗布遮挡，圈成一个'园子'。演员十余人，全是男的，皆手执筒化妆登场。扮男者紧身着长衫，扮女者头顶块花巾，穿花袄花裙，脸上涂脂抹粉，身子扭扭捏捏。"[1]1905年，太康县老冢乡干张村张广志在家乡成立道情班，并广招徒弟。在龚长法、张广志两位道情戏先驱的努力之下，豫东淮北的道情戏班如雨后春笋般蓬勃发展。

近年来，随着太康道情戏的演出火爆，业余剧团纷纷成立，在县乡文联和乡镇文化站的有力组织推动下，根据太康县相关数据统计，全县共有道情表演团体300多个，其中县级道情剧团有原太康道情剧团、太康县文联道情剧团、老干部道情剧团，辖区23个乡镇均办有道情表演团体。影

---

① 郭廷文、解守明：《龚长法传》，中国戏曲志河南卷编辑委员会：《河南省戏曲史料辑丛》（11），中国戏曲志河南卷编辑委员会内部资料，第217页。

响较大的有毛庄镇道情剧团、城郊乡道情剧团、城关镇道情剧团等。村办道情表演团体有 280 多个，影响较大的有符草楼镇岳古洞剧团、常营镇大昌剧团、板桥镇付寨剧团等。全县 26 家乡镇文联、县直行业文联均成立了道情戏曲协会。呈现出以县级专业剧团为主导，乡镇级道情剧团为骨干，村级道情剧团为普及重点的良好发展格局。据不完全统计，全县道情剧团每年演出道情戏 1 885 场，观看群众达 50 万人次。这样蔚为大观的戏曲班社数量，在全国的县级行政区中殊为少见。在专业剧团和业余剧团的共同努力下，太康县成了名副其实的"道情戏窝"，2006 年，太康道情戏被评为国家第一批非物质文化遗产项目。2014 年 9 月 26 日，太康被中国文联戏剧家协会正式授予"中国太康道情之乡"的称号。

三、淮北梆子戏（豫剧沙河调）

沙河调是豫剧唱调之一，又称为"南路调"，因其流行区域以漯河、周口附近的沙河沿岸为中心，被称为"沙河梆子"，后经戏剧理论家冯纪汉提议将其归纳命名为"沙河调"。鉴于沙河梆子民国以来已经广布于安徽淮北地区，1960 年定名为淮北梆子戏。豫剧沙河调剧团的活动区域基本上以沙河沿岸地区为中心，以河南周口、项城为中心，西起河南南阳的白河、襄河，东达安徽阜阳的颍河、涡河，传布于二十多个县市。

自清代乾隆年间，陕西梆子腔南流，影响山东、河南、河北、安徽等地，在沙河一带盛行，尤其在农村吸收"坠子翁""灶王戏"以及曲艺鼓书艺人的演唱，和沙河一带的号子声、叫卖声等，形成了具有沙河一带特色的地方戏曲，人称"高腔梆子"。关于沙河调的源起，目前学界有两种说法：其一，沙河调是南阳宛梆顺沙河东下与豫东调相互交融的混合产物；其二，豫剧唱调之一的祥符调传到淮阳、周口、漯河一带便形成沙河调。沙河调同其他豫剧唱调一样，属板腔体音乐结构。一般有慢板、二八板、流水板、非板四大正板，还有辅助板式搬板凳、呱嗒嘴、勾丝咬等。伴奏乐器分文场和武场：文场柔美舒畅，乐器多用板胡、三弦、月琴；武场热烈奔放，乐器常用板鼓、堂鼓、大锣、小锣、手镲、梆子、手板等。

目前，周口豫剧沙河调专业团体有周口市豫剧团、周口市青年豫剧团、商水县豫剧团、项城市豫剧团、西华县豫剧团五个，业余剧团数十个。尤其周口市豫剧团和周口市青年豫剧团有着较强的发展实力。周口市豫剧团创建于1977年，该团先后有《西湖公主》《市井人生》《都市彩虹》《都市霓虹》等剧目在河南省戏剧大赛、全国梆子戏汇演、中国豫剧节中获河南文华大奖、"五个一工程"奖、黄河戏剧奖、田汉戏剧奖等数十项大奖。周口市青年豫剧团前身是郸城县豫剧团，因其辉煌的业绩2008年被晋升为市级优秀剧团。此外，郸城县戏曲资源相当丰厚，现已打造成河南省艺术水准较高的知名艺术团体，其排演的《云锦人家》《白蛇传》《杜鹃山》等经典剧目获得省市级奖三十余项。

四、其他民间戏曲演剧

周口地区是戏曲资源大市，在这片土地上不仅有越调、太康道情和豫剧沙河调，而且长期活跃着曲剧、坠剧、卷戏、罗戏、二夹弦、花鼓戏等民间戏曲演出。伴随着社会的发展，这些剧种部分因循守旧逐步丧失受众而渐趋衰落，有些剧种则与时俱进从而获得勃兴的历史机遇。

曲剧，又称曲子戏，也是在周口地区流传较广的剧种。它的形成时间大约在清朝末年。曲剧源自民间小调并吸取其他剧种音乐，最初以"踩高跷"的形式进行演唱，而后逐渐走上舞台。曲剧最初流行于洛阳、南阳，所以有"洛阳曲子"和"南阳曲子"之分。曲剧早期伴奏乐器仅有一把曲子弦，一个手板，无锣鼓配合，后逐步增加了四股弦、三弦琵琶等乐器。主要代表剧目为《卷席筒》《柜中缘》《花亭会》等。曲剧音乐质朴动听，生活气息浓郁，唱腔通俗易懂，演出形式轻便灵活，因而深受群众喜爱。

周口出现最早的曲剧剧团为沈丘县 20 世纪 40 年代建立的曲剧戏班。

坠剧，是以河南坠子的曲调为基础发展而成的剧种，也称坠子戏，是流行于河南、安徽、河北、山东等地的剧种。作为曲艺曲种的河南坠子形成之初，以坠子艺人单人自拉自唱、二人对唱为主，于乡间、城市街头、书棚乃至小型剧场演出。20 世纪 30 年代，坠子群唱出现，成为坠剧雏形。40 年代，带有化妆色彩的坠子演出逐渐登上舞台。新中国成立后，河南各县市纷纷成立职业化妆坠子剧团。因发展较快，坠剧团渐成气候。坠剧的音乐唱腔和伴奏方式与坠子区别不大，适当吸收豫剧、曲剧、西河大鼓等剧种、曲种音乐元素。演员仅由在曲艺坠子中一人演众多人物，改变为演剧中单一人物，同时丢掉了简板，上下场加上了锣鼓点。伴奏乐器除坠琴主奏外，新增加二胡、三弦、高板、笙、竹笛、唢呐、鼓、大锣、二锣、梆子等。

卷戏，是曾在周口地区出现而今已列入非遗保护的剧种。它最早出现于清初沈丘县莲池乡白姓家族，由寺庙音乐"卷调"演化而成。初在节日盛会时演出，后被搬上舞台，成为独立剧种。卷戏伴奏乐器以小唢呐为主，另有锣、鼓、钹、梆子等，没有弦乐。其唱腔曲调优雅婉转，唱词深奥，多用七言十字句。代表剧目有《四龙归天》《九头狮子临凡》《铡美案》《南阳关》等。

罗戏，也是曾在周口地区出现而今已列入非遗保护的剧种。罗戏，又称笛戏。约在明代诞生，清代盛行。康熙年间，已经风靡中州，繁荣盛极。之后，罗戏长期因循守旧，闭门自囿，日渐走向衰落。罗戏源于弦索俗曲，以唱俗曲曲牌为主。男女同腔同调，用真声，唱后有讴，为罗戏特色。罗戏演出以太平车四辆合并为台，服装道具极为简单，乡土气息浓厚。乐器主要有大唢呐、大锣、二锣、手钹、梆子、鼓板等。代表剧目有《盗火龙驹》《张飞卖肉》《火烧纪信》等。卷戏擅演文戏，罗戏擅演武戏，两种戏经常同台演出，逐渐形成了罗卷戏，能够吸引更多的观众。唱腔旋律与中州大地语音节奏相近，很有地方特色。

二夹弦，是江苏、山东、河南、安徽四省流行的地方戏曲剧种。在河南周口地区也很时兴。又称"两夹弦""大五音""淮阳调"。最初为纺棉小调，在花鼓丁香、大五音和四根弦等剧种基础上逐渐形成。因其主要伴奏乐器四胡的拉弓上的两股马尾由四根琴弦夹住而得名。二夹弦形成剧种之初其伴奏乐器十分简单，仅以四胡领弦，配以琵琶，二胡和之，打击乐仅有大锣、钹和大鼓等。乐队人员往往一人兼奏多种乐器，演唱时女角落腔多带尾声，男角真假嗓并用，以假嗓为主，腔调柔和，委婉甜美，为观众喜爱。代表剧目有《休丁香》《梁山伯与祝英台》《大铁山》《金刀记》《全家福》等。

花鼓戏，又叫山东花鼓，其伴奏不用弦乐，仅用锣鼓。其最突出的特点是在舞台两侧各置一个二尺长的大梆子，在演员表演时二梆齐响，演员随着梆子一句接一句不间歇地唱下去。其演出剧目多是民间小故事及连台戏。代表剧目有《巧合奇冤》《金镯玉环记》等。

第三节　周口戏曲文物遗存与班社习俗

周口地区历史悠久，戏曲源远流长，在漫长的历史长河中留下了珍贵的戏曲文物和遗迹。戏曲文物是指前人遗留下来的有关戏曲的文物；戏曲遗迹是指历史遗留的戏曲演出空间场地及碑刻遗存。

一、戏曲文物

周口出土的戏曲文物众多，但由于近代社会转型，加之战乱和水患灾害，大量珍贵戏曲文物大量遗失和破坏，现存较为珍稀的戏曲文物有陶质戏曲文物和画像砖、戏剧图本等。诸如：淮阳出土的汉代三进陶院落，西华、扶沟出土的汉代画像砖，项城出土的汉代陶质戏楼，西华发现的清代戏曲图本等。

现存淮阳出土的汉代三进陶院落于 1981 年出土，属于西汉时期陶制院落模型。该院落模型分前后两部分：前部为陶院，后部为田园。陶院又分为前院、中庭和后院，故名三进陶院落。院落周围设有角楼；院中有庶殿，殿内有一组陶伎乐俑，共五男一女，均为坐相。他们有的捧匜，有的弹琴，有的吹笙，有的合掌，形象栩栩如生，再现了汉代歌舞戏曲演出的真实情形。汉代画像砖，在周口地区西华、扶沟二县汉墓中皆有出土，今已共出土近万块。其中，西华有 8 块东汉年间的画像砖，图形格外清晰。这些画像砖均为正方形，空心。每块砖上都雕有女性舞者一人，舞者面部似有表情，口微张，作且歌且舞之状。

汉代陶质戏楼，分为三层，1977 年出土于项城老城汉墓之中。底座为正方形，共分为三层。第一层，四角栏杆上各置一熊面人首，其上为交叉抬梁，两梁交叉于四角，均置于熊面人首之上，以一斗二升斗拱承托角椽。底座中间有三戏俑排成前一后二的三角状，前一戏俑作跳丸势，后二戏俑为伴奏者。跳丸者左腿跪地，右手心置一丸欲抛，左手一丸已抛于空中，前额上尚置一丸，两目仰视空中之丸。伴奏者皆跪坐，鼓腮，两手捧乐器作吹奏状。第二层，室内有一乐人盘坐，鼓腮，捧乐器呈吹奏状，亦为跳丸者伴奏。第三层，横骑于二层正脊上，四垂脊各卧四雀，正脊卧一鸡身凤尾的大雀，四垂脊上小雀皆与它相像。据鉴定，此戏楼上所卧之雀为朱雀，故又名朱雀戏楼，所演之戏或为汉代百戏之中的跳丸戏。

二、戏曲遗迹

周口地区历史悠久。陈国很早便已歌舞盛行，歌风舞风炽盛，出现了歌舞场所。宛丘歌舞场和太昊陵巫舞场，便是最负盛名的两处古代歌舞场。《尔雅·释丘》云："丘上有丘,为宛丘。"① 作为夯土高台,丘上之丘是四方高中央低的土丘。另据《诗经·陈风·宛丘》云："坎击其鼓,宛丘之下。无冬无夏,值其鹭羽。坎击其缶,宛丘之道。无冬无夏,值其鹭羽。"② 从这段文献中可以看出,在宛丘之上以及通往宛丘的道路上,青年男女在岁时节令用羽毛扮饰自己,伴随着鼓声缶乐载歌载舞,充分展现宛丘作为古代歌舞场所的热闹景象。此外,作为古代巫舞的重要演出场所太昊陵,也是淮阳最重要的一处歌舞演出遗迹。太昊陵原始巫舞祭祀活动中逐步演变出以经歌(担经挑)为载体的巫舞活动,并流传至今。

戏楼是人们随着戏曲发展而建造的供戏曲演出使用的楼式建筑,即古时的固定戏曲演出场所。古时候,人们把演戏和祭神紧密联系在一起,因而戏楼的修建大都是在寺庙院落之内。周口地区最早的戏楼出现在汉代,其后至清末民初戏楼多不胜举。但由于民国年间战乱频繁,戏楼多数毁于战乱之中。较为典型的有:始建于明代正德年间的项城县秫陵镇戏楼、西华县城城隍庙戏楼,始建于清代乾隆年间的项城县水寨关帝庙戏楼、鹿邑县城隍庙戏楼城,以上多数被毁或拆除。现存较好的为周口市关帝庙戏楼,始建于清代道光年间。该戏楼坐南朝北,舞台正方形,边长约三间房阔,其建筑为重檐歇山式楼阁,屋面覆盖绿色琉璃瓦,檐下斗横玲珑秀丽,饰有五彩重昂斗拱。戏台上方书写"声震云霄"四个大字,台口两侧原有一副对联,现已不存。

三、班社习俗

班规是戏曲班社和各类剧团根据戏曲艺术表演的需要,制定的旧戏曲

---

① 郭璞注,刑昺疏:《尔雅注疏》卷7,《十三经注疏》,中华书局,2009年,第5册,第5692页下栏。

② 郑玄笺,孔颖达疏:《毛诗正义》卷7,《十三经注疏》,中华书局,2009年,第1册,第800页下栏。

艺人和新戏曲工作者必须严格遵守的各项规章制度。习俗，则是旧戏曲艺人在戏曲艺术工作中，形成的较为一致的带有约束性的生活习惯。下面从演出、分工、经济分配、拜师几个部分做简单梳理。

旧戏曲班社演出不自主，演出前须由班主拿着写有剧目的戏单请主家点戏。主家指定"戏码"（即剧目）后，再由班中负责安排演出剧目的报单者向演员宣布演出剧目。旧艺人每人都被分配好固定的角色行当，同行当的艺人按照演技和级别分为头路、二路、三路三个等级，剧目一公布演员便知道该演什么角色。

旧戏班演职员各有分工，有业务和生活性质之分，因分工不同而具有不同名称。掌班：又称班主，戏班负责人。报单：又称认单，负责安排演出剧目。拜客：负责对外联系。管账：负责经济账目。一等演员：主要角色扮演者。二等演员：除演好自己的角色外，还兼演其他角色。三等演员：称"戏补钉"，什么需要演什么，又称"跑龙套"。大保管：即大箱管，管理蟒、靠、帔、官衣、褶子等大件服装。二保管：即二箱管，管理小衣包、把子衣、箭衣等小件服装。大锣：兼管长把子、化妆品，有的还管点灯。二锣：兼管桌椅帷、裙，并负责给司鼓送茶。手钗：兼管短把子、软头饰、靴子、彩鞋等。梆子：兼管长把子、头盔、髯口、抛垫子、点火药、放炮等。

旧戏班经济分配，即指分配给班中演职员报酬的方法。其主要方法有以下三种。第一为清开，即包价。演职员入班时与班主议定的、演出一定时间付给的一定报酬叫作包价。第二为份子钱，也叫分账。班主不给演职员定价，而是根据演职员的技术水平和作用评定分数，让演员根据自己评定的分数领取报酬的分配方法叫份子钱。第三为身钱。每场演出后，从毛收入里提取 20%，额外分给主演、司鼓和主弦的钱叫作身钱。享受身钱待遇者，都是戏班里的业务骨干。

拜师，学员在开始跟从某演员学艺时，行使礼仪，订下规矩，叫拜师。旧艺人师徒名分很重，所以拜师活动非常郑重。首先，须有可靠人为学员作保，师傅则根据学徒的条件决定是否收徒。师傅同意收徒后，学员要宴请师傅与保人。随后，该师宴请戏班全体人员，公布师徒名分。这时，徒弟双手持个人生辰八字的红帖磕头，行拜师大礼。徒弟入师门后，一般要学习三年才能出师。出师后，徒弟要向师傅无偿效劳一年或三年，即经济收入悉数交归师傅，此后方可自便。

新中国成立前，班社有纷繁冗多的旧习俗，诸如敬庄王爷、跳加官等。

"庄王爷"，或称"郎神"，是旧戏班信奉的神灵。各戏班信奉的庄王爷并不一致，有的是唐玄宗李隆基，有的是后唐庄宗李存勖，等等不一。一般戏班尊奉的庄王爷，都是用拴马木桩雕刻而成的偶像，大小不一，有的一尺，有的二尺左右，白面无须，戴王帽，穿黄袍，有的四肢可活动。庄王爷平时置于班主家中，戏班每到一个新的演出场所，须由班主率先焚香把庄王爷请置于后台。组班，喜庆佳日或演出前，都要虔诚地焚香而拜，场面极其严肃。

跳加官，是戏班在演出之时，向在场看戏的显要人物作祝辞，以求照顾和封赏。旧戏班为了安全，同时也为了增加些许收入，希望得到地方势力的青睐，以保障演出的顺利。因此，每到一地演出，见场中有某权势人物看戏或得知某贵人驾临，戏就在演出中间临时停住，有一演员或伴奏员头戴面具，手持条幅，上写"天官赐福"字样，向台下展示，并高呼"祝某大人高升""祝某老爷发财、长寿"等语。被贺之人闻祝，一般会赐钱封赏给演员。

新中国成立后在国家戏曲方针政策的引导下，各剧团都制定了适合自己的规章制度。诸如行政管理制度、请假制度、奖惩制度、排戏制度、演出制度、练功制度、财务管理制度等，对旧时班社进行全面改造。经过1953年戏曲改革，旧班社习俗基本被遗弃，代之以在新的社会环境中形成的戏曲艺人新风尚。

第十章

周口碑刻文化

周口位于黄淮流域的豫东平原，有着悠久的历史和古老文化。各个历史时期遗留下来的碑刻遍及全市。文人墨客名家撰写的篇章、铭文，以碑文的形式保存下来，或楷或行或草或篆，等等不一，艺术地记述了各个时期有关政治、经济、宗教、文化、水利以及自然风景和灾荒的情况。

　　通过对周口碑刻书法、文学、历史等方面的分析，我们可以了解碑刻背后的历史故事，感受碑刻原来的风采，欣赏碑刻的艺术之美，更好地弘扬优秀的碑刻文化。

第一节　源远流长　浩如烟海——碑刻发展简史

一、碑刻

　　碑，最早源于周代，是一种没有文字、没有图案的竖石。据《说文解字》记载："碑，竖石也。"在地面立石作为永久性纪念物，称为碑，碑上镌刻有文字的，称为碑刻。

　　碑刻由碑额、碑身、底座组成。碑额即碑首，是碑的上端。"额"包括刻碑的标题、碑头题字。碑额通常以双龙盘绕作为浮雕；隋唐以前，书体以篆文居多，故一般称碑额为篆额，以后也有用隶书、楷书、行书题额的。碑身镌刻碑文，有时碑身背面即碑阴处或碑身两侧均刻有文字。底座有时雕成赑屃形象。碑的四周多刻有蟠螭、蟠龙等图案。

　　古人刻碑，先由书家用红笔将内容写在石头上，即"书丹"，再找石匠按照笔迹篆刻。关于篆刻碑文，历代方法不一，唐人发明了"摹勒上石"的方法。就是先做个摹本，用朱笔勾勒后形成轮廓，再在碑石上涂蜡，之后反复摩擦槌打，将空心字粘在蜡上，据此再刻出碑文。

　　现存最早的碑刻文字，著名的是战国时期"石鼓文"。石鼓，就是鼓形的十块圆石，每块圆石周身都刻有古文字。所刻内容为四言韵语，每块石鼓上刻一首诗。原先散落在陕西宝鸡凤翔的田野中，唐代发现九块，缺失一块，保留至今，现藏北京故宫博物院。

汉代文献记录最早的碑是西汉河平三年（前 26）的《麃孝禹碑》。目前所见最早的碑刻实物，是东汉永建三年（128）立的《王孝渊墓铭》，1996 年在四川省郫县犀浦乡二门桥的一座东汉墓中发掘出土。汉代以后碑刻有大发展，碑刻形制逐渐规范。从汉代至今，碑刻难以计数，浩如烟海。

二、碑拓

碑刻历经千年风霜，难免会磨损消失，要保留碑刻特别是碑文的精髓，就需要碑拓来完成。如何碑拓呢？先要清洁碑面，并预备比碑面大三四厘米的、提前湿透的纸张，用毛巾包好，吸去多余水分；再将事先准备好的白及在碑上刷匀，铺粘纸张；然后用棕刷敲打纸面，先上后下，不轻不重，使文字凹入纸张；最后用蘸满墨汁的拓包用力拍打拓版，务使全碑均匀着色。做好了上述几步，静置取下，一个碑拓就完成了。

第二节　条分缕析　行之维艰——
周口碑刻的整理与价值认知

一、周口碑刻的整理

有关碑刻文献的学术研究由来久远。对碑刻的著录始于西汉司马迁的《史记》，对碑刻的大量研究则是在宋代，至清代进入鼎盛时期。传统的碑刻研究侧重碑刻搜访、拓片收藏、碑目编制、碑铭录读、书法艺术鉴赏、碑刻文例总结等方面。近年来的碑刻研究更加系统和科学，注重对碑刻内容的研究与解读。

周口历史悠久、文化灿烂，碑刻丰富。但碑刻的整理和研究大大落后于社会需求。堆积如山的不同时期的碑刻躺在各县市博物馆、文物所、寺庙等场所，散落民间的更难以计数，都缺乏系统的整理和研究。整理地方保管的碑刻，搜寻地方志所载，依据所刻位置和内容的不同，大致可分为以下五类。

书法碑：历代书法大家真迹的集大成者，完整记录了中华文字发展的历史，是学习书法者研习碑拓的重要素材。这方面的作品有周建山等主编的 10 卷《旷原碣风：豫东碑刻集萃》。

宫庙碑：多立于宫殿、庙宇、寺观、祠堂等处，以记述修建经过、筹款人名单为主，反映了周口独特的民俗文化。李乃庆撰写的《太昊陵》辑录了淮阳太昊陵现存的大部分碑刻。

记事碑：范围广泛，内容驳杂，包括皇帝出巡、农民起义、历史人物、城市兴衰、桥梁修补、灾荒等方面，很多内容信息历史文献多不记载。

墓碑：立于墓前，主要记载墓主的姓名、世系、履历、业绩等。

墓志：放在墓中的刻有死者生平事迹的文字，始于魏晋南北朝。魏晋时期，皇帝多次下诏，废弃厚葬、严禁立碑。人们则缩小碑形而置于墓中，并出现了墓志盖，将标题刻于盖上，在墓志及盖的四边刻有各种纹饰。隋唐时期，墓志盖多为覆斗形，一直沿袭至清代。墓志由此埋藏地下千余年，未遭风雨侵蚀，保存较好，志铭书韵犹存。

郝万章撰写的《扶沟石刻》分门别类收录周口市扶沟县碑刻 275 通，内容丰富，资料翔实，图文并茂。

二、周口碑刻的价值认知

碑刻文化指的是以石头为材质，以雕刻为主要表现手法，用于表达、传承某种特定的信息和意义（"无字碑"是特殊的碑刻）。周口碑刻文化是周口地区政治、经济、社会、家族、礼俗、宗教、历史和文学艺术的浓缩。

周口碑刻具有较高的历史记录价值。碑刻像史书一样具有记忆的力量，能弥补史书记载的不足。周口碑刻信息丰富，可信度高，既可以给我们启示和力量，又可以还原历史真相。

周口碑刻具有较高的文学审美价值。许多碑刻铭文吸收了记体文、铭文、碑体文等文体中的某些元素，又加入了宗教的内涵，成为一种专门的文体。形式严谨，构思精巧，句式灵活多变，参差错落，对偶、互文、排比、比喻、借代等多种修辞手法运用其中。碑刻铭文叙事简洁明了，绘景形神兼备，议论精警新颖。

周口碑刻具有富于地方特色的艺术价值。镌刻在碑石上的书迹，或流畅飞扬，或方整朴厚，或峭拔雄伟，或龙飞凤舞，或灵秀妩媚，或平和含蓄，人们观摩品评各家各体风格，获得至高的艺术享受。

第三节　树碑立传　名碑荟萃——
周口碑刻历史文化探析

周口碑刻历史悠久、数量庞大、形式多样，内容丰富，比较翔实地记载了周口地方建制更替、时政兴衰、历史人物、兵事战乱、经济繁荣、民生诉求、教育发展、宗教文化、交通建设等的历史概貌和地方独特的地理环境和秀美的风光。碑刻以当时、当地、当事人记当时当地之事，可信度大，具有很高的学术文化价值，是研究周口地方历史文化不可缺的资料，亦可充分发挥其补史之阙的作用。

一、神圣威严　金科玉律——《太祖高皇帝圣旨碑》

谈圣旨碑先要简单讲讲圣旨。明清两代的圣旨，根据传达对象官员品级的不同，所选用的质料也不同。一品至五品的官员授以诰命，锦缎底色比较丰富，一般为三色、五色、七色不等，而等级越高，颜色越丰富，材料始端提花织出"奉天诰命"饰以双龙；六品至九品授以敕命，一般采用素色锦缎，始端提花织出"奉天敕命"饰以双龙。同时，圣旨的两端按照官员品级的高低安装不同质地的轴柄。一般一品为玉轴，二品为黑犀牛角轴，三品为贴金轴，四、五品为黑牛角轴。圣旨的长度历来没有硬性的规定。长者可达 5 米，短者在 1.5~2 米，宽度一般在 0.3 米左右。圣旨的材料多为上好的蚕丝制成的绫锦制品，圣旨底纹图案多为祥云瑞鹤，花纹精美，富有立体感。

圣旨碑就是刻在石碑上的圣旨。圣旨碑上的文字，称为"诰敕"。诰敕文书是明清两代封授官阶和"覃恩封赠"官员本身、妻室、先人的凭证。一品至五品皆授以诰命，六品至九品皆授以敕命，妇人从夫品级。而对于官员父母、祖父母的封赠，生者称"封"，殁者称"赠"。圣旨碑可分为两大类：一类是宣传封建伦理道德、积德行善、民本诚信思想和行为等，对现今构建和谐社会有一定的启发意义；另一类是保护寺庙、自然环境的法令，对今天注重环境保护、人文遗产保护也有一定的现实意义。

《太祖高皇帝圣旨碑》于明弘治十二年（1499）立，原存周口市扶沟县文庙大成殿，今藏周口华威民俗博物馆。碑高 1.30 米，碑厚 0.18 米，碑首上雕刻有二龙戏珠图案。碑文如下。

孝顺父母：父母生身养身，恩德至大，为人子者，应孝顺以报本。平居则供奉，衣食□□则亲尝，晨暮则请安，若顺其颜色，务使父母身安神怡，不至忧恼。如父母偶行一事，不合道理，有违法度，须要柔声下气，再三相劝，如或不从，则请父母之所交好之人婉词劝谏，务使父母不得罪于乡党，不陷身于不义而后已，此孝顺父母之道也。故教尔以此者，欲尔尽事亲之责，以为孝子顺孙也。

尊敬长上：长上不一，本宗之长上。若伯叔祖、父母、伯叔、父母姑兄姊、堂兄姊之类是也；外亲之长上，若外祖父母、母舅母姨、妻父母之类是也；乡党之长上，有与祖同辈、与父同辈、与己同辈而年长者皆是也。本宗与外亲之长上，服制虽各不同，皆当加意尊敬。远别则拜见，离别则作揖，行则随行，递酒则跪，命之起则起，不命之坐不敢坐。问则起而对，令则后举筋。遇陌生之长上，亦当为之礼貌。是先辈者，则以伯叔称呼，是同辈者，则以兄长称呼，坐则让席，行则让路，此尊敬长上之道也。故教尔以礼仪而尽敬长之义，以为贤人肖子也。

和睦乡里：乡里之人，居住相近，田土相邻，朝夕相见。若能彼此和睦，交相敬让，则喜庆必相贺，急难必相帮，贫危必相扶，持婚丧必相资助，有急必相借贷。虽则异姓，有若一家，出入自无疑忌，作事未有不成。若不相和睦，则尔为尔，我为我，孤立无助，嫌疑滋生，诸事难成，惟敬让则久相处。故教尔以和睦乡里者，欲尔兴仁兴让，以成善俗也。

教训子孙：人家子孙，自幼之时，须要教以孝弟忠信，使之知尊卑上下。性资聪俊者，择名师教之，务使德器成就，以为国用，光显门户。若性资庸下，不能读书者，亦须使之谨守礼法，勤做生理，切不可令其娇惰放肆，自由自在。若娇惰放肆，自由自在，则饮酒赌博，无所不为，家门必被其败坏，产业必被其浪费。故教尔以教训子孙者，欲尔后昆贤达，家门鼎盛也。

各安生理：耕种田地，农之生理也；造作之用，工之生理也；出入经营，商之生理也；生家灵升卖，贾之生理也。至若无产无本，不请匠造贩卖，挑担推脚亦是生理。若能各安生理，则衣食自足，可以供父母妻子之养，亦可以持门户，不为他人之所非笑。故教尔以各安生理。如此则有衣有食，不饥不寒也。

毋作非为：若杀人放火，奸盗诈伪，抢夺掏摸，恐吓诬骗，赌博撒泼，教唆词讼，挟制官府，欺压善良，暴横邻里，凡一切不当为之事不为之，若为之，大则身亡家破，小的吃打坐牢，累及父母妻子。若能安分守己，毋作非为，自然安稳无事，祸愚不作。故尔毋作非为，安分守己，不犯刑宪，保全身家也。[①]

明初立国，明太祖朱元璋尤为重视道德教化的价值，通过"圣谕六言"和各类御制乃至敕撰书的颁发与梓行，将儒家孝道观念及其相应的伦理等级体系自上而下地贯穿于各个社会阶层与地方社会，进而维系大一统的国家秩序。通过道德模范的树立，清官、循吏、孝子、节妇、乡贤、名宦一类道德模范的旌表，以期纯化自官至民的道德风尚，进而激发出道德榜样作用。《太祖高皇帝圣旨碑》从六个方面详细阐述了为人之道。人在世上，不但要孝敬父母、尊敬长上，还要和睦乡里、勤恳劳作、好好营生，教育好子孙遵纪守法、不胡作非为。《太祖高皇帝圣旨碑》的重见天日，对弘扬中华民族传统文化及构建和谐乡村，具有现实的积极意义。

二、金石难灭　功德永传——《吉筠亭先生事略碑》

功德，就是功业与德行，倡导人们做好事、做有益的事。牢记圣贤和英雄功德，为圣贤和英雄树碑立传是中华民族的一大文化传统。

功德碑包括德政碑、德教碑、去思碑、捐资碑、兴革碑、生祠碑、保障碑、纪实垂远记碑等，主要记述了不同历史时期著名人物为政惠民措施，歌颂了他们的功德。他们清廉严明，惩恶扬善，为民造福，在人民的心中留下了深切的怀念。

《吉筠亭先生事略碑》2016 年发现于周口市扶沟县吕潭学校旧址，青石质，圆首，首身一石，保存完整。通高 2.38 米，宽 0.63 米，碑首高

---

① 郝万章:《扶沟石刻》，中国广播电视出版社，2011 年，第 1~3 页。

0.28 米，碑身高 1.99 米，厚 0.17 米。碑首正面部分饰有供案及花卉瓜果图案，供案上置一果盘，内盛寿桃。供案左右及前面有瓶插牡丹梅花，以及苹果、柿子、葡萄、佛手、石榴等瓜果图案。

《吉笏亭先生事略碑》碑首背面部分饰有"乞讨兴学"字样图案，一老者端筐正向一富人庭前乞求施舍，富人却冷若冰霜。碑身正文为吉笏亭遗嘱照录。太康姚明华书丹，楷书，共 15 行，满行 47 字，共 376 字。碑文如下。

余家素清寒，而子得成立，深为厚幸。是以不顾身家，努力社会教育事业。倘天假以年，自应继续进行，惟今虽初病即觉体气不支，恐不久于世。余长逝后，不可厚葬，殓用白布大褂、白布裤褂、白布帽袜、布鞋、三寸杨木板。将节省之款用济贫穷。家务之处分，诸子均宜各食其力。现有产业，每子各给田地四十亩、房一处。凡我家子孙，作官即不许发财并习染嗜好，否则即为不孝。另有田地六顷，作为吕潭中山学校基金。学校改为董事制，如郝子固、高明清、林恒庆，佐余办学有年，皆为本校董事。胡瑞甫、杨香亭热心教育，柳蕙卿见义勇为，皆聘为本校董事。并由众董事公推明达士绅共理校务。学校未竟工程照旧进行，余本年拟添中学一班深愿成立。余殚精竭虑办理此校，未遑他顾，望此后吉姓子弟入学，概免学费，略示赡族之义务。望余之子孙，恪遵无违，并盼接办校务诸同志，切实履行是所至嘱。

吉茂松

笔记者：冯欣农

证明者：高明清、郝子固、林恒庆、高去骄

签署者：吉鸿昌、吉国昌、吉永昌、吉加昌

中华民国二十年五月十六日 ①

《吉筠亭先生事略碑》可以帮助我们了解吉筠亭的生平事迹、家庭状况和其携子吉鸿昌等创办扶沟吕潭中山学校的过程，同时也对重新认识吉鸿昌的家世和成长背景，开展爱国主义教育和廉政教育，具有一定的社会现实意义。

吉筠亭，名茂松，字筠亭。曾任扶沟县公款局局长，负责整合分配国家地方款项，剔除积弊，免除苛捐杂税，后任扶沟县东区区长，为官公正廉明。

他毁家兴学，乐善好施。民国初年，吉筠亭在家乡吕潭创办吕北初级小学。入校就读的是贫民子弟学生，书籍文具等费用完全由校方供给，家庭特别困难者，还有衣服鞋袜等补助。1925 年吉筠亭又自办"民众夜校"，为社会培养了大批有用人才。当时的国民政府赠送"为国储材"的匾额以表彰其办学功德。此外，吉筠亭还兴办不少慈善事业，如筑桥梁、修道路等，不胜枚举。

他言传身教，琢玉成器。"作官即不许发财"就是他对儿子吉鸿昌的唯一要求。有人笑吉鸿昌是傻瓜，有钱不置庄田给子孙造福，却大把大把地扔在学校里。吉鸿昌说："国将不国，何以为家？只有培养大量的人才，才能使国家昌盛。"② 1932 年 4 月，吉鸿昌秘密加入中国共产党。1933 年 5 月，吉鸿昌秘密联合组织察哈尔民众抗日同盟军，并任第二军军长兼北路前敌总指挥，率部收复多伦等地。吉鸿昌伟大的爱国主义和革命英雄主义精神，不但使扶沟吉氏颇具自豪感，而且使吕潭古镇闻名遐迩，成了举世闻名的"抗日名将之乡"。

---

① 周建山、秦刘威:《吉鸿昌父亲吉筠亭事略碑被发现 立于民国》,《人民政协报》2016 年 12 月 27 日。

② 吉瑞芝:《吉鸿昌传记》,河南人民出版社,1991 年,第 87 页。

三、安民示禁　永垂不朽——《永禁屠户包祭碑》

中国古代历来重视道德与法令的宣传教化作用。一方面官府严厉打击危害社会治安各种犯罪，另一方面各地官府通过制定村规民约来规范人们的行为。人们经常在官府、街道、闹市、驿站、要津等处勒碑示禁，用告示碑教育百姓和朝廷命官遵纪守法、安居乐业。

告示碑可分为以下四类：一是契约碑，主要是房屋和土地的买卖、赠予等。二是示禁碑，由官府所立。有的是禁止或约束特定人群，立于特定之处；有的不是约束特定人群，立于繁华人多之处，起到广而告之的作用。三是保护墓地树碑。慎终追远是中国传统文化的情怀，祖先崇拜是这一情怀的重要体现。祖先崇拜的外在形式——祖坟往往被确立为风水保护之地。四是诉讼裁决碑。官府在处理一些影响较大、涉及人员较多或具有普遍意义的案件后，把案情、裁决情况及其理由等刻在石碑上昭示民众，彰显官府秉公断案。

这些告示碑数量巨大、内容丰富、历史悠久，对全面认识和研究周口地方文化历史有着积极参考和补阙作用。

《永禁屠户包祭碑》立于清代雍正十二年（1734），原在项城县学宫，今碑不存。民国《项城县志·学校志》记载有项城县钞蒙为永禁屠户包祭之恶习的碑文，碑文如下。

项城县钞蒙为永禁屠户包祭之恶习以肃祀典事。

蒙直隶陈州票、蒙布政司票，雍正十二年二月初四日，蒙总督部院下牌，照得春秋丁祭，载在令典。《周礼》释菜有三，仲春上丁、入学释菜会舞始入学，衅器释菜，大学始教皮弁祭菜。此即后代丁祭所由始。凡以敦崇至圣，敬重儒行，祀事孔修，典至隆也。一切祭品、牲牢、酒醴、粢盛、果蔬，皆有常设，需用银两，前奉行加增在案，俟动地丁正项报销。凡为有司者，理直诚敬，躬亲辨理，应用祭品均照时价给发，预期购备，勿侵克派，勿朘削小民，勿骚扰地方，庶几光昭祀典，仰祈歆格。乃豫省县每年丁祭，俱令屠户承值包祭，散屠之中，立一总屠，专管包祭银数。丁祭州县官不同，应用猪羊若干，皆由总屠包去，至期备送。于是，总屠派诸城内之散屠，而城内之散屠又转派诸四乡各镇之屠户，或以一派十，或以一派至二十三十不等，凡属屠户，一网打尽。甚至城乡厨子仅能操刀，亦每名各派出二三钱、四五钱帮贴不等。城内散屠受累，乡屠更甚。总屠得科，书役煮烹，是以每逢一次丁祭，乡民即遭一次荼毒。祀典之谓何？而乃令屠户攘夺豕羊，克剥膏髓以供牺牲之荐，不知先圣□为茹而为吐也。慢神虐民，罪莫大焉！而有司解曰：散胙甚多，额银不足，不得不仍旧贯以责之总屠为便。本部院亲丁祭，细加查核，向例分胙承送，督抚衙门各四只，司道亦如之。次则府州县以及佐贰绅衿，多寡不等，而儒学则以余赢为一岁肉食之计。夫饮福受胙，所以昭神惠也，故古遭祭肉不宿，若以为上司衙门体统尊严，不便轻亵，则此乃庙祭胙余，普昭锡赈，非同馈献邀欢必取丰腴。若上司以此责备，即为不知大礼，州县绅衿亦以颁足而止。岂平时不知肉味，而特借此一日之丁祭得以踏破菜园耶？况每猪一只，仅止发银四五钱，多至八钱而止，不得民间半价，以此责之总屠，散派各户，加以借收取利，宜乎乡民豕羊狼藉，几欲种子不留矣。今本部院特为诸君定议，即于春祭始，总督衙门分胙止许豕羊各一只，司道如之，府州县减半，佐贰绅衿酌量，均颁不缺。嗣后，总以额银数目，除买备别项祭品外，实有备牲银若干，即以额之数定猪羊之多寡，而即以猪羊之数定分胙之奇赢。惟其意不惟其物，惟其有不惟其多，惟其均不惟其丰，如是而已！丁祭之前，有司预期出示应买猪羊若干，慎选取干役或诚实亲丁，向行户按照时价买置收养署内洁净之所。然州县之人不能操刀使割，至期传唤在城屠户数名，令其宰牲斋备，然后抬至庙中，摆列祭所，其乡镇屠户不许传唤一人进城。似此必诚必敬，勿二勿欺，其惟民鲜骚累，物免滥戕，以之骏奔在庙，对越先师，亦温恭朝夕，执事有恪之大端也。

至于屠户包祭恶习，速行勒石永禁，出示晓谕，敢有违犯，立行参处，决不姑宽。此事本部院为祥符令时，业经痛革已甚，不料后覆踵袭陋弊，至今尚未净除，且向开藩粤东因丁祭不敷，曾捐养廉银两，发府州县学，添备祭品仪物，惟兹见豫省鄙陋如斯，亟宜惩创，通饬严禁。为此，仰司官吏查明，即便移行各衙门一体遵照，仍严饬各州县备速将屠户包祭恶习，勒石学宫，永行禁革。一面出示遍行晓谕，倘敢阳奉阴违，定行官参役毙。

再如丁祭所用果品，闻各州县买办，有遍向铺户并行苛派，入己取利分肥，不诚不洁，深可痛恨。一并饬禁，违拿垂处，倘有弊端，详明再行颁示勒石，禁通取碑摹遵依报查，切勿违玩，速速。等因。到司行州到县，蒙此，除出示晓谢外，拟合勒石学宫，永行禁止。为此，碑仰阖邑人民一体遵照，勿违。须至碑者。

雍正十二年五月日立。[①]

中国传统社会中，屠户作为社会小众，通常并不为社会主流所关注。屠户的形象也多以文学作品所展现的为主，而真实的面貌多不为世人熟知。《永禁屠户包祭碑》反映了清代丁祭的情况。丁祭以祭孔为主，一年两次，分别为每年的仲春和仲秋上旬的丁日，在各县孔庙进行，宰杀猪、牛、羊，整只烹好摆放于孔子灵位前。

清代地方官府财力有限，举凡地方上的大小事务，诸如修堤、团练、兴学等，多以商办、民办为主。屠户的商业及日常活动不可避免地受到社会环境及地方事务的制约。除了技术性的经营，屠户也须承担一定的社会责任。在地方的节庆及年节活动当中，常常可以见到屠户的身

---

① 王亚兴：《清代河南碑刻资料》，商务印书馆，2016 年，第 24~25 页。

影。从经费上来说，屠户需要缴纳一定的钱资作为地方的常年经费。丁祭成为当地屠户的一项负担，通常也被视为屠户应尽的义务。《永禁屠户包祭碑》为我们了解清代屠户与地方社会事务的关系，提供了详备的资料。

四、读书明理　爱国爱民——清代《钦定学生守则碑》

周口古代教育历史悠久，始于西周时期的陈国。在漫长的发展过程中，周口的学校和教育逐渐完善。明清时期周口教育大致可以分为官学教育、义学社学教育和书院教育三大类型。周口历来重视文化教育，秉持"文理兼修，德才并重"的教育方针，兴建了各类教育机构，为教育筹集资金。周口义学和私塾作为书院的预备学校，坚守"养贤育才"之理念，为学生进入书院学习打下基础。明清时期书院大量出现。扶沟大程书院、商水凤台书院、项城莲溪书院、太康兴贤书院、鹿邑鸣鹿书院等，都是其中的佼佼者。

有关教育的碑刻明清时期在周口大量出现，数量可观。据统计，周口地区有明清时期教育方面的碑刻共30余通。丰富的教育碑刻资料为研究周口教育和社会文化发展提供了重要的史料支撑。

商水县文物管理所保存了1通教育碑刻。内容为清代钦定的学生守则，文字资料翔实完整，十分难得，是研究清代科举制度的珍贵资料。碑文如下。

> 朝廷建立学校，选取生员，免其丁粮，厚以廪膳；设学院、学道、学官以教之，各衙门以礼相待，全要养成贤才，以期朝廷之用。诸生皆当上报国恩，下立人品，所有教条，开列于后：
>
> 生员之家，父母贤智者，子当受教；父母愚鲁或有非为者，子既读书明理，当再三恳告，使父母不陷于危亡。

生员之志，学为忠臣清官，书史所载，忠清事迹，务须相互讲究，凡利国爱民之事更宜留心。

生员居心忠厚正直，读书方有实用，出仕必作良吏；若心术邪刻，读书必无成就，为官必取祸患。行害人之事者，往往自杀其身，常宜思省。

生员不可干求官长，交结势要，希图进身，若果心善德全，上天知之，必加以福。

生员当爱自忍性，凡有司官府衙门，不可轻入，即有切己之事，只许家人代告，不许干与他人词讼，他人亦不许牵连生员作证。

为学当尊教先生，若讲说皆须诚心听受，如有未明，从容再问，勿妄行辩难。为师亦当尽心教训，勿致怠惰。

军民一切利病，不许生员上书陈言，如有一言建白，以违制论，黜革治罪。

生员不许纠党多人，立盟结社，把持官府，武断乡曲。所作文字，不许妄行刊刻，违者听提调官治罪。

顺治九年。[①]

该碑采用了分段落书写的格式。在清代以前，古人写文章基本上不分段落，也难见标点符号，通篇文章密密麻麻，读起来很是吃力，也易产生误解，古代因为断句标点经常闹出笑话。而该碑有着明显的区别，正文部分开列了8条教条，在每条教条的前面，用"一"进行分段，这是一种分段符号，基本上接近今天写文章的分段落。

明清时期称镌刻约束在学生员条规的碑石为卧碑。它一般立于各地学宫明伦堂的左侧，是明清时期儒学教育的校规，是生员在校期间的行为规范和守则。《明史》载："洪武……十五年，颁学规于国子监，又颁禁例

① 郝万章：《扶沟石刻》，中国广播电视出版社，2011年，第35~36页。

十二条于天下，镌立卧碑，置明伦堂之左。"^①清代顺治九年（1652），颁行新卧碑，全文 8 条，通令全国刊刻于各地学宫明伦堂之左，作为禁条晓谕诸生遵守。该碑为我们认识和了解明清官学教育提供了实物资料。

"守则"规定的内容主要是教育生员要立志当学，为官忠清多做利国爱民之事；做人要"居心忠厚正直"，心善德全；要求生员孝敬父母、尊敬老师、读书明理、利国爱民、忠厚正直、力戒邪刻、上报国恩、下立人品等。这些规定其实都是古代教育重视道德为先的体现，是通过道德教化来训导臣民的一种手段，也是治国理政的一种手段。时至今日，其依然闪耀着德性的光辉，足以为后人所传承，这与今天国家提倡的价值观仍然有相通之处。

五、诚信为本　公平交易——《公平交易碑》

古代中国经济业态的主要构成是农业、手工业和商业。有关古代周口经济发展的碑刻众多。现存碑刻主要涉及公平交易、保护经济秩序的有《严禁溜夫讹索客船事告示碑》《泥河两岸官定船价碑记》《陈州府告示碑》等，涉及地产、房屋交易的有《罗祖会公买地基文约碑》等，涉及差役徭役的有《陆邑侯厘定兵车章程碑记》《沈丘县利役记》《刘知县差役碑》《赵文重扶沟四街均平差役碑》（乾隆四十五至五十六年立，碑存扶沟县城关镇城隍庙内）等，涉及度量衡管理、土地丈量的有《比例改正地亩以苏民困碑》《公平交易碑》《西华县古官弓式尺度》等。这些碑刻是反映农业、手工业、会馆、商帮经济贸易、寺庙田契买卖等经济生活信息的重要实物资料。

《公平交易碑》发现于河南省商水县张明乡龙胜沟，稍有残缺，现存商水县文物所。该碑立于清代乾隆二十一年（1756），高 1.7 米，宽 0.48

---

① 张廷玉等：《明史》卷 69《选举志一》，中华书局，1974 年，第 1686 页。

米，厚 0.15 米。碑首楷书"公平交易""西华县正堂柴""皇帝万岁"。碑文内容大体分为两个部分：第一部分交代了立碑的缘由及目的；第二部分是碑文的主体部分，记载了清代龙胜沟集乡绅对龙胜集各行业的乡规民约，条文清晰，公平合理。碑文如下。

为发运事，照得市井，斗称必给贾司较勘印烙，牙行律选殷实人户充当。□造斗称，无帖私充，把持行市，垄断累商，均于律禁前经聚呈示在众□□出示以□为此示仰龙胜□□□□□乡地商，各人众自悉自事之后，各行有条律，遵守法纪，使交易公平，取用合例，不得有违禁令□□□□□□□□□□□究该管乡地□容又查处□错不贷遵之恪文告示即。

称照比较十六两足，一斗照习俗，二十商行用照制斗，较准印烙□□□贷买房□杂一石取用□□□用建斗行，每行□□□□□□□□□□□□□□粮米行牛羊行一半，各照分清，毋得台行混拢。公与客商买粮，以随集买庄，毋得却推即斗□□贷买□□□□□□□□□□□□□议民□□□□以医药者不得取用，公以坐商买粮糊口者止，出斗用，不出大用，其余收买粮人者大用，俱出旧规，行商买粮者勿论多少，斗用俱出□□□□□□□□□□买粮止，出斗用，不出大用。久例各行本各只帖□以后五年一次编审，不于无帖私允，旧例更各换帖，俱照本行清规，不得图侵，□□□□旧规充许某行□□某行明例，毋得仗势垄断于他行，买卖索取抽分一旧例，一人止许□充□，一行不得霸占数行，朋充滋拢一旧例各□习有定量各就本集充□，不得于别集市影射公议，脚行设立脚头两，各官差对半，私在彼此论，毋得挟嫌争论兴讼取究。

一戒指官打诈，一戒欺骗客商，一戒主谋唆讼，一戒酗酒打架，一戒包娼窝赌，一戒容留奸匪，一戒宰杀耕牛，一戒邪巫惑民。

龙胜沟集绅士商民被恩公立

大清乾隆二十一年七月二十六日 ①

周家口是清前期著名的商业重镇。周家口"人烟聚杂，街道纵横延及淮宁境，连接永宁集，周围十余里，三面夹河，舟车辐辏，烟火万家，樯橹树密，水陆交会之乡，财货堆积之薮。北通燕赵，南接楚越，西连秦晋，东达淮扬，豫省一大都会也"②。在周家口的周边各县，大大小小的商业集市应运而生。民国《西华县续志》记载："沿河风景极佳，逍遥镇为县境最盛之市，东门外帆樯如林，商品以陆陈为要。"③龙胜沟集交易量大，每日有集，交易商品有粮米、杂货、牲畜、蔬菜等。繁荣发达的农村集市贸易隐藏着诸多问题，纠纷越来越多，《公平交易碑》就是为规范市场贸易秩序而立。

通过《公平交易碑》可以看到，地方官府为了打击贸易中的弊端和欺诈，规范牙人牙行的行为，通过对牙人牙行制度、度量衡管理的重申构建自上而下的政府商业管控体系；通过八戒等戒律，提升商人商业伦理道德，构建自我约束的乡规民约，在一定程度上确保了商业贸易的正常进行，繁荣了市场，促进了清代农村市场经济的发展。同时，商人作为农村集市贸易的重要参与者，其自身所践行的商业伦理道德对商业文化的发展起到了巨大促进作用。

六、多元信仰　三教合一——周口关帝庙碑刻研究

寺庙是文化形态的重要标识。古人在创造幸福生活过程中，深感祸福

① 贺俊:《从龙胜集〈公平交易碑〉看清代农村集市商业文化的发展》,《新余学院学报》2015 年第 3 期。

② 董榕:《商水县志》卷 2《舆地》, 成文出版社, 1975 年, 第 310 页。

③ 民国《西华县续志》卷 3《河渠》, 成文出版社, 1968 年, 第 205 页。

变幻莫测，希望神灵的庇护。由于信仰的需求，清代周口各地寺庙，其数量之多、分布之广、规模之宏伟，超越了先前任何一个朝代。太昊陵、太清宫、寿圣寺、关帝庙等都构建成为独立的建筑群体，又都成为周口优美的环境保护区。

寺庙碑刻多立于宫殿、庙宇、寺观、祠堂等处，记载着民众的宗教信仰或民俗活动。在现存的周口碑刻中，寺庙碑刻的数量，仅次于墓碑墓志。寺庙碑反映出周口城乡民众信仰的多元化，对佛祖、玉皇、老君、土地、龙王、比干、关公、岳飞等形形色色的偶像的崇拜，表达了民众对社会安定、健康富裕的持久期待。

（一）周口关帝庙 14 通碑铭

周口关帝庙内现存大小碑铭 14 通，时间从乾隆四十八年（1783）到1920 年跨越近 140 年。根据关帝庙内现存碑铭记载的主要内容，可大致将碑铭分为以下三类。

第一类碑刻记录周口关帝庙修建、重建、扩建的历史过程。此类碑铭共 9 通。周口关帝庙始建于康熙三十二年（1693），在此后 160 年的时间里不断扩修、翻修，于咸丰二年（1852）全部完工。碑文如下。

乾隆四十八年《重修关圣庙诸神殿香亭钟鼓楼并照壁僧室戏房及油画诸殿铺砌庙院碑记》记载："周口河北旧有山陕会馆，中祀大帝，创自康熙三十二年。五十二年旁建河伯、炎帝二殿，丁酉年建药王殿并东廊房，壬寅年建财神殿并西廊房及禅院僧舍。雍正九年重修大殿，建香亭。十三年建舞楼、山门。乾隆八年建老君殿。十五年建钟鼓楼。三十年建马王、酒神、瘟神殿及石牌坊、马亭、戏房。"[1]

---

[1] 许檀：《清代河南、山东等省商人会馆碑刻资料选辑》，天津古籍出版社，2013 年，第 81 页。

嘉庆五年（1800），周口关帝庙建春秋阁、歌舞台。嘉庆二十年（1815），立牌坊2座、建廊房14间、客厅10间、看楼10间。道光二年（1822），建作坊20间，并修院墙、砌甬道、施彩绘。咸丰二年（1852），全部落成。光绪三年（1877）重加修整，焕然一新。碑文如下。

道光十八年《重修关帝庙记碑》记载："周口为陈之巨镇……旧有□关圣帝君祠……迄于今百数十年矣。续修者不一而足。道光癸未，王恒吉等嗣首其事，至丙戌计工劝捐……阅九载，乙未冬捐金悉备……是举也，经始于道光丙申六月，落成于戊戌仲冬，阅二载而工告竣。"①

根据这些碑文，可清楚了解周口关帝庙的创建、重修和扩建的历程，间接反映了周家口商品经济的繁盛和社会发展的状况。160年间，山陕会馆共计进行了15次修缮，其中以康熙、乾隆、嘉庆时期的修缮最多，占近3/4；每次都资费不菲，嘉庆、道光年间耗银更达20 000余两。后由于清末政局动荡，周家口屡遭兵燹，商铺、建筑被大量焚毁，幸而关帝庙得以保存。至光绪初年，山陕商人逐渐在周口复业，又再次集资对关帝庙进行修整。此后，再未有大规模的修缮。光绪末年京汉铁路开通，周家口被这一新的现代交通命脉舍弃，交通地位骤降，日渐式微。

第二类碑刻记录周家口其他会馆修建的情况。此类碑刻共3通，其中1通记录江南会馆重修的情况，2通记录罗祖庙的修建情况。

江南会馆是安徽商人的同乡会馆，筹建于乾隆三十七年（1772），又称草关帝庙。民间有不同的说法：一曰殿为草顶，故名草关帝庙；二曰建庙时曹姓捐款最多，故名曹关帝庙；三曰庙前乃牲畜市场，故名槽关帝庙。江南会馆先于道光二年（1822）从高汶济手中购得庙后地基一处（共

---

① 许檀：《清代河南、山东等省商人会馆碑刻资料选辑》，天津古籍出版社，2013年，第93~94页。

三亩一分八毫）以备扩建，后于道光十三年（1833）八月间正式重修，至道光十四年（1834）秋全部完成，共耗银约1 723两。

每一个行业，都有自己信奉的祖师。罗祖庙是理发师的同业会馆。据理发业旧典《净发须知》（今存于《永乐大典》中）载净发业的祖师是罗祖，又称罗真人，江东人。但关于其为何时之人，旧籍、传说众说纷纭，先言罗祖为唐玄宗时人，又语罗祖身处武则天甚至雍正时期。《重修罗祖庙碑》碑文言："且夫道溢大千，惜乎愚钝而不晓；法门不二，迨至罗祖始遍传。……即我整容一业，亦得蒙其麻而被其泽矣。然既蒙何如斯，若不建立庙宇，顶礼崇拜，将何以报答圣功耶。"[1] 据此推测周口罗祖庙奉祀的为罗教创始人罗清，而罗祖庙为理发师所建的同业会馆。

第三类碑刻记录明清时期周家口的社会生活。此类碑刻有2通。其中1通，记录了嘉庆五年（1800）陈州府《告示》，记载周口关帝庙每逢关帝圣诞，众商捐资演戏，以答神麻；"后因乡地兵役抚弊诈索"阖镇禀官，由陈州府出示晓谕震慑之。《罗祖会公买地基文约碑》碑文如下。

> 罗祖庙因前清买到梁姓宅基一处，坐落坊子街路北，……官弓丈明，三段成地五亩三分八厘八毛四丝三忽，时值原价值共钱三百串零五百文，遵章补契投验。恐后无凭，立补契存证。

碑文中还记录着罗祖庙的四邻边界：

> 北段四至：北至路中，西至赵协泰，东至孔姓，南至连段；南段四至：北至连段，西至赵协泰，东至陈姓，南至路中；连北地：西至路中，东至王姓，西至卖主，南至谢姓。[2]

---

① 《重修罗祖庙碑》现存周口市博物馆。

② 许檀：《清代河南、山东等省商人会馆碑刻资料选辑》，天津古籍出版社，2013年，第104页。

1919 年时关帝庙重新整修，并于次年勒碑记之，本书不再列碑文。

（二）周口关帝庙牌坊《好字碑》

周口市关帝庙博物馆牌坊两侧的石柱上刻有一副对联，上联是"读好书说好话"，下联是"做好人行好事"。联中嵌有 4 个"好"字，故又称《好字碑》或《四好碑》。石牌坊上横批"神武丕著" 4 个楷书大字。《好字碑》既是对关羽一生的真实写照，也是商人商业规范和为人处世的要求。

《好字碑》为金文和篆书相糅，玄奥幽邃，苍劲深远、装饰优美、立体感强。字体大部分为篆书，其中缪篆的运用增加了整体的审美效果。"缪篆"指的是汉武帝太初至王莽摄政时期臻于成熟的汉印文字。其特点是笔画饱满、结体方正、风格整肃。四个"好"字的写法不一，看似简单的背后却包含着丰富的内涵。

《好字碑》以一种无声的语言，潜移默化地影响着人们的言行。读好书是要多读经典、健康、有益身心的书籍。好书是我们获取知识、开启智慧、增进技能、修心养德、教化世人的主要来源。说好话就是言语公道、心底无私。好话是成功的前提，给他人带来积极帮助的话。做好人就是做对国家和人民有益的人。做好人是实现自我、体现自我、完善自我、提升自我的内在驱动，是实现生命存在的意义，获得心灵自由，灵魂自由的最终目的。行好事就是为人处世多行善事。行好事贵在发心，贵在坚持。在日常生活、学习、工作中，我们要养成关爱他人、助人为乐、扶危济困、众善奉行的良好习惯。

周家口作为三川交汇之处，水路连接南北，陆路四通八达。周家口优越的地理位置，吸引了众多山陕商人来此经商，并形成了具有山陕特色的商业文化。周口市关帝庙除作为山陕商人的商业会馆之外，还蕴含着浓郁的佛家文化，也弥漫着深厚的道家文化，关公信仰又是佛道文化的共同载体，彰显着佛道文化在周口地区的融合。

七、慎终追远　庄严肃穆——唐《李府君墓志》

　　家族是构成社会的细胞。周口碑刻中，墓志铭与墓碑占有最大的分量。墓主人物上至列祖列宗、先哲圣贤、名臣循吏、英雄豪杰，下至寒儒布衣、白丁小民。墓志铭重在言其业迹，同时详细记述墓主籍贯、生卒年月日、出生地与葬地，以及家族世系与亲属关系。史传里不曾言及的部分人和事，可以在墓志铭中见到。

　　墓碑作为丧葬文化的物质体现，其形制装饰、铭文书写、材质选用、刻工技法等，无不折射出人们的丧葬观念和审美观照，也反映了不同时代、不同社会的政治经济、伦理道德、宗教信仰、风俗习惯等。

　　唐《李府君墓志》发现于淮阳弦歌湖清淤之时，是唐代墓志，质地为青石，近方形，分上下两合，长 0.39 米、宽 0.37 米、总厚 0.16 米。墓志上合为录皿形，顶部阴刻"唐故李府君墓志之铭"九个篆字，四刹阴线浅刻云气纹围绕的"青龙、白虎、朱雀、玄武"四神图案，侧面刻缠枝花卉。墓志的下合侧面阴刻有开光"十二生肖"像，兽首人身，手持笏板，线条刻画流畅，图像生动传神。下合的正面阴刻有楷体文字，共 24 行，满行 23 字。墓志如下。

　　　　唐故忠武军节度正十将，充陈州军事押衙兼知客务，银青光禄大夫检校太子宾客，李公志铭并序。

　　　　公讳字堪，陇西郡人也。曾璟授河阳军节度押衙，充招义行营第二都先锋使，银青光禄大夫检校国子祭酒兼殿中侍御史上柱国。

　　　　祖谅，傲世不仕，退禄就业。公家传武略，门望雄名，入世匡邦，氏称髦杰。公习先人之术，得黄公之机，鈆韬之外，精业儒风，器识冲和，才惟通敏。早居吏理累著公文，当职而静务间莅事而材能，共齐班行推重。郡牧见知务绾极司，其身居右职，笔动珠玑、灿烂成章、掷地金声，合议将甄迁知客务。雍雍礼皃，揖让可观，济济威仪，进退有度，作宾客之领神，为刺史之腹心。在公负干烈之名，凡事秉忠廉之节。口爵荣身，以禄赡家，孝不碍公，事无求私。丈拜未享，疾遭天祸，时春秋五十，以广明二年六月二十四日殁于陈州宛丘县私第也。夫人姜氏，芬华自得，妇礼无亏，令洲既闻，恭谨有仪，福不延龄，早归玄室。公有一子曰乐，郊当州军事衔前兵马使兼副知客务；有一女，适乡贡进士朱起。后婚丁氏，无子。粤以中和二年壬寅十一月己巳二十八日礼付于宛丘西南开元乡。其茔前望长堤，后窥庙宇，西连大道，东指郊绸。呜呼，痛礼兇之永远！嗟佳声之徒在！至孝等今，卜兆送终，孝道尽矣！将虑原谷变移口堙颓毁，故刻石书铭以明后时。铭曰：

神器卓口，威姿不群，世能之任，职烈切动。

名高辞著，价重清声，翰动云飞，釰拔落星。

郡乡仁风，时播奇英，伤哉书釰，永奄泉局。

萧萧北邙，松槚风悲，寂寂长夜，寒月口啼。[①]

唐《李府君墓志》可补文献之不足。墓志主人李堪，史书无传。据墓志文可知，他是陇西郡人，生于唐文宗太和五年（831），卒年五十岁。其身居世家，以武略传家，文武全才。墓志称他"精业儒风，器识冲和，才惟通敏"，可知李堪的学业精湛，文识渊厚，而为人谦逊仁和，才思敏锐。任忠武军节度正十将等职，是朝廷重臣，官至三品。

唐《李府君墓志》还透露了许多淮阳历史地理环境等方面的资料。淮阳地处豫东平原，历史上黄河经常性地泛滥南侵经淮阳夺淮入海。战国以后黄河下游河道决口 1 500 多次，淮阳古城 70 多次遭受洪水的威胁。历代官民多筑堤以防，宋代天圣年间，陈州兵马监督张孜筑堤袁家曲。金元时期，人们在加高扩宽城垣的同时，又在城外围筑起一道城廓，形成防洪的

---

① 焦华中：《唐李府君墓志略考》，《沧桑》2010 年第 4 期。

第一道屏障。黄河决口迫使人们一次次取城廓之间的土加高内城外廓。而廓外受黄土淤积地势不断变高，城内居民也不断地加高城内地势，只有城廓之间的区域不但没有加高反而变得低洼，最终形成了环城湖，而李堪的墓葬也就深埋湖底了。

第四节　翰墨丹青　争奇斗艳——
周口碑刻艺术赏析

周口是三皇故都，老子故里，历史源远流长，文化积淀厚重。在此发现的碑刻墓志上溯汉魏，中承唐宋，下迄当代，皆有精品。仅就其艺术价值而言，不少碑刻墓志均为人们所赞叹。如扶沟发现的北魏《韩小文造像碑》书法艺术朴拙险峻，舒畅流丽。在老子故里鹿邑太清宫遗址竖立的唐《开元神武皇帝道德经注碑》和出土的唐《玉真公主朝谒真源紫极宫颂碑》，字体严肃端庄，笔法飘逸遒劲，结构严谨隽秀，尽显唐楷风骨。宋真宗于大中祥符七年（1014）拜谒老子故里，"御书御制并篆额"的宋《先天太后之赞（并序）》碑，结构紧凑，浑厚庄重，一派雍容的皇家气象。郸城出土的明《王苍坪墓志铭》，由董其昌撰文，张瑞图篆额并丹书，书法奇异洒脱，俊俏劲健，笔势生动，奇姿横生，一方墓志，两位大家，文书辉映，堪称珠联璧合。

一、北魏《韩小文造像碑》

北魏《韩小文造像碑》于 1991 年在周口市扶沟县韭园镇十里店村出土，刻于北魏永安二年（529），发现时已残为两段，残断处字体崩落。这是周口目前发现的最早的碑刻，今藏于周口市博物馆。2009 年北京大学图书馆购入碑帖拓本 1 370 份，该造像碑拓本被列为重要拓本。

该造像碑的造像题记分上下两部分，上部 0.87 米为造像碑正文，14 行，满行 30 字，字有界格。造像碑下部的 0.88 米是造像碑题名三列，每列 7~10 行不等，记述像主韩小文、妻张女和他的儿子韩绍祖 3 人、邑子韩盆 8 人、其他 15 人及像饰苏羽生等 29 人的姓名。碑文如下。

　　大魏永安二年，太岁在酉，三月壬子朔三日甲寅，比丘僧知、□□僧昙显、比丘僧昙朗。夫道性元起，正有在心之内，是以一念，感菩提之因，彻善□□世之果，此海中系珠，恒河抱子，非流通远哉！经轨所闻哉！从如来移化树于□辉，有心之类，回流三界，□□彰得，神舟有渡海之势，零惠闭空解之心，有一□信士仏弟子韩小文者，颍川许昌韩堤里人也，可谓燕王韩广之苗胄，辽西、□川二郡太子韩综之后。仁亮黄公，才不共世，引迷人而向宝山，开幽沦以示□□。其父子兄弟，合家等，玄心道原，志崇清远，殊形共气，敬造石像一区，画饰□□，神颜晖赫，零容澄湛，再迹修管，三春乃讫。文铭千龄，即作颂曰：巍巍神宇，寂寂零区，南面屈岗，北背双沟，中有韩堤，众圣□□，道俗舟渚，惠泽来甦。龙华岂远，彼岸可图。道性肴玄，出有入元，一虑精□，□比太初，清隽人，识道渊深。合家同体，殊形共心，依依相亲，亦如子矜，□□真玄，义崇是寻，德尊像教，拯我昏沉。上为国土，安宁龙王，欢欣降泽，以时仁民，丰乐蠢动，群萌普同。①

该造像碑保存基本完好，出土地点明确，且有纪年，为研究韩小文的生平及北魏时期周口的政治、经济、社会生活、宗教信仰提供了珍贵的实物资料，具有较高的历史价值。

该造像碑刀法简劲有力，人物衣纹较为繁缛，面相方圆适度、广额丰

---

① 郝万章:《扶沟石刻》，中国广播电视出版社，2011 年，第 532 页。

颐，造型雄浑丰满、比例适度，神态端庄优美，具有高度理想化的审美追求，充分彰显了北魏的雕刻艺术。该造像碑书法书写流畅，运笔自然，具有沉雄庄重、方劲朴拙的书风。另外，异体字（包括添笔少笔的字）多处出现，反映了当时的字形演变和使用的情况。

北魏《韩小文造像碑》不仅是众多魏碑中的佳品，而且为我国的书法艺术宝库增添了一颗璀璨的明珠，是一件不可多得的艺术珍品。

二、唐《开元神武皇帝道德经注碑》

唐《开元神武皇帝道德经注碑》位于河南省鹿邑县太清宫太极殿前神道东侧，于唐玄宗天宝元年（742）立，是太清宫现存最早的碑刻。该碑青石质，首身一石，半圆形碑首，赑屃座。碑高3.7米，宽1.2米，厚0.36米。碑身四面刻字，隶书，阳阴两面为文，每面22行，满行51字，共1 122字。碑文内容为唐玄宗对《道德经》的第一次注解。碑身左右两侧为文人题咏。该碑因年代久远，风化剥蚀严重，碑文所存不多。碑文如下。

前乡贡进士王係纂文，前乡贡进士赵懍书□

□左□忽，□苑道伛，混□玄元，诞发教父。资始□/□，以观妙□，□而立言，大哉！惟彻莫可胜记，明白四达，□□□□，斋□生喻/，□□之旨，实□犹□之□。厥初见世讬圣□□以□来兴□□□□藏史而大隐，可明征也。粤若执□□变□□□□然鸿飞/□□□蜕三□□震□□□□迭关二篇斯成□尹喜以长□□□经□□□□□生焉，故理□□□用之□（于）国□□□视□□□□虽汉/□□□孝景□□□□□□□□上传糟粕于人间□□□然□□□来□至德，实维孝□略咨景□系哉。烈□□祯/□□□古□灵则□□□□丝□□□□之□□无疆，维皇□□□命既□高祖之光□宗祐，维

□□/□□□□乎权与，故□□□而流光，□林□而□□□，不然者岂能享域□大，为天下傒庇苍生而在予一人，握玄珠而临汝万国，克明道□（而）□□□□，大哉！□祀□见开元神武皇帝矣，文思广被，孝□□□，□俗□于□蒙□□明□□□以为□□□国，稽要妙之本源。吾祖我知，济生灵于启/□，大□□□□□□□孔彰发□□□□惕□□□□□彻□□幽，□□□知常，冥搜而端本，撞钟必□，投刃皆虚，无旷□□乘飞□。有道□□于西□□崇朝而化□□□□□□□□□□□也。□是□公卿王由衷□请学术文儒□心而□家藏见□□□□□□□率士廿三祀帝哉。□□□□□宣□□□□戴生□□□睿图，稽首式哥，同词而叹曰/：□□□矣，大□隐矣！虽曰□圣不□，其门□矣！□□□□□□哉□是□□而荡□□□忘，可以挥翰油缣括囊缃袟而已，悬诸象/□□我唐□□□□□列郡大观□□□□□□□□□□□□□□违□□□王言其出，有若亳州刺史天水赵公名冬/曦，朝之□□。已寅，奉诏□□□□独□□□□□□言□出□□□□苦县抚有而封于嗟，老君此惟旧宅五迁/尚矣□遗□而犹存，九井泉然，虽改□□□变灵□□□□□□□□□□□□□□作固，涡水流恶，挹元始而斯在，虽大名其谓何？爰/□□□建□□置且□命观乎□□濑乡□□□□□□劝赋役□□异县，追琢□于他山，巨石迁迹，大车继轨，丞若尉致，自/□□宫□□□□雷□而参，不有□□若□□□，于是□鹿邑县承张子旸□□事，俾令役者而训之于汝，承王宫犹秉周礼，不贪为/宝，□余□而□□□嫠从事独贤，疏□浸而尽力沟洫。况是举也，宠绥□化，光赞帝庸，汝往克成，子旸敬诺。于是亲其/征令备厥，奔走□事，□□□我□之□不□而具，方断是虔，□砺有□，雕镌不泐，瞻九层而揭起，不褰不崩；肇四方以削成，有典有则/。□□中倚□□上□，悬至□以岩岩，冠层楼而□（蘂）蘂，实奇且丽。既峻（竣），而安户牖，启其金，铺像设，纷其玉立，玄元抱式，善隐机而/如在

□□奉初将避席□□作，紫气飞于井干，清风激于仁里，盖集仙之殿空尔。降神之馆，胡为燕王议小才之尊，汉主惜中人之产。/^①

该碑对研究《道德经》和唐代的尊道崇道之风提供了极为难得的实物资料。唐代是我国历史上最尊崇老子的时期，老子及其思想在唐代一直受到崇奉。唐高祖开国之初，尊老子李耳为唐宗室"圣祖"，把道教定为"国教"，把老子故里鹿邑太清宫视作"祖庭"。开元神武皇帝即唐玄宗，他先后两次亲自注释《道德经》，颁行全国。开元二十三年（735），唐玄宗第一次注解《道德经》。该碑刻立于唐玄宗第一次御注《道德经》之后不久。

秦统一后的文字称作秦篆，又称小篆，是在金文和石鼓文的基础上删繁形成的，但篆法苛刻，书写不便。西汉时，为了书写的方便，出现了隶书。隶书使汉字趋于方正楷模，形成左规右距、参差错落的特点。唐代是我国书法艺术空前发展的时期。唐代前期的几位皇帝都喜爱书法，唐太宗好行书，武则天善草书，唐玄宗喜隶书。由于受时代风气的影响，唐代的隶书多取法楷书，如唐玄宗的隶书，体态宽博，字势横逸，笔画丰腴。唐《开元神武皇帝道德经注碑》的文字堪称唐代隶书中的精品，具有极高的书法艺术价值。

三、唐《玉真公主朝谒真源紫极宫颂碑》

真源县紫极宫即今河南省鹿邑县太清宫。太清宫始建于东汉，原名老子庙。唐高祖李渊尊老子为先祖，在老子故里河南鹿邑"起宫阙如帝者居"，唐太宗时进一步扩建宫殿，唐高宗时建紫极宫。天宝二年（743），

---

① 周建山等编：《旷原碣风：豫东碑刻集萃（唐·开元神武皇帝道德经注碑）》，中州古籍出版社，2013年，第2页。

唐玄宗改紫极宫为太清宫，加封老子为"大圣祖玄元皇帝"、老子父亲为"先天太上皇"、老子母亲为"先天太后"。

玉真公主，字玄玄，法号无上真，唐玄宗之妹。天宝二年（743），唐玄宗诏谕玉真公主代为朝谒老子故里真源县紫极宫，玉真公主领旨奉行。唐《玉真公主朝谒真源紫极宫颂碑》就记录了玉真公主朝谒紫极宫的过程。该碑宋代以后不见，2006年太清宫考古挖掘时被发现。碑为青石质，高1.4米，宽0.8米，厚0.25米，字径2.6厘米。碑已残为三段，部分字体或阙如或漫漶不清。碑文如下。

圣祖玄元皇帝真源县紫极宫玉真长公主奉敕□□□颂 /

银青光禄大夫使持节谯□（郡）□（真）□（源）事□□□□，上柱国始藏县开国子李成裕□ /

初□□□□□□□于莫无物□□□□名则，我玄元皇帝之作也。含元精之□ / □□盈□以见天地之心，有乎？启圣灵之□，□□□□□，得全真葆光其□也，与众同尘其处也，与时消息也 /。□将大道而遂隐，故物不□以终否，必受□以圣□。我唐龙兴，独立象表，一变至道 / 也。皇帝丕膺景命，再造区□，法自然之理，运否事□□，以道德为本，以慈俭为宝，凝神于太素之 / □，谓玄同犹崇□□，尊其尊不自贵尊贵，□□而不殆，勤思而不□，□□乾坤也，故能贞观用之于家国也 /，太□□之于苍生也，以济仁寿，夫其用也。□□行矣，远矣，大矣也。□□□□物蝶翅之类，尝□□而蒙福者盖世。余□在镐属，神游于假寐，梦圣祖之来格，真容俨其不□，睿想□其名存，告我以无疆之休 /，□应宝历而弥长。其明年正月之吉，乃尊号改元，与天下更始。崇□广业，大朴复还，□□□功，人无得而名□□ /。念乎往初，广其庙以尊先，考其宫而延圣礼，不忘□母其谓欤。二年，诏玉真长公□（主）/ 至于谯邑，礼之大也。乃停羽驾，振霓裳，吸沆瀣，漱馨香，幽求于太虚之□，磅礴于无何之乡，敬之□也。辛未，入／圣祖之宫，然后解其纷，窒其欲，静其听，安其视，恭闻乎炳灵，周览乎遗趾，则多见龙在井，仙鹤翔空。□画烛于太□／，彰灼于清宵，岂非将命至诚自天多佑而致也。戊寅，公主□斋其心于闲馆，洗其虑于□□，爰修□□／紫极，大启黄庭，倏忽之间，风雨骤至，邦人以之惕息，法侣为之徘徊。公主浴尔泉澄，洗然玉立，悚由衷而□□□，□（惟）／天为大，惟皇则之。姑奉之以精诚，罕不答于明命，以□羞蕴藻浴，芳兰曳月，帔簪花冠，握□□□／，□□汉清，朗月澄辉，□皎练风，不动于纤罗。无僭严告之期，允协嘉蓍□□，兹所谓祥会而福应，神动而／高崇。□（高）□（宗）□（之）孙，睿宗太上之女，开元皇帝之妹也。三圣迈德，九仙降灵，生知□□，言而□□，□□□而鸿龙，愿逍遥而蝉蜕，故汤沐之邑开于王京。若夫冲虚江川，白入素却，粒味道遗，□□准有□□□□□□□□蓬累而行，无落吾事也。历选旧史，未之前闻。粤十日辛巳，旋归于丰，将复命也。□□／以及□□□□□□□□□。众而言曰，惟兹厉乡。真祖□宅，自降神生圣，代祀悠长，未有天人□□／□□□□□□□之勤，孝思锡类之重，安可泯泯没没而无闻焉。且德广者歌于人，功高者纪于物，则□□／□□□□□□□□□□□□□矣□莫由斯脱而见遗，君子以为污矣。□以惟贞者而不朽者，文播乃□□／□□□□□□□□□□□□□□□□□□□倍肃事采于舆颂，敢开其文□。①

唐代楷书名家辈出，名作众多。唐代楷书以王羲之、王献之为基础，吸收北朝的书法风格，结合唐代国势兴盛、社会开放的时代特点，开创了端庄丰满、遒劲雄伟的特点。唐代楷书法度森严、结构严谨，字与字、行

---

① 周建山等编：《旷原碣风：豫东碑刻集萃（唐·玉真公主朝谒真源紫极宫颂碑）》，中州古籍出版社，2013年，第5页。

第十章　周口碑刻文化

279

与行之间等距，给人以稳定庄重、整齐划一的视觉美。唐代楷书吸收行书的优点，笔法多变，因字赋形，不刻意布置，结字的宽窄、长短不同产生局部的参差变化，既整齐又不呆板，既和谐统一又多样变化，静中有动、字中融情。

唐《玉真公主朝谒真源紫极宫颂碑》虽不知为何人所书，仍体现出了字体端庄、笔法飘逸、结构严谨的唐楷风骨，具有极高的书法艺术价值。

四、宋《先天太后之赞（并序）》碑

宋《先天太后之赞（并序）》碑是河南省鹿邑县太清宫现存最大、保存最完整的一通碑刻，因由宋真宗亲自撰文、亲自书丹、亲自题写碑名，又名"三御碑"，在现存宋代碑刻中是唯一的。碑通高 7.45 米。碑高 2.37 米，呈半圆形，浮雕两条蟠龙。碑身高 3.75 米，宽 2.2 米，厚 0.73 米。赑屃座，高 1.33 米。碑文楷书 23 列，满列 41 字，共 648 字。碑文如下。

先天太后之赞（并序）/

御制御书并篆额 /

若夫元气本无，尚存其祖，高旻至大，亦有其先。斯盖本于自然，生乎太极。灵期所始，虽表异而靡详 /，人理攸同，谅显亲而斯尚。洪惟 / 教父首此圣阶，降迹于清都，炳灵于历代，时隐时见，如彼应龙。或闇（暗）或彰，同兹杲日。爰自太皞（昊），讫 / 于宗周。或居世而含真，或宾天而戢影。仰观神化，虽则无方。俯协人伦，故将有自。所以感流星而受气，指仙 / 李而诞生。居楚国之灵封，宅厉乡之名壤。七十二载，剖腋而见形。三百余年，常守藏而混俗。及夫指流沙 / 而高蹈，悟可化者胡人。度崤函而逆知，得先觉者关令。

七百篇之法，所以役使鬼神；五千言之经，所以遍宣/道德。百世膺其佑，万灵归其尊。由是涡曲神区，实存于恭馆；皇唐令典，缅想于邃源。怀顾复于厥初，追劬劳/于罔极。大明圣善之德，别建密清之庭。奉先天之名，所以崇徽偁。葺洞霄之宇，所以法元都。上以显/天经，下以扬孝道。至于体凝寂之气，分柔顺之精，飞翔以彰神，静默以凝性，岂止姜嫄履武纪，彼周篇含始/吞珠，存乎汉篆者哉！国家介祉，穷昊协德神明，政本于希夷，治归于清静。经天纬地/，太祖抍金钺而靖八纮。返朴还淳，太宗调玉烛而齐七政。俾中区之大定，由至道之降康，粤以/眇冲膺斯命，历元符申锡，大礼绍成。接飙歘于禁围，□□福于寓□。眷惟景亳之耆旧□□/象魏之搢（缙）绅，述款谒之令仪，举省方之旧典。羽旄协吉，遵夷路而届殊庭。萍（萍）藻致虔，奉精心而修嘉荐。瞻/淑灵于别宇，想茂躅于前闻。升彼帝车，既传于密记。闵兹遗服，尚睹于高丘。励乾巩之至诚，答/混茫之鸿应。金石之刻，昭述于凝祯；亿万之祥，永期于浚发。赞曰/：

老氏之德，协符昊穹。李母之迹，章（彰）显灵通。仰居霄极，俯运丕功/。权舆至道，资始真风。式扬神化，用致时雍。眈眈秘馆，穆穆睟容，和銮顺辙/，圭璧致恭。允祈多福，大庇区中。储灵不测，昭感有融。一刊乐石，永耀琳宫/。

大中祥符七年正月二十二日/[①]

宋真宗的楷书结构紧凑，端庄谨严，有一派雍容的皇家气象。楷书结字以方形为主，字的大小差别不大，故而方正规整，书法遒劲有力，极为精湛。光绪《鹿邑县志·艺文》载，该碑"额篆秀劲，镌刻极深"，并称

① 周建山等编：《旷原碣风：豫东碑刻集萃（宋·先天太后之赞（并序）碑）》，中州古籍出版社，2013年，第6页。

"真宗善书，得晋人风度"①，书法水平在大书法家蔡襄之上。

宋真宗是历史上著名的崇道皇帝，他在位期间推动了一系列重要的推崇道教的政策。《宋史》记载："七年春正月辛丑，虑囚。壬寅，车驾奉天书发京师。戊申，王旦上混元上德皇帝册宝。己酉，朝谒太清宫。天书升辂，雨雪倏霁，法驾继进，佳气弥望。是夜，月重轮，幸先天观、广灵洞霄宫。"②

宋《先天太后之赞（并序）》为研究北宋时期道教信仰及宋真宗时期的政治、文化提供了弥足珍贵的史料。

五、明《王苍坪墓志铭》

明《王苍坪墓志铭》1948 年在郸城县城东北 16 公里梁新庄村南出土，原藏郸城县博物馆，今藏周口市博物馆。碑文如下。

大明奉训大夫，刑部广东清吏司员外郎，前奉政大夫，宗人府经历司经历，苍坪王公墓志铭/

赐进士出身、资政大夫、南京礼部尚书、前礼部左侍郎兼翰林院侍读学士、实录副总裁、经筵讲官、上海董其昌撰/。董氏玄宰（印章）

赐进士及第，特进光禄大夫，左柱国，少师兼太子太师，吏部尚书，中极殿大学士总裁，两朝实录同知，经筵日讲，晋江张瑞图篆盖并书/张瑞图印（印章）

三秦两东之间，有循良吏曰苍坪王公，公固尝应内召为京朝官，著有声实矣。州邑劳人之事，不足概其生平，独称循/绩者何也？曰

---

① 光绪《鹿邑县志》卷 10《艺文下》，成文出版社，1976 年，第 416 页。

② 脱脱：《宋史》卷 8《真宗本纪》，中华书局，1977 年，第 155 页。

龚少卿召翁卿不入居九列乎，史之所书或在彼不在此，知是可以铭公矣。公讳敬，字祈永，起家乡进士，为凤/翔令，擢东平州守，晋宗人府经历，改刑部员外郎，其官阀也。王氏系出乌衣南渡，后徙居鹿邑。入明可纪者曰英公，三传而/为公。曾祖父海，海生钺，以独行显。钺生家魁，配史氏，生五丈夫。子公为季，以公贵赠父如公官，母为宜人。其家世也。公生以嘉/靖丙辰四月初九日，没以天启乙丑二月初五，享年七十。初娶李氏，赠宜人。继娶汪氏，封宜人。子二人，长心升，廪膳生，娶操氏/，再娶崔氏。次心一，准贡生，娶沈氏。女三人，一适李正中，一适齐自伦，一适张连璧。孙男二人，孙女四人。其生平子姓嫁娶也。当公为以部/郎守，文法无害，数洗释冤狱，名重公卿间，竟以勤劳殉国。其典宗正幕也，不以冷局自叹，日取属戚条有所厘正，人不敢干以私/。其守东平也，适妖讧乍起，烽火震邻，公一切镇以安静，缮堞引泉，金汤屹树，贼望而却走。时诸郡邑唯扰沸腾，以意为诛僇（戮），懔悍者/辄去为贼用。公曰：是虽弄兵者，谁非吾赤子，况良善乎? 刺史责在安民，其忍胜之也。于是捐烦去苛，称忠引孝，虽有不逞，皆心折尊俎/。厥后所司籍逆党于朝姓名，徧山以东独东平无一人入侪，数知公平日恩信所孚者厚也。州故疲于邮辙，军兴之日，往来旁午。公/立泛劝兑，令民间有马者自赴公役，而兑其当输之赋，一时乐从，公私两利。他若因旱凿泉八处，因河溃导水三百余丈，因余帑/缮盐河梁数百尺，因清湖租征水柜，请复无用之菹为可耕之土。因登览凭吊，修帝王贤圣陵庙数十处，并录其子孙奉俎豆/，作人雅化，弦歌沨然，公所为固结人心者如此。其令凤翔也，翔故瘵邑而公费繁重，疾苦不上闻。公筮仕，即以清勤率属顺流更/始。邑故苦力差，苦驿站，苦代输泾赋，公为行招募法以苏役困，岁省金五千有奇。息马头力以苏驿困，岁省金钱二千有奇。削/牍当事，力拒泾募，不获请而谕邑民自秣马往役，泾卒之哗者遂不振。又给疲甲之税为在官之禄，下里菽帛尽成公费，又

计可六千 / 余金。至如酌量巨丁，宽其消耗，招徕流移，给以牛种复业者遂数千家。邑素梗私贩所谓脚脑者，挺（铤）而走险，散而复集，故官引 / 不行，招商狼狈，公诘得主名，集其强者付以帑金，如课子母，岁分上下两运，用完醛额，更开赏格，慰劳之裕，价千余金，而商困亦顿苏 / 。复以余力筑社仓，修孔庙，塞渠辟门以通风气，茸宇置器以安宾客。兴教化，变风俗，掩胔胳，养孤贫。常欲于渭河设船以待行 / 旅，蜀滇边塞片帆可指。岁且省秦中数十万金。虽未有行之者，知公所营度远也。公在邑日，时方毕平，乐与士较射，如种世衡莅青 / 涧。时人有以佳兵谏者，公不答。未几，有辽左之事当在齐鲁间，卧榻之侧忽吠狂奔。乐功名者，未有不放痒（养）鲸鲵以图麟绘，而公于 / 徐卧理口不言兵，竟以一陴之乘贤于十万之甲。公所存隐厚，岂复虎冠鹰击吏所能窥耶。乃赤心皇路、白首郎潜，遇不遇之间，未足 / 以报公芳烈矣。公生平孝友谊，侠事甚多，详具孟学士状中不具论。论其大者，公有子能文，皆以廉谨世其业，清白吏子孙盖可知已 / 。余承乏春卿与孟学士同受，交于公，周旋二载，多谈人外之事，公自谓有不死道，然大期忽至，公无恒化，二子请孟学士状而间关三千里请 / 余志者，治命也。哀哉！是宜铭。铭曰：谁处仁而釜艰饮虹，谁畜（蓄）学而遂盼渐鸿，禄不如邴曼容，位不登黄次公，泽暨乃黎，德祝于宗 / 。谁赫赫而不思，谁蹇蹇而匪躬，贵完纯白以归。昊穹何哉，资级足厄英雄。乐原浩浩，澄水溶溶，公神所依，三槐荫宫 / 。

　　右，先大夫志铭，志宦迹也，而详言守令他懿行悉置之，其穆然有感于循良耶。且宗伯文章所自出，体崇简要，与其溢美也。宁遗是以言言本色，无愧郭有道非直 / 作乎已也。少师楷法并驾宗伯，但纶扆靶掌中尚能成此，较闲窗剑合诸书似略为难办，因属铁笔既竭手眼，不孝藉前瘃竣是役。先大夫可忘斯，可忘两先生 / 矣。时天启五年十月十九日，埋王祖封南四武许，至崇祯元年五月初八日穿窀纳石，亿万斯年无泐焉！不孝男心升、心一泣血跋。

宣城澹山人刘佑镌。[1]

墓志铭具有较高的历史价值。保存完好，字迹基本清晰可辨。其内容除叙述死者籍贯、事迹并追述其世系外，还涉及山东白莲教农民起义，歌颂死者之功德。

王苍坪生前与董其昌是故交，死后由董其昌撰墓志铭，感情饱满，文采飞扬，详略得当，行文对仗工整，词藻典雅，具有较高的文学价值。

刻石人是明代宣城澹山人刘佑，铭文刻工精细，刀笔起落细如游丝，足见其功力之深厚。书丹者张瑞图，以擅书名世，书法奇逸，峻峭劲利，笔势生动，奇姿横生，是明代四大书法家之一，与董其昌、邢侗、米万钟齐名，有"南张北董"之称。

该墓志，两位大家文书辉映，可谓珠联璧合，为历代墓志中所罕见。

① 周建山等编：《旷原碣风：豫东碑刻集萃（明·王苍坪墓志铭）》，中州古籍出版社，2013年，第8~9页。

第十一章

周口红色文化

周口位于豫东平原东南部，水陆通衢，自古即为兵家必争之地。自鸦片战争以来，周口人民深受帝国主义、封建主义和官僚资本主义的压迫与剥削，加上连年的自然灾害、持续的战争，人民生活在水深火热之中。为争取民族独立，周口人民在中国共产党的领导下，同全国人民一道，不畏艰险，浴血抗争，走上了新民主主义革命的道路，最终赢得了胜利。革命道路异常崎岖，斗争异常复杂，在漫长的岁月中，周口大地留下了丰富、厚重的红色文化财富。

第一节　中国共产党的创立初期与大革命时期（1922—1927）

中国共产党创立之初，就有一些党员到周口地区传播马克思主义，开展革命活动，周口人民的革命思想逐渐被点燃。在大革命运动中，中国共产党领导的周口人民为革命事业作出了巨大的贡献。

1921 年 7 月，中国共产党在上海建立。1922 年，周口开始有了中国共产党的活动。这一年夏天，中共党员李之龙来到淮阳县城工作，他以省立淮阳第四中学英文教员身份为掩护，宣传马克思主义，开展革命活动。10 月 15 日，李之龙给时任团中央领导的喻秀松写信，认为在淮阳、开封、郑州开展革命活动有一定的基础。"淮阳……另有一位教英文的，姓吴名世珍与我们为同志，他极信仰主义。……因为这种情形，我以为有在河南组织地方团的必要。此时，因为各人所供职的地点不在一处，然无妨先组织起来，以便宣传与介绍团员。"[1]

李之龙在宣传马克思主义的同时，密切联系广大进步师生，同淮阳四中反动校长张寿卿作积极斗争。张寿卿贪污校款，克扣教师薪金及学生伙

---

[1]　魏良荣主编：《中共周口历史资料选》第 1 卷，商水县印刷厂，2003 年，第 2 页。

食费，与地方劣绅勾结做生意，大发横财，诸种作为引起了师生的公愤。斗争取得了胜利，教育主管部门将张寿卿调离他处。1922年年底，李之龙因身份暴露，被迫离开淮阳。

李之龙在淮阳虽未能建立党团组织，但其革命思想与斗争精神已经对周口产生了巨大而深远的影响。"李之龙被迫离去，但他播撒的革命思想种子在萌发。1923年3月26日，淮阳县各校学生举行集会，发表宣言，开展游行，散发传单，一致要求抵制日货，取消卖国的'二十一条'，收回旅顺大连，维护国家主权。5月初，淮阳、周家口、扶沟等地的学生和社会团体开展五四运动和'五七''五九'国耻日的纪念活动，再次要求废除'二十一条'和收回旅顺大连。纪念活动的开展，促使了广大师生和群众的觉醒。"[1]

1925年5月30日，上海发生了骇人听闻的五卅惨案。惨案发生后，根据党中央指示精神，周口广泛开展了声援五卅运动的反帝爱国斗争。6月7日，省立淮阳第二师范、第四中学的学生停课三天，隆重集会，示威游行。游行队伍高呼口号，收查焚烧英日货品。示威游行活动不断扩大，县城里其他学校的学生也纷纷加入。同时，西华、商水等县人民也纷纷举行集会。当时《西华县模范村农民热烈援沪》一文进行了详细报道。

（河南）省垣以外之人民亦风起云涌，热心援助，而尤以西华模范新村（青年村）之农民大会，对于沪案特别激昂，故分别纪之。

模范村农民第一次大会之情形：模范村（即青年村）位于郾城车站东三十五里，……设有青年公学及中原农人协会、农村自治会、青年合作社、青年织工厂、女学辅助会、青年书报社、青年蚕桑协会及

---

① 中共周口市委党史研究室：《中共周口历史》第1卷，中共党史出版社，2007年，第15页。

义勇团、扑灭害虫队等。……此次沪案噩耗传至青年村，村中农民连日辍耕赴青年公学及青年书报社探问者，日辄十余起，经公学职教员、学生分班演讲，并赴各村为之解说，村民要求开农民大会，援助沪案。……乃定于本月七号上午，在青年公学中学部集会，自行加入。闻讯奔集者，多在新村三四十里内外。除模范村所有十余团体外，尚有柴堂、万斤村……工商团体五十余处代表，及存信区第十一小学、育才小学……而郾城县境之归村镇市民，商水县境肖谭村农民、谭庄镇市民，亦闻讯来会。计到会者有三县农工商学等团社七十余处。……当场议决七项：

（一）本集会以援助上海学生运动，反对英、日暴徒为唯一目的；

（二）本集会一切行为，均以中原农人协会名义发表之；

（三）为上海已死伤同胞举哀，并驰电慰问；

（四）奔告各村镇人等，克日与英、日两国断绝一切外交，实行经济绝交（该处农民多业织，用洋纱最多）；

（五）扩充义勇团，枕戈待命（联合附近各村镇已有枪械之民团、商团，加入青年村义勇团，以备万一）；

（六）筹义勇团经费（每亩收麦两合）；

（七）努力宣传，以中原农人协会名义，通告英、日农会。……定于十四日再开农民全体大会。预料届时当有十万人以上之农民到会；亦豫人援沪声中之特色也。该农人协会真日（11）通电，有云：（上略）英、日视我国为非国，视我国人为非人。即乞携手奋起，共赋同仇，力争国家地位，民族人格。敝会虽僻处乡村，愿率农人执梃输饷，随国人之后云。（六月十二日）

（《时事新报》1925 年 6 月 16 日第 2 张第 2 版）①

---

① 庞守信编：《五卅运动在河南》，河南人民出版社，1986 年，第 143~144 页。

1926 年，共青团淮阳特别支部与周口第一个党支部中共省立淮阳第二师范支部先后成立，支部书记均为苏文焕。"1925 年底，在淮阳二师读书的傅集村学生苏文焕被发展为共青团员。共青团杞县地委指令苏文焕在淮阳发展团组织。同时，在傅集开智小学毕业到淮阳四中读书的段家骥、郑国政等于 1925 年冬加入了共青团。于 1926 年 5 月，共青团淮阳特别支部建立，苏文焕为特支书记，在共青团杞县地委领导下工作。""为贯彻党中央、中共豫区委的指示精神和加强党的领导，1926 年秋，中共淮阳支部成立。苏文焕为支部书记，组织委员马子贞，宣传委员韩照远，在中共杞县地委领导下开展工作。"①

在中国共产党的创立初期，周口不止淮阳一地积极宣传革命思想，其他县城党组织的工作也逐步有了较大起色。1925 年夏天，"在开封上学的中共党员理琪受开封党组织派遣，回家乡太康开展革命工作"。"组建了实际上由共产党领导的国民党太康县党部。并举办农民运动讲习所，培养农民运动骨干 30 多人，以讲习所学员为骨干，组织 800 多名农民，进行了一系列反压迫反封建的斗争。"②

1926 年 10 月，北伐军胜利进军湖北后，周口的战略地位变得非常重要。中共杞县地委和中共淮阳支部为主动适应新形势的发展，大力组织力量，积极扩大群众武装。同年年底，受中共豫区执行委员会指示，中共党员吕调阳、施裕民、高光第离开开封的学校，返回家乡扶沟县进行革命活动，"创办'读书会'，组织进步青年学习马列书籍，积极宣传中国共产党的主张"③。

1927 年 5 月，受武汉国民革命军总政治部派遣，中共党员苗洪轩、

右侧竖排

第十一章　周口红色文化

---

① 中共周口市委党史研究室：《中共周口历史》第 1 卷，中共党史出版社，2007年，第 21~22 页。

② 周口市老区建设促进会编：《周口革命老区》，周口日报印务中心，2010 年，第 3 页。

③ 周口市老区建设促进会编：《周口革命老区》，周口日报印务中心，2010 年，第 4 页。

马西山、李子纯等随北伐军至西华县等地积极开展革命活动、宣传党的主张。

李子纯（1900—1933），周口西华县人，《河南省志·人物志》载有其相关事迹：

> 早年入开封东岳艺术师范学习，参加中国社会主义青年团。1926年春毕业，受中国共产党委派回西华工作。他为发展革命势力开办了"新新公学"，……向学生灌输革命思想。1926年7月，北伐战争开始，他辞职赴武汉。次年春，在农民运动讲习所学习时，加入中国共产党。"七·一五"国民党武汉政府叛变革命后，他深入群众，宣传"宁汉合流"的反动性，揭露新军阀的罪恶。并将这期间的工作情况记录下来，辑为《皮袍日记》，后于1928年3月在西华县石印出版。1927年秋，李子纯回河南，任国民党西华县党部干事，与共产党员苗洪轩、马锡山等共同负责中共西华县委和城内支部工作。冬，他与胡电生借办国民党党义训练班之机，发展革命力量。并与胡电生一道恢复西华师范讲习所，自任国文教员，以《皮袍日记》为教材。[①]

李子纯打入国民党内部，深入开展党的活动，传播了马列主义，宣传了党的主张，播撒了革命的火种。

1927年4月，第二次北伐开始，武汉政府委任唐生智为国民革命军第一集团军总司令，挥师北上讨伐奉军，主力为第四方面军，分左、中、右三路进兵，右路军经商水至周家口、西华。"五月十七日，奉军被击溃，向沙河北逃遁，北伐军乘胜追击。十八日，骑兵团进至商水。二十日，十一军军长张发奎率十师进驻商水县城，副军长黄琪翔率十二师、二十六师经华陂、南陵、张明抵大路李、老窝一线。贺龙率独立十五师抵龙胜沟、邓

---

① 河南省地方史志编纂委员会编：《河南省志·第六十卷·人物志（传记上）》，河南人民出版社，1995年，第104页。

城一线。当独立十五师第五团进至龙胜沟时，遇奉军从东、西洪桥败退下来的一个营，五团立即四面包抄，将其全部歼灭，占据了龙胜沟。"[1] 贺龙所率独立十五师取得卓著战功。北伐军继续北上，"二十三日副军长黄琪翔、独立十五师师长贺龙，分别率部从大路李、葫芦湾、邓城抢渡沙河，二十四日攻克奉军固守的中心据点逍遥镇。自此摧毁了奉军西自郾城东至周口的百里防线，并为后来在豫各个战场取得辉煌胜利奠定了基础。"[2]

北伐军挺进周口地区，在党的领导和影响下，周口各县红枪会、农民自卫武装等迅速发展，成为了策应北伐战争的有生力量。同时，"为了推进国民革命，中共淮阳支部决心改组县党部。在高桂滋部政治部和国民革命军总政治部代表的支持下，淮阳支部书记苏文焕等积极开办党务训练班，学习宣传县党部组织法，宣传国民革命和北伐军胜利的消息及加强农民运动的指示等。培训了力量，扩大了影响，争取了各界的支持。在县党部改组中，苏文焕被选为县党部执行委员会主任委员，各委员大部分是跨党的共产党员和国民党左派，县党部更富有革命朝气了"[3]。然而好景不长，1927 年 7 月，大革命失败，周口党的组织也遭到严重破坏，党的活动暂时跌入低谷。

第二节　土地革命战争时期（1927—1937）

大革命失败后，白色恐怖笼罩周口，政治气候异常险恶。起初周口大部分党员转移外地或者不幸被捕；党的八七会议后，几年间转移外地的党

---

[1]　中国人民政治协商会议河南省商水县委员会文史资料研究委员会编：《商水文史资料》第 1 辑，内部发行，1987 年，第 39~40 页。

[2]　中国人民政治协商会议河南省商水县委员会文史资料研究委员会编：《商水文史资料》第 1 辑，内部发行，1987 年，第 41 页。

[3]　中共周口市委党史研究室：《中共周口历史》第 1 卷，中共党史出版社，2007 年，第 28~29 页。

员陆续返回周口，周口地区党组织相继恢复和建立，党员数量逐渐增加，党员们不屈不挠地坚持与敌人进行斗争。

1927年年底至1931年9月，在中共河南省委的指示与部署下，江梦霞、李梅村、徐庶等一批党员先后到周口一带开展工作，党的组织与活动逐渐恢复并得到发展。1928年5月，江梦霞由党组织派往鹿邑。她化名江松樵，在城关开设民智书社，以售学生课本为名，介绍进步书刊，传播马列主义。她在教师中组织读书会，在学生中组织联合会，在市民中组织扁担会，与地下党员李梅村发展党员多人，建立8个党支部。1929年春，江梦霞联络"红枪会"首领张朝聘，集结会员3万多人，围攻鹿邑县城三昼夜。"1930年2月，中共河南省委以鹿邑为中心建立豫东特委，李梅村任书记，江梦霞任宣传委员，在鹿邑大隅首开办三民旅社作为特委的联络点。"① 另外，"中共沈丘县槐店支部在中共豫东特委书记李梅村和副书记徐庶的直接领导下，1930年冬发展了一批新党员，并深入农村进行党的组织发展工作。在农村先后建立了4个党支部，党员发展到51人。在壮大党的组织，扩大党员队伍的基础上，经中共豫东特委批准，建立中共沈丘县槐店特支（后称中共槐店区委）。1931年春，党派孟广贞、阎玄武、白友民来沈丘，进一步充实了特支的领导。"②

根据党的八七会议精神与上级党委指示，周口的党组织密切联系群众，广泛发动农民运动，积极同地主阶级进行斗争。

在扶沟党组织的领导下，农民把"年作会"改为"雇农会"。"中共扶沟党组织充分利用自己在农村工作的阵地，宣传发动农民。在固城、曹台等地建立秘密农会，领导农民对地主进行斗争，固城一带有个'年作会'，是当地雇农群众自发组建的行会组织。每年年底，他们在洪山庙起会，每

---

① 刘卫东主编：《河南大学百年人物志》，河南大学出版社，2012年，第26页。

② 中共河南省沈丘县委组织部、中共河南省沈丘县委党史办公室、河南省沈丘县档案局编：《中国共产党河南省沈丘县组织史资料》，河南人民出版社，1991年，第10页。

人出钱五百文，给牛王爷唱戏，祈祷牛王爷明年给写个好活。一人有难，大伙相助，不使一人挨饿受难。吕调阳是固城人，扶沟支部一建立就与这个组织建立了联系，向农民宣讲革命道理，将'年作会'改为雇农会，发展会员70多人，领导农民进行经济斗争，改善雇农生活。1927年洪山庙会期间，雇农会向地主提出五个条件：第一、今后洪山庙会唱戏，戏价由东家出；第二、长工因病不能上工，东家不能解雇；第三、长工因病不能上工，不再由家中其他人或自雇短工替工；第四、长工工钱要按时付清，不能克扣抵债；第五、不准打骂长工。雇农会提出，如答应五个条件，明年继续上工，不答应，集体罢工。并不准地主再雇用别人，地由自己种。由于雇农会的力量大，态度强硬，地主只好答应了五项条件。"①

在鹿邑，中共党员对"红枪会""老冤会"进行了组织领导。1928年，受中共河南省委派遣，豫东特委书记李梅村到鹿邑开展活动，"（李梅村）以峨嵋山道主的身份加入张朝聘组织的红枪会。李被张称为'大师兄'，他以'大师兄'的名义领导红枪会，宣传马列主义。并又在红枪会内成立了'老冤会'（老冤即农民中受压迫剥削最重的赤贫），起草了'老冤会'的章程，号召老冤们团结起来，反对地主豪绅的压迫剥削，实行耕者有其田，劳苦大众坐江山。同时帮助红枪会建立健全组织。县建立总会，各区建立分会，村建立小组。"② 这种组织模式迅速发展到周口附近十余县市，参会人数多达30余万人。

在党的正确领导下，农民同地主的斗争不断取得胜利，广大贫苦农民因此踊跃加入农民协会，党的凝聚力、战斗力、领导力和号召力在群众中大大增强。

20世纪20年代末，连年兵燹，经济萧条，民众遭受多方压迫，困苦

---

① 河南省扶沟县志编纂委员会编:《扶沟县志》，河南人民出版社，1986年，第106页。

② 王明义、栾方庚、魏然编:《红星照耀着豫东》，河南人民出版社，1992年，第234~235页。

不堪。哪里有压迫，哪里就有反抗，不屈的民众在周口党组织的领导下开始了反抗斗争：淮阳斗争，扶沟固城农民斗争，鹿邑农民斗争，太康人民抗粮、抗税、抗捐斗争，西华灾民反饥饿斗争等。

　　1927年，太康人张魁文、郭效孟、连金章、张文彬、尚立政、杨灿瑜、陈立申、姜景春分别在淮阳师范和高桂滋部加入了中国共产党。1928年4月9日，郭效孟、连金章等7人参加了中共皖北特委（领导人魏野畴）发动的阜阳暴动（简称四九暴动）。暴动失败后，除郭效孟转移到永城外，连金章等6人均回太康。在太康，他们积极发展党的组织，1928年4月建立了党小组，连金章任组长。他们领导群众继续向反动势力进行斗争。这年的秋末冬初，共产党员陈立申、姜景春在大新集发动组织500多劳苦大众，向恶霸地主、地方团总刘庆云进行斗争。他们和一部分群众代表一起到县衙请愿，并要求县长接见。当着国民党县长的面，揭露了刘庆云杀害贫苦农民、逼死佃农和在乡间横征暴敛的罪行，迫使伪县长下令不准巧立名目收税、罚款，立即释放被关押的群众，让农民自己选举新寨主。这次斗争，显示了农民团结起来的力量，打击了恶霸地主的嚣张气焰，保护了农民群众的利益，大大鼓舞了革命的士气。[①]

　　从周口这段时期整体斗争情况来看，因反动势力过于强大，斗争的结果是败多胜少，上述斗争均未能成功，没有达到预期目的，但这些斗争很好地锻炼了党员和群众的革命斗志，打击并震慑了反动地主官僚，为土地革命的推进奠定了坚实的基础，积累了丰富的经验。

　　另外，在党的领导下，周口妇女思想觉悟得以迅速提升。1929年3月，鹿邑县党组织发动妇女放足运动，成立"妇女放足委员会"，当地名士王

─────────

① 中共周口市委党史研究室：《中共周口历史》第1卷，中共党史出版社，2007年，第37~38页。

俊岭任主任，党员吴自修为副主任。

　　吴自修和她的同伴们以鹿邑女子小学为阵地，组织学生、青年妇女进行演讲宣传，向群众宣传妇女放足的好处，指出放足是妇女解放的第一步；只有放足，妇女才有可能参加各种社会活动，才能获得真正的男女平等。同时，揭露地主阶级及官僚统治阶级压迫妇女、玩弄女性的罪恶。在这场妇女解放运动中，涌现出一大批积极分子，其中有中共党员吴静茹，学生王肖兰、王凤兰、季淑之、孟广贞、李敬欧等。特别是中共党员、放足委员会副主任吴自修，在斗争中表现最积极，最坚决，最勇敢。她们还结合自己的身世遭遇编写戏剧、快板、诗歌，利用节假日、逢会遇集的机会，或者走向街头，或者下到农村，向广大群众宣传演出。她们以血的事实控诉千百年来封建地主阶级对广大妇女的压迫和剥削，控诉封建礼教吃人的罪恶。她们声泪俱下的表演，深深地教育和感染着广大妇女群众。很多妇女含着眼泪当场放了足，有的还把裹脚布条摔在地上，用脚狠踏。吴自修还编写有《妇女放足歌》，内容为："人生本来不缠足，男女一样做生活。中国特产恶风俗，女子偏偏好缠脚。问她缠脚有何用，她说容易找婆婆。其实丑俊在容貌，不在大脚和小脚。男女要想都平等，快快放足来上学。"轰轰烈烈的妇女放足运动震撼着鹿邑城乡。[1]

　　在党组织的领导下，鹿邑县妇女放足运动取得了丰硕的成果，给长期以来深受礼教毒害、身心备受摧残的妇女带来了希望，并使她们提高了思想认识。因此，妇女放足运动深受社会各界尤其是妇女界的支持，党的群众基础与影响力又得到进一步扩大。

　　1930 年 5 月，豫东中心县委在淮阳成立，县委书记由原豫东特委书记

---

[1]　中共周口市委党史研究室：《中共周口历史》第 1 卷，中共党史出版社，2007 年，第 41 页。

李梅村担任，领导周口地区党的工作。《河南省委给豫东各县党支部的指导信——执行"变军阀战争为革命战争"及目前的工作路线》（1930 年 4 月 6 日）一文非常明确地说明当时党的工作重点。

该文首先分析了豫东当前的客观形势，把执行"变军阀战争为革命战争"作为紧急任务：

1. 豫东是当前军阀战争的重要区域之一，正在爆发的空前的全国军阀混战，在反蒋与拥蒋的两个旗帜下进行。……当地的土匪和豪绅地主领导的民团枪会，也都乘机起来勾结各派军阀参加战争，搜刮民众的血汗。因此，豫东各地已经变为严重的战场。

2. 一切战争破坏的负担，都加到劳苦群众的身上。豫东连年灾荒，过去又常受土匪骚扰，农村经济已破坏不堪，农民陷入破产失业和饥荒的穷境。现在军阀战争，更以百倍千倍的负担加到劳苦群众身上，派粮派草、拉夫拉车、特捐亩捐、车捐马捐、人头捐、民团捐等，再加上明抢暗窃，豪绅地主和富农更百方勾结，为虎作伥，以少派多，最后的一粒粮食都被搜刮而去，到处都是饥民。炮火又无情的威胁群众生命，使群众完全走向绝境，不死于饥荒，便死于炮火。

3. 反军阀战争的斗争已经生起。……这种斗争的前途，有可能地发展到地方暴动，变军阀战争为革命战争的形势。[①]

紧接着，这封指导信又规划了目前的工作路线：

1. 建立中心区域的工作。豫东各县之中，归德和淮阳二县，在军事上、政治、产业、交通和文化方面，都占中心的地位。应该加紧这

---

① 魏良荣主编：《中共周口历史资料选》第 1 卷，商水县印刷厂，2003 年，第 5~6 页。

两县的工作，建立中心县党部，成为豫东各县的中心领导力量。……如果能推动起来，必然影响其他各县，推动整个豫东的工作。

2. 发展农民反捐税斗争和分粮运动。……

3. 建立职工运动的基础：豫东已经有新式的资本主义工厂，如淮阳之纱厂、蛋厂，有千百产业工人。……

4. 士兵和民团土匪的运动：士兵是军阀制度的基础，民团、土匪和枪会都是军阀豪绅地主或其他有影响的武装团体，决不能对枪会、土匪或民团以及小军阀存在一点幻想，以为他们可以和我们团结，成为革命的力量。……

5. 反对改良主义：数年来改良主义在豫东有长期的活动，各县都有黄色农民协会、黄色工会、黄色学生会，妇女协会等改良主义的组织。……党应无情地反对这一切改良主义的欺骗，尤其要在斗争中，肃清改良主义的影响，消灭改良主义组织。

6. 扩大党的影响和宣传：……

7. 建立群众的组织和武装：党的政治影响，必须在组织上巩固起来，要在农民中建立赤色农民协会和农民委员会，以贫民和雇农为基础，排斥富农混入。……在目前形势下，党应认识武装斗争的前途（重要），加紧群众的武装训练和武装组织，建立农民赤卫队、工人纠察队和少年先锋队。

8. 反对右倾机会主义，巩固党的无产阶级基础。……

9. 党团关系：党团组织应立即实行划分。……[①]

1931 年 6 月，豫东中心县委由淮阳转移到周口。1933 年，受中共北方局派遣，沈东平（1905—1938）到豫东从事革命工作。同年 9 月，沈东平到许昌、西华工作。在西华，沈东平结识了"三岗"进步人士胡晓初、

① 魏良荣主编：《中共周口历史资料选》第 1 卷，商水县印刷厂，2003 年，第 7~11 页。

屈申亭、侯香山。"三岗"为西华县艾岗乡陵头岗、苗里岗、都城岗的统称。沈东平与他们三人逐渐建立了良好的革命友谊，并先后介绍他们入党。后来，在沈东平的领导下，三岗成了豫东革命抗日根据地。

1933 年，冯玉祥、吉鸿昌举起抗日反蒋大旗，组成察哈尔民众抗日同盟军，沈东平跟随吉鸿昌积极参加了抗击日本侵略军的斗争。抗日同盟军失败后，沈东平被派到河南许昌、西华一带，……他为三岗革命根据地（亦称西华革命根据地）的创建、发展和巩固作出了重要贡献。三岗……是豫皖苏敌后抗日前线与延安、竹沟相联系的咽喉，是我党发展华中、华北两个战略区域的前沿阵地之一。沈东平……在三岗战斗了近 5 个春秋。……1935 年冬，由于中共河南省委遭到破坏，中共中央北方局决定由沈东平以西华、许昌为依托，恢复和发展中共在河南的地方组织。1936 年 2 月，在沈东平亲自指导和胡晓初的具体筹办下，在陵头岗重建了被国民党破坏的普理学校。西安事变后，沈东平在普理学校首次举办抗日干部培训班。培训班先后举办 8 期，培训学员 1 200 余人，大部分学员结业后被分配到豫东各县从事抗日救亡工作，一部分留在了三岗革命根据地工作。……1936 年 10 月，沈东平在西华组建了中共豫东特委，并担任豫东特委书记，直属中共中央北方局。在以刘少奇为书记的中共中央北方局的领导下，为了恢复和建立豫东党组织，沈东平不知疲倦地辗转奔波于三岗、西华、许昌、漯河、郾城、临颍、鄢陵、扶沟、淮阳等地。到 1938 年 7 月，他已恢复地下党支部 101 个，与近 300 名党员接上了关系，使豫东地区的党组织又以新的姿态活跃起来。[①]

1935 年华北事变后，中华民族面临空前危机。在党的领导下，12 月

---

① 中共河南省委党史研究室编：《中原国魂——23 位河南籍抗战英烈谱》，大象出版社，2015 年，第 28~29 页。

9 日，北平广大爱国学生举行抗日救国示威游行，掀起全国抗日救国新高潮。同年年底，为声援北平学生的爱国运动，淮阳众多学校都成立了抗日救国会，举行集会、游行示威。"1935 年'一二·九'学生运动爆发后，淮师、淮中、简师、女师、成达、豫东、农林等 7 所中等学校联合成立淮阳抗日救国会，会址设于淮阳简师，1937 年 6 月停止活动。"①

为声援"一二·九"学生运动，沈丘槐店颍滨中学组织了抗日救国会。

> 在开封、淮阳上学的进步学生韩若雪、宋凤兰、王彬等来信介绍开封、淮阳等地学生声援"一二·九"运动的情况，给颍滨中学的共产党员白麟阁、孙裕明以极大鼓舞。为了声援北京学生的爱国运动，颍滨中学组织的救国会发出号召，动员教师会、读书会、兰球队、歌咏队、绘画组等群众组织以及广大社会各界爱国人士，在沈丘槐店掀起一场声势浩大的示威游行。革命群众在颍滨中学大操场集合后整队出发，歌咏队在前高唱抗战歌曲。游行队伍途经东大街、横街、公安局、后街、西大街，沿途高呼口号，张贴标语："打倒日本帝国主义！""坚决支援北京学生爱国运动"等。队伍所到之处，街道两旁挤满群众。演讲队向群众愤怒控诉日本帝国主义侵略中国的滔天罪行，严厉斥责宋哲元迫害爱国学生的可耻行为。听众对日本强盗和汉奸卖国贼无不切齿痛恨。②

1936 年初，中共党员张俊峰（1913—1943）到太康工作，他在中共党员杜省吾的指导下从事抗日救亡活动。次年 3 月，为与国民党散布的反动言论作斗争，也为了揭露日本侵华罪行，在张俊峰、邢普林等人领导下，

① 中共河南省淮阳县委组织部、中共河南省淮阳县委党史办公室、河南省淮阳县档案局编：《中国共产党河南省淮阳县组织史资料（1922—1987）》，河南人民出版社，1990 年，第 19 页。
② 中共周口市委党史研究室：《中共周口历史》第 1 卷，中共党史出版社，2007 年，第 69~70 页。

抗日救亡文艺团体"长白话剧团"成立。他们到城镇街道、农村演出《放下你的鞭子》《五月的鲜花》等抗日节目，在豫东一带影响非常大。

第三节　全民族抗日战争时期（1937—1945）

1937 年 7 月 7 日，发生卢沟桥事变，日本开始全面侵华，抗日战争随之全面爆发。全民族抗日战争时期，全国各地形势急剧变化，日寇猖獗，国土沦丧。根据中共中央精神，中国共产党领导下的周口，密切联系群众，积极进行抗日宣传，开展各种抗日救亡活动。此期，周口地方政权、军事武装、群众团体组织等迅猛发展，党员数量一度多达 2 000 人，在抗击日寇侵略过程中，涌现出大量可歌可泣的英雄人物与事迹。

全民族抗日战争爆发后，国内主要矛盾发生变化，国难当头，抵御外寇成为中华儿女的首要任务。为动员全民族抗战，中共豫东特委根据中共中央和省委指示精神，广泛开展统战工作，沈东平、彭雪枫等在豫东坚决执行党的统一战线政策。

沈东平，河南舞阳人，1929 年加入中国共产党。1936 年 10 月，沈东平在西华组建中共豫东特委，并担任书记。为强化豫东党组织力量，沈东平常奔波于周口一带，经过长时间努力，豫东地区党组织又活跃壮大起来。

1937 年 9 月，沈东平领导豫东工作。为争取社会各界抗日力量，沈东平积极与楚博、刘莪青等取得联系，确立统战关系，在豫东营造了浓厚的抗战氛围。

1937 年秋，失去组织关系的中共党员楚博出任国民党西华县县长，沈东平除亲自与他联系外，还指定专人做他的思想工作，后发展他为中共特别党员。楚博全力支持抗战工作，先后让沈东平和中共河南省委派到此地的省委秘书长张漫萍做国民党西华县政府秘书，使西华县形成了国共合作、团结抗战的大好局面。1938年年初，沈东平、刘作孚等又做国民党淮阳第七区专署专员刘莪青的统战工作，在中共的影响下，刘莪青非常同情和支持抗日工作，并邀请沈东平担任专署秘书。团结争取刘莪青，对发展豫东抗战形势具有深刻的影响。[①]

刘莪青系孙中山老同盟会会员，对蒋介石的"消极抗日，积极反共"早怀不满。1938年5月，刘莪青到西华视察工作，楚博从中周旋，沟通了沈东平与刘莪青的关系。刘莪青视察西华后，……对共产党领导的各项工作均持同情和支持态度。在刘莪青积极倡导下，1938年2月，在太昊陵举办淮阳专署抗日工作人员训练班，学员是各县推荐的区长、区员和联保主任以及一部分抗日骨干。训练班编成三个大队，计900余人。刘莪青聘请沈东平担任教官，沈东平遂派郝九亭到训练班担任教员。训练内容：军事上，主要学习游击战争的战略战术、步兵操练，野外勤务；政治上，主要学习国共两党合作的重大意义、民族统一战线、大众哲学、群众工作和共产党抗日救国主张等。通过中共豫东特委的工作，淮阳专署的抗日民族统一战线日益巩固和发展。[②]

驻西华县境的中共豫东特委，受国民党政府七专署专员刘莪青的邀请，先后派王子英、李朴人、孙世贤、张先舟等中共党员来周口，与七专署合办"抗战建国干部人材训练班"，同年9月下旬，张先舟根据豫东特委指示，在第二期抗战建国训练班中，组建了中共周家口抗战建国训练班支部，先后吸收10余名学员入党，党支部隶属中共

① 中共河南省委党史研究室、河南省中共党史学会、河南省中共党史人物研究会编：《河南省党史界学术年会论文集》，河南人民出版社，2016年，第236页。

② 中共周口市委党史研究室：《中共周口历史》第1卷，中共党史出版社，2007年，第91~92页。

豫东特委，有党员近20人。^①

另外，诸多开明士绅在中国共产党的反复宣传中加入抗日救亡行列，统战工作在实践中取得了积极的成效，为全民族抗日救亡运动的积极推进创造了有利条件。

沈东平为激发豫东民众抗日热情，走遍豫东大地。"不论是党的工作，还是政府的事情，从工人、农民、学生组织到各地抗日救亡团体的活动，他都亲自组织或给予具体指导。在沈东平的具体领导下，豫东特委组织了各种宣传队、演出队在城乡宣传抗日民族统一战线政策，演出抗日剧目，教唱救亡歌曲，激励群众的爱国热情，鼓舞人民的抗敌斗志。西华全县普遍建立了群众性的各种抗日救亡团体，男女老少都加入了抗日救亡行列。西华抗日高潮的兴起，推动了豫东各县抗日救亡运动的迅猛发展，广袤的豫东平原上燃起了抗日救亡的漫天烽火。"^②

1938年6月，豫东沦陷后，根据中共中央指示，西华组建了抗日部队，沈东平任参谋长。7月28日，沈东平率领部队在商丘睢县马路口伏击日军，力战日寇，壮烈殉国，年仅33岁。

彭雪枫积极对宋克宾、魏凤楼等开展了统战工作。"魏凤楼早年与宋克宾同为西北军军官，抗战后拉起了1 000多人的抗日武装，编入宋克宾豫东保安司令部。魏任副司令员兼第一总队司令及扶沟县长，活动于扶沟一带，1938年初成为中共特别党员。魏凤楼在扶沟的抗日活动及与共产党的关系，国民党河南省党部似有觉察，便多方对其限制和阻挠。为防患于未然，亦为接应彭雪枫东征部队，中共豫东特委通过统战关系，调魏凤楼到第二行政区鹿邑县，兼任鹿邑县县长。1938年10月30日，彭雪枫率领

---

① 中共河南省周口市委组织部、中共河南省周口市委党史工作委员会、河南省周口市档案局编：《中国共产党河南省周口市组织史资料（1937—1987）》，河南人民出版社，1992年，第8页。

② 中共河南省委党史研究室编：《中原国魂——23位河南籍抗战英烈谱》，大象出版社，2015年，第29~30页。

周口地域文化

部队到达鹿邑，进一步加强了对宋克宾、魏凤楼部的统战工作。彭雪枫多次拜访宋克宾、魏凤楼、宋铁林、吴清旺等人，联络感情，加深了解。同时反复阐述党的抗日民族统一战线政策，对宋克宾等教育很大。11月初，应宋克宾、魏凤楼的要求，派去张爱萍等一批干部帮助其举办干部训练班。魏凤楼任一总队干训班校长，张爱萍任干训班主任，并被聘任为魏凤楼部的参谋长。同时，游击支队接纳了宋克宾部一些优秀分子随军学习锻炼。这样，经过一段时间的训练，帮助宋克宾部提高了政治素质和军事素质。就连宋克宾和宋铁林本人，亦在训练期间改掉了吸食鸦片的恶习，一大早起来带领部队出操，并与彭雪枫率领的新四军游击支队建立了良好的关系。"①

1938年10月11日，彭雪枫所率的新四军游击支队、吴芝圃所率的豫东游击第三支队和肖望东所率的游击支队先遣大队，胜利会师于西华县杜岗村，合编后的新四军游击支队正式成立，是为"杜岗会师"。"杜岗会师"进一步加强了党对豫东敌后抗战的领导，开辟了豫皖苏边区抗日斗争新格局。彭雪枫的《斗争一年》（1939年9月29日）谈到了此次会师。

我们的吴芝圃同志自民国十六年以来就没有脱离过豫东的广大群众，尤其是睢、杞、太、陈、通一带，人们奉之为"先生"，敬之为"师长"。因之，敌寇到处，"吴先生"振臂一呼，千百万群众便揭竿而起，风起云涌，于是产生了睢杞一带著名的三支队。然而他们没有军事人才，他们横冲直撞，"秀才造反"，居然成功。使敌人望风远扬，使他们时常兵临睢州城下。为了应援三支队，为了配合睢杞活动的武装，首先派出了我们远征的先遣队，那就是豫东有名的"肖大队"。"大队"不过是个番号，其实部队的素质和军容是那样可怜相，然而肖望东同志这位久经锻炼的长征英雄，并没有顾及这一些，奉了

① 中共周口市委党史研究室：《中共周口历史》第1卷，中共党史出版社，2007年，第93页。

党的命令，毅然决然昂然怡然走向敌人后方去了。紧接着是豫东、豫南更加"不堪"的时候，在信阳和周口的炮火声中，我们的"主力"出发了，汇合了三支队，团聚了肖大队，故人相逢，皆大欢喜！①

张震的《回忆杜岗会师》（1984年5月31日）对杜岗会师的历史意义做过总结：

杜岗，是河南省西华县城北约七八华里的一个小村庄，46年前，我们新四军游击支队在这里正式成立，所以，杜岗是当时我党领导下的豫东地区抗日武装的最初集结地。在这里胜利会师的三支弱小的革命力量，点燃了豫皖苏边区的抗日星火，以燎原之势，迅速发展壮大，成为后来华中敌后抗日的一支重要武装力量——新四军第四师。因而，杜岗确实是值得纪念的地方。②

杜岗会师后，三支队伍组成新四军游击支队，为随后豫皖苏边区抗日民主根据地的创建与新四军第四师的组建奠定了坚实的基础。

1938年9月，日寇进犯淮阳，豫东沦陷。国民党军队撤离战场。中共领导的抗日武装广泛开展游击战争，逐渐开辟西华、鹿邑、睢杞太③等豫东抗日根据地。

日军多次进攻鹿邑、睢杞太等敌后抗日根据地，国民党反动派又推行消极抗日、积极"反共"政策。1940年2月25日，国民党乘隙围剿三岗抗日革命根据地，制造骇人听闻的"三岗惨案"：

---

① 张同喜主编：《杜岗会师纪实（纪念杜岗会师55周年资料选）》，河南人民出版社，1993年，第54~55页。
② 郭一平：《杜岗会师》，河南人民出版社，1993年，第204页。
③ 睢杞太：河南的睢县、杞县、太康三县析置，以三县首字为名。

西华部队东进之后，根据地力量薄弱，……国民党81师一个团和地方保安团队向"三岗"和屈庄一带进攻。与我有统战关系的81师某营营长李西彩担忧屈申亭遭难。过去屈申亭与李西彩有过来往，李西彩曾派人在淮阳买两箱盘纸，经西华到许昌贩卖，经过红花集被屈申亭部没收，屈申亭得知盘纸是李西彩所买，为了争取李西彩，屈申亭派人送书信一封，将两箱盘纸归还李西彩，并又赠送手枪一支，战马一匹，李认为屈申亭讲义气，够朋友，又把盘纸赠送给屈申亭使用。李西彩回临颍老家结婚时，路过屈庄，屈申亭设宴招待，送钢洋200元，李西彩很受感动，从此，他们互相不断往来，屈申亭给他讲述不少革命道理，他也常为屈申亭部提供方便。李西彩得知剿"三岗"的消息，立即通知了屈申亭。申亭与郑平交换意见后，急速部署，把武器弹药埋藏起来，所有干部、战士撤出"三岗"和屈庄，分散隐蔽，同时，安排部分群众适当转移。当敌人扑空后，气急败坏，把"三岗"和屈庄等村庄的群众财产抢劫一空，残杀群众百余人，并将屈申亭家挖地三尺，抢走长、短枪300多支，造成了豫东地区有名的三岗惨案和屈庄惨案。革命的火焰是扑不灭的，国民党81师血洗"三岗"，没有吓倒西华人民，反而激起西华人民更高的抗敌怒火，革命形势很快得到恢复和发展。[1]

此后，水西党组织的革命活动转入地下。

当时周口一带出现罕见天灾，抗日根据斗争处于极端艰难境地。"1942年和1943年是水东军民坚持斗争最艰苦的两年。一方面，受着敌伪顽的夹击；另一方面遭受到严重的自然灾害，水、旱、蝗、汤四害俱全，

① 王明义、栾方庚主编：《中共周口党史人物传》，河南人民出版社，1992年，第227页。

黄泛区人民尸横遍野，民不聊生，灾荒之重，亘古少有。"①《水东独立团1943年总结报告》中这样描述当时的困难境况："由于去年春旱，麦收三成，秋季更遭旱灾、虫灾而大秋无收，又兼顽、伪无限度地抢掠，造成水东地区1943年空前严重灾荒，饿尸（殍）遍野，饥民遍地，在韩岗、高阳、傅集之弧线以南尤为严重，群众东去度荒年者成群结队，如水奔流，纵横百里之区，不闻鸡鸣犬吠之声，数百村庄，人烟罕见。仅举潮波（板木南）一村百十户，全村饿死82户，甚至二百亩之家，亦被饿死4口，其余人吃狗、人吃人、死无人埋、一升粮换一个大姑娘的事情层出不穷。因此，造成部队的财粮困难，菜金停止，红芋叶、大糠、麦苗也几乎吃不到，两天发四两粮也是优待。其次，日伪顽乘机加强对水东的控制，增强兵力，修建据点，并下乡抢粮。"②

在中共冀鲁豫区党委的领导下，水东地委发起征粮运动、武装保卫麦收运动、反"扫荡"斗争，取得积极成效。水东军民坚守住了水东抗日根据地，多次粉碎日伪军"清剿"，并对国民党顽固派的进攻予以坚决反击，为坚持长期抗战打下牢固基础。"据1944年183次战斗统计，击毙日军小队长、县顾问以下51名，伤47名，活捉二名；击毙伪大队长以下239名，伤伪县长以下353名，活捉伪联队长以下1 150名，伪军反正75名。涌现出153名战斗英雄、工作模范。水东独立团在战斗中成长壮大，为睢杞太根据地克服困难及巩固发展演出了威武雄壮的抗日历史话剧。"③

1944年4月，日寇发动河南战役，历时37天，以国民党军队失守洛阳为标志而宣告结束，豫中、豫西沦陷。7月，冀鲁豫军区派部队南下挺进豫东，与水东地委紧密配合，恢复淮太西根据地。"7月底，为配合新

---

① 中共周口市委党史研究室:《中共周口历史》第1卷，中共党史出版社，2007年，第187页。

② 中共周口市委党史研究室:《中共周口历史》第1卷，中共党史出版社，2007年，第192页。

③ 河南省新四军华中抗日根据地历史研究会编:《中原抗战论丛》，河南人民出版社，1992年，第167页。

四军四师主力西进，扩大抗日根据地，中共水东地委决定恢复淮太西根据地，成立中共淮太西县委，组建水东独立团二大队，近700人。由太康独塘集过河，星夜行军南下，以秋风扫落叶之势，攻打驻刘屯、齐老家的汉奸部队与夏亭国民党挺进军，歼敌1 000余人，为恢复淮太西根据地扫除了障碍。后建立了县大队，下设三个区队。10月18日，南下二大队在潘庄突遭日军骑兵袭击，连长李运生等30人壮烈牺牲。31日，水东分区司令员于克勤带领三个中队配合县大队攻克齐老家汉奸据点，消灭了齐老毅部，俘虏百余人，获长短枪百余支，从而巩固了淮太西抗日根据地。"[①]

1945年前后，在中国共产党的领导下，周口地区抗日根据地得以日益巩固，"经过8年的浴血奋战，在新黄河以东地区和以西地区创建了抗日根据地：新黄河以东的太康、扶（沟）太（康）西（华）、淮（阳）西、鹿（邑）淮（阳）太（康）等县抗日县政府和黄泛特区隶属冀鲁豫边区第十二专署；新黄河以西的郾（城）上（蔡）西（华）、西（华）临（颍）郾（城）、鄢（陵）扶（沟）3个抗日县政府隶属冀鲁豫边区第十三专署。共产党领导的抗日军民占领了周口地区的广大农村。"[②]随之，周口各县抗日民主政府先后得以加强与建立，开辟了4 500平方千米的解放区。"经过艰苦卓绝的斗争，战胜了日伪的进攻和扫荡，击退了顽匪的摩擦和挑衅，为水东、水西抗日根据地的创立、巩固和发展做出了卓越的贡献。……有数千名优秀儿女献出了宝贵的生命。同时，也培养出数以万计的优秀干部和战士，为争得中华民族的独立、自由、解放谱写了光辉的篇章。"[③]1945年8月，日本战败投降，我方组织驻扎周口的日军于关帝庙举行投降仪式。

[①] 淮阳县地方志编纂委员会编：《淮阳县志》，河南人民出版社，1991年，第237页。

[②] 中共周口市委党史研究室：《中共周口历史》第1卷，中共党史出版社，2007年，第264页。

[③] 中共周口市委党史研究室：《中共周口历史》第1卷，中共党史出版社，2007年，第257页。

第四节　解放战争时期（1945—1949）

> 泥滑滑，车辘辘，泥深没踝车没辐。兵怒役催各叱呼，疲驴欲僵牛欲仆。军储星火敢稽延，输之入城免答辱。兵燹将十年，诛求到茕独。粮米积如山，委弃资他族。不闻一矢相遗，坐看千里封疆蹙。声令狡寇已夭亡，满地疮痍仍挖肉。蜂屯蚁聚尽纠桓，党系纷争恣穷黩。如篦如鬓复如梳，沟中冻骨杂人畜。樊川只罪谙，长沙徒痛哭。酷于东胡打草谷。

——鲁伯英《输军租》[1]

鲁伯英所作《输军租》，写于 1945 年秋抗日战争胜利之后，真实地记录了国民党军队在周口一带抓丁抢粮的场景。末句"酷于东胡打草谷"，"东胡"即日本侵略者，"草谷"泛指百姓财物，国民党军队打着"输军租"的旗帜，千方百计搜刮民脂民膏。《输军租》可谓当时国民党黑暗统治的一个缩影。

为保卫抗战胜利果实，争取和平民主，周口军民在中国共产党的领导下，与国民党进行了针锋相对、艰苦卓绝的斗争。

1945 年 8 月至 1946 年 6 月，国民党军队多次进攻解放区。新华社《豫东国民党军继续进攻解放区侵占五县城》（1945 年 10 月 28 日）报道：

> 豫东国民党军队违背双十协定，在侵占我以血战从敌伪铁蹄下解放出来的民权、太康、扶沟、通许等四座县城后，继续向我解放区猛烈进攻。本月十四日下午四时，有国民党预备六十八军刘部，从尉氏、通许一带分三路出击，向东侵占我杞县县城，十五日四十七军的暂一师也从太康城出动，结合地方团队向北猛攻我王集、杨庙、高贤

---

[1]　中国人民政治协商会议周口市委员会文史资料委员会编：《周口文史资料》第 9 辑，1992 年 11 月，第 151 页。

集、张山寨（都属太康）一带解放区。^①

1946年5月，国民党军队分四路"围剿"水东解放区。冀鲁豫区党委指示水东军民，要认真对待此次敌人的"围剿"，战斗会异常紧张、激烈与艰苦。为争取战斗的最终胜利，在县委的领导下，全县人民积极投入到了反"围剿"斗争中。在党委的领导下，军民密切配合，多次粉碎了国民党军队的进攻，保卫了解放区。

5月12日，第三十团在太康北转楼区的徐庄、谢庄伏击张岚峰部，消灭敌人200多人，缴获轻机枪1挺。当夜，第三十团又袭击进驻王集的张岚峰部的丁葆仁团，取得胜利后，闻其孔团、宋团从龙曲来援，便星夜撤出战斗，到王集北的张山寨驻扎。5月20日上午，张岚峰部两个团尾追而来。10时半，开始向寨内打炮，第三十团卫生队2人牺牲，2人受伤。敌人打了一阵炮，第三十团在寨内隐蔽不动。一个小时后，敌人一个营在机枪掩护下从东南蜂拥而至，第三十团仍在阵地上隐蔽不动。敌人认为打这么多的炮弹，第三十团早就吓跑了，于是满不在乎地向战壕外沿进逼，东北角的几个敌人首先跳进了战壕。这时，第三十团的轻重机枪、步枪一齐开火，战壕里的反冲锋官兵已上好了刺刀，冲锋号一响，掷出手榴弹，杀声四起冲了出去。东北角的敌群被机枪火力压得不敢抬头，伤亡惨重。前沿阵地的敌人看到突击队冲了出来，吓得目瞪口呆，举枪投降。这次战斗毙敌80多人，活捉70多人，缴获机枪3挺、步枪100多支。此战的胜利，大灭了国民党反动派的威风。^②

---

① 中共商丘地委党史资料征集编纂委员会编：《新民主主义革命时期中共商丘党史资料选（第一卷）：文献（下）》，河南人民出版社，1990年，第39页。

② 中共周口市委党史研究室：《中共周口历史》第1卷，中共党史出版社，2007年，第289~290页。

1946 年 6 月 26 日，国民党向解放区展开大规模进攻，全面内战爆发。《中央关于全面破裂后作战方案给刘伯承等的指示》（一九四六年六月二十二日）规划豫东作战方案：

> 全局破裂后请你们考虑下列方案：（一）太行区以豫东地区为主要作战方向，集中主要兵力尽可能攻取长垣、考城、民权、兰封、封邱〔丘〕、宁陵、睢县、杞县、陈留、通许、太康、柘城、淮阳、商邱〔丘〕、鹿邑、西华各点，主要着重在野战中消灭敌军有生力量，相机占领开封。[①]

周口军民逐步粉碎国民党的军事进攻。

周口（原名周家口）水陆交通便利，四通八达，战略地位非常重要。在全国解放战争时期，周口成为国、共双方逐鹿中原的一个重要战场，长期处于拉锯状态。据《周口"拉锯"情况》统计，在周口一地大大小小拉锯多达 11 次。

一九四七年四月初，国民党集中强大兵力，对中国人民解放军豫皖苏军区独立旅大肆清剿。我独立旅采取"避强击弱"的战术，四月十九日一举攻克了国民党军事力量比较薄弱的太康县。当国民党六十四旅和张岚峰部三个团闻讯前来太康，企图夹击我军时，我豫皖苏独立旅又挥戈南下，四月二十三日一举攻克了豫东重镇——周家口。不久，主动撤离。七月二十二日，国民党为了加强周家口的军事力量，事先派遣全部美式装备武装起来的交通警察第十七总队，由总队长李慎言带领二、三大队和四个直属中队共千余人，占领周家口，以淮阳为基地，以关帝庙春秋阁为据点，妄图阻止我军进攻。

[①] 中央档案馆编：《中共中央文件选集：第十六册（1946—1947）》，中共中央党校出版社，1992 年，第 210 页。

我豫皖苏军区首长张国华、吴芝圃率领军区独立旅三十团、三十四团、三十五团和直属警卫营、骑兵营，加上张才千旅长率领的中原独立旅，于七月二十四日晚十二时，全部进入指定位置，当即发动进攻，激战一昼夜，攻克关帝庙据点，击毙交通警一百八十余名，俘敌八百五十余名。[①]

周口战场的拉锯状态一直持续到 1948 年 8 月上旬，这种状态最终以中国人民解放军的全面胜利而宣告结束。

1947 年后，人民解放军由战略防御转入战略进攻，中原地区成为战略上的突破口。由于国民党军队重点进攻陕北和山东解放区，后方兵力空虚，大别山地区成为国民党战略上最薄弱之处。中共中央制定了"三军配合、两翼牵制、逐鹿中原"的作战部署，其中刘伯承、邓小平率领晋冀鲁豫野战军主力强渡黄河，直驱大别山。

1947 年 8 月，刘伯承、邓小平所率大军分三路挺进大别山，其中两路经过周口。在周口地区，刘邓大军先后解放了淮阳、沈丘、项城、商水、周口等城镇。为巩固、扩大周口根据地，刘伯承、邓小平接见了众多地方党政负责人，并拨给其武器弹药。刘邓大军路过周口的十天正值盛夏酷暑，处境极其险恶：敌人不断围攻，敌机疯狂轰炸，部队艰难地行军于黄泛区、大沙河两道险关。

8 月 14 日，刘邓大军开始过黄泛区。"刘邓大军经过时，黄水虽归入故道，但黄泛区还是一片水乡泽国。或是深浅不等的积水或是没膝厚的稀泥，人烟稀少，蒲苇丛生，行走极为困难，辎重车辆更难通过。'三八式'野战炮，必须用 5 头牲口才能拉动。装有武器弹药的 200 辆军械车，通过黄泛区费尽了周折。每辆重达 1 500 公斤的大车，用牲口在前面拉，后面还要用人推，稍有不慎，陷进泥里如不及时拉出，就会越陷越深，再也无

① 中国人民政治协商会议周口市委员会文史资料研究委员会编：《周口文史资料（庆祝建国四十周年）》第 6 辑，1989 年 9 月，第 33~34 页。

法拉出来。遇到这种情况，战士们只好把衣服垫在肩头，扛起武器弹药艰难地向前进。大军不顾敌机轮番轰炸、扫射，顽强地支撑着疲劳、饥饿困绕的身躯，在泥水中推的推、拉的拉、扛的扛、抬的抬。刘邓大军的指战员们凭着坚定的信念和坚强的意志，用了 3 天时间，硬是一步一步走出了最宽不过 50 华里的黄泛区。"[①]

8 月 17 日，刘邓大军开始日夜抢渡大沙河。大沙河宽 100 多米，水深多在 3 米以上，蒋介石视大沙河为阻止大军过河的天然屏障。"当发现大军正在渡河，敌人就增派大批飞机对沙河两岸及船只、浮桥昼夜进行狂轰滥炸。靠近沙河堤岸的村庄，平均每村落下 5 枚炸弹……在新站集渡河的大军最为艰苦，敌机一批接一批沿河侦察扫射，最多的时候，天空同时出现十几架敌机。入夜，照明弹的白光此消彼亮，河面几乎彻夜通明。但渡河勇士们冒着敌机疯狂的轰炸、扫射，依然顽强机智地抢渡过河。几十只大小民船满载大炮、弹药、辎重、战马和一批批战士，趁着敌机每次轰炸的间隙，迅速划过河面。"[②]

据彭亚英《刘邓大军过槐店》回忆：

17、18 日刘邓首长在槐店东南五里贾寨驻了两天。头天，我怀着万分激动的心情来到贾寨，……后由张际春同志带我去见刘伯承、邓小平和李达等同志。……坐下后，小平同志亲切地向我询问工作情况，他把目前形势和任务以及出击大别山、全国性规模的大反攻的伟大意义……作了精透地阐述，使我非常兴奋，大受鼓舞。接着，我把沈项临县开辟经过，沙南、淮河沿岸敌情，作了详细的汇报。李达参谋长又带我到后院三间大屋内，拉开幕帐，指着墙壁上挂着的军事地图，边讲边问：洪、淮河多深、多宽、多少渡口？各渡口船只大小、

① 杨永德主编：《周口大观》，中原农民出版社，1993 年，第 211 页。
② 杨永德主编：《周口大观》，中原农民出版社，1993 年，第 211~212 页。

若干？蒋军情况如何等等。我回答后，又和他到前屋，面聆小平同志指示：沙南这个地区出兵出粮、物产丰富，是个好地方，在战略上也有重要意义。我们进击大别山后，这个地区更显重要了，要很快开辟，建立政权，使南北联成一片。尔后，问我有什么困难。我说：干部缺乏，轻机枪太少，目前不易解决。……①

第二天，刘邓首长将五挺机枪、几十杆步枪、几箱子弹拨付给了彭亚英。

8 月 23 日，刘邓大军十万人马胜利渡过大沙河，许多周口群众为支援大军渡河献出了宝贵的生命，仅沈丘县新安集一地就有 18 人光荣牺牲。

1948 年秋，周口地区全部解放。

1948 年 11 月 6 日，华东野战军、中原野战军等 60 万兵力发起了淮海战役。在淮海战役中，周口地方党组织支前工作开展得既充分又到位，完成上级交给的供应部队粮油等任务；动员与组织人力、物力等配合军队作战，周口有万余名青年积极参军，支前物资被源源不断地送至前线。大军南下渡江时，周口军民积极支援。如：上级分给淮阳县 650 多名扩军任务，淮阳县委成立了动员参军委员会，广泛进行宣传，"养儿参加解放军，祖宗三代都光荣""好汉要当兵，尽孝又尽忠""拿起枪杆下江南，全国百姓都安然"等标语贴满了大街小巷，许多青壮年群众踊跃报名，参军人数比扩军任务的人数多了近一倍。

李崧的《周口兵站》一文回忆了他参与支援淮海战役、渡江南下军用物资供应时的情况：

一九四八年十一月间，周口决定成立豫皖苏边区支前司令部周口兵站，简称周口兵站。地址设在南岸后张营街，兵站站长为李学文

① 周口市老区建设促进会编：《周口革命老区》，周口日报印务中心，2010 年，第 443 页。

（又名李焕），副站长祝新民，会计翁俊，财粮员李星等。兵站下设三个仓库，用于贮存粮食、面粉等军需物资，一个柴草站，用来收发军用马匹所需的饲料。……自一九四八年十一月，至一九四九年四月，淮海战役结束，大军南下过江后，兵站撤销。其间共供应面粉、饲料二千多万斤，柴草一千多万斤。当时的工作是艰苦的，紧张的，没有作息时间，送粮草者，什么时候来，什么时候收；领物资者，什么时候来，什么时候发，甚至在风雪交加中也是收发不停。当时兵站收发物资使用的唯一工具是长杆大秤，夜间照明用的是桅灯（又叫马灯）。在生活方面，吃的是半生不熟的大锅小米饭（因炊事员不会做米饭），睡的是草铺。虽然这样艰苦，但同志们无一人叫苦叫累，发牢骚，说怪话，而是精神振奋，干劲十足，胜利完成了支前任务。[①]

渡江战役胜利结束后，周口人民与全国人民一起迎来了全国的解放。

自 1922 年周口有了党的活动至 1949 年中华人民共和国成立，在漫长的革命斗争过程中，在党的领导下，老一辈无产阶级革命家和英勇的周口儿女为解放周口付出了巨大的代价与牺牲，周口大地因此留下了无数的革命印记。当历史渐渐远去，这些革命印记并未逐渐消失，而是变成了红色文化财富，这些红色文化将会被后人永远铭记，发扬光大。

---

① 中国人民政治协商会议周口市委员会文史资料研究委员会编：《周口文史资料（庆祝建国四十周年）》第 6 辑，1989 年 9 月，第 36~37 页。

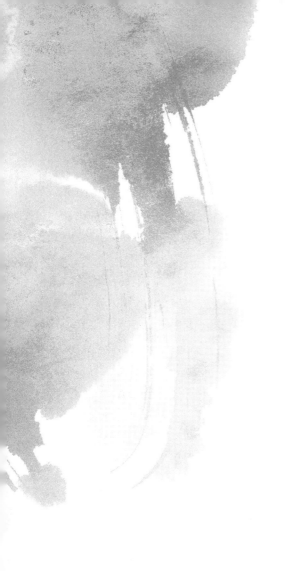

主要参考文献

一、著作

《大中原文化读本》丛书编委会:《非遗中原:谁的记忆,绵长又轻轻》,郑州:文心出版社,2018 年。

《红色中原》编写组编:《红色中原》,郑州:大象出版社,2019 年。

阿英编:《晚清文学丛钞·小说戏曲研究卷》,北京:中华书局,1960 年。

班固:《汉书》,颜师古注,北京:中华书局,1962 年。

毕沅:《老子道德经考异》,上海:大同书局,1887 年(清光绪十三年)。

曹植:《曹植集校注》,赵幼文校注,北京:人民文学出版社,1984 年。

车文明:《二十世纪戏曲文物的发现与曲学研究》,北京:文化艺术出版社,2001 年。

陈鼓应:《老庄新论》,上海:上海古籍出版社,1992 年。

陈鼓应:《老子注译及评介》,北京:中华书局,2015 年。

陈立:《白虎通疏证》,吴则虞点校,北京:中华书局,1994 年。

陈寿:《三国志》,北京:中华书局,1959 年。

陈振孙:《直斋书录解题》,上海:商务印书馆,1935 年。

程有为总主编:《中原文化通史》,郑州:河南人民出版社,2019 年。

程贞一、闻人军译注:《周髀算经译注》,上海:上海古籍出版社,2012 年。

褚人获:《坚瓠集》,上海:上海古籍出版社,2012 年。

崔富章、李大明主编:《楚辞集校集释》,武汉:湖北教育出版社,2003 年。

丁雪峰、丁志理:《溯源:历史与传说中的三皇五帝》,开封:河南大学出版社,2017 年。

董每戡:《中国戏剧简史》,上海:商务印书馆,1949 年。

范晔:《后汉书》,北京:中华书局,1965 年。

房玄龄等:《晋书》,北京:中华书局,1974年。

房玄龄注,刘绩补注:《管子》,刘晓艺校点,上海:上海古籍出版社,2015年。

冯浩菲:《郑氏诗谱订考》,上海:上海古籍出版社,2008年。

福建省南平游酢研究会、台北市游氏宗亲理事会编:《游酢研究》第2辑,南平:闽北报社印刷厂,1994年。

高亨:《老子译注》,华钟彦校,郑州:河南人民出版社,1980年。

高亨:《老子正诂》,北京:中国书店出版社,1988年。

高明:《帛书老子校注》,北京:中华书局,1996年。

耿宝山编著:《盘古与女娲·经歌篇》,北京:人民日报出版社,2016年。

顾颉刚:《古史辨》,上海:上海古籍出版社,1982年。

顾明远:《中国教育大系·历代教育名人志》,武汉:湖北教育出版社,2015年。

郭璞注:《山海经》,郝懿行笺疏,沈海波校点,上海:上海古籍出版社,2015年。

郭绍虞主编:《中国历代文论选》,上海:上海古籍出版社,2001年。

国家文物局:《中国名胜词典(精编本)》,上海:上海辞书出版社,2001年。

郝万章:《扶沟石刻》,北京:中国广播电视出版社,2011年。

郝万章:《五辞斋文物考古文选》,北京:中国广播电视出版社,2010年。

何本方等主编:《中国古代生活辞典》,沈阳:沈阳出版社,2002年。

河南人民出版社编辑:《中原风暴:河南革命斗争回忆录之一》,郑州:河南人民出版社,1962年。

河南省交通厅交通史志编审委员会编:《河南航运史》,北京:人民交通出版社,1989年。

河南省老区建设促进会：《前进中的河南革命老区》，郑州：河南大学出版社，2014年。

河南省文物局编：《河南革命史迹》，郑州：中原农民出版社，1993年。

河南省文物考古学会编：《河南文物考古论集（四）》，郑州：大象出版社，2006年。

河上公章句：《老子道德经河上公章句》，北京：中华书局，1993年。

胡渭：《禹贡锥指》，上海：上海古籍出版社，2006年。

黄秉泽、黄昉注译：《三字经·百家姓·千字文·弟子规》，武汉：崇文书局，2020年。

黄天骥、康保成：《中国古代戏剧形态研究》，郑州：河南人民出版社，2009年。

黄竹三：《戏曲文物丛考》，北京：中国戏剧出版社，1986年。

吉联抗辑：《琴操（两种）》，北京：人民音乐出版社，1990年。

季啸风主编：《中国书院辞典》，杭州：浙江教育出版社，1996年。

贾怀鹏：《淮阳泥泥狗的故事、意象及其审美潜能》，北京：新华出版社，2017年。

江苏省档案馆、安徽省档案馆编：《渡江战役》，北京：档案出版社，1989年。

姜思毅主编：《刘邓大军史话》，北京：解放军出版社，2002年。

蒋纯焦编：《中国私塾史》，太原：山西教育出版社，2017年。

蒋锡昌编著：《老子校诂》，成都：成都古籍书店，1988年。

皎然：《诗式校注》，李壮鹰校注，北京：人民文学出版社，2003年。

孔安国传，孔颖达疏：《尚书正义》，北京：北京大学出版社，2000年。

孔鲋：《孔丛子》，上海：商务印书馆，1936年。

蓝勇：《中国历史地理（第二版）》，北京：高等教育出版社，2010年。

李柏森、顾玉杰：《厚重周口》，郑州：河南人民出版社，2013年。

李道平：《周易集解纂疏》，上海：上海古籍出版社，1994年。

李昉:《太平广记》,北京:中华书局,1981 年。

李昉等:《太平御览》,北京:中华书局,1960 年。

李隆基注:《孝经注疏》,邢昺疏,北京:北京大学出版社,2000 年。

李若晖:《郭店竹书老子论考》,济南:齐鲁书社,2004 年。

李亚东:《老子》,北京:昆仑出版社,1998 年。

李延寿:《南史》,北京:中华书局,1975 年。

郦道元:《水经注校证》,陈桥驿校证,北京:中华书局,2007 年。

梁漱溟:《中国文化要义》,上海:上海人民出版社,2011 年。

廖奔:《宋元戏曲文物与民俗》,北京:文化艺术出版社,1989 年。

廖奔、刘彦君:《中国戏曲发展史》,太原:山西教育出版社,2000 年。

廖名春:《郭店楚简老子校释》,北京:清华大学出版社,2003 年。

刘大钧主编:《大易集读》,上海:上海科学技术文献出版社,2013 年。

刘恪:《先锋小说技巧讲堂》,天津:百花文艺出版社,2007 年。

刘恕编集:《资治通鉴外纪》,上海:上海古籍出版社,1987 年。

刘卫东、邱建章主编:《河南大学人才培养 ABC》,北京:中国文史出版社,2006 年。

刘文典:《淮南鸿烈集解》,合肥:安徽大学出版社,1998 年。

刘笑敢:《老子古今》,北京:中国社会科学出版社,2006 年。

刘义庆:《世说新语》,杭州:浙江古籍出版社,1985 年。

刘知幾:《史通》,沈阳:辽宁教育出版社,1997 年。

鲁迅:《鲁迅全集》,北京:人民文学出版社,2005 年。

陆德明:《经典释文》,上海:上海古籍出版社,1985 年。

罗愿:《尔雅翼》,石云孙点校,合肥:黄山书社,1991 年。

吕新江主编:《洛阳神话传奇》,北京:九州出版社,2003 年。

马骕:《绎史》,上海:上海古籍出版社,1993 年。

马叙伦:《老子校诂》,北京:中华书局,1974 年。

苗怀明:《二十世纪戏曲文献学述略》,北京:中华书局,2005 年。

穆仁先主编:《周口历史文化通览》,北京:学苑出版社,2010年。

倪宝成:《淮阳"泥泥狗"》,郑州:大象出版社,2010年。

欧阳询:《艺文类聚》,汪绍楹校,上海:上海古籍出版社,1965年。

潘岳:《潘黄门集校注》,王增文校注,郑州:中州古籍出版社,2002年。

乔晓光:《沿着河走——黄河流域民间艺术考察手记》,北京:西苑出版社,2003年。

秦永军、郝万章主编:《周口文物考古研究与探索——扶沟篇》,北京:中国广播电视出版社,2007年。

丘献甫主编:《三皇故都——周口》,郑州:河南科学技术出版社,2011年。

饶尚宽译注:《老子》,北京:中华书局,2006年。

饶宗颐:《老子想尔注校证》,上海:上海古籍出版社,1991年。

上海艺术研究所、中国戏剧家协会上海分会编:《中国戏曲曲艺词典》,上海:上海辞书出版社,1981年。

尚秉和:《历代社会风俗事物考》,北京:中国书店,2001年。

沈约:《宋书》,北京:中华书局,1974年。

施宣圆等主编:《中国文化辞典》,上海:上海社会科学院出版社,1987年。

司马光:《资治通鉴》,北京:中华书局,1956年。

司马迁:《史记》,北京:中华书局,1959年。

司马贞撰注:《三皇本纪》,上海涵芬楼影印南宋黄善夫刻本。

宋德印编写:《国宝档案》,长春:吉林教育出版社,2012年。

苏轼:《苏轼全集》,王文诰注,于宏明点校,长春:时代文艺出版社,1999年。

苏辙:《栾城集》,上海:上海古籍出版社,1987年。

孙广举、何弘主编:《走在重振雄风的路上:改革开放30年的河南文艺（1978—2008）》，郑州：河南文艺出版社，2009年。

孙磊、刘正宏编著：《淮阳泥泥狗》，北京：中国轻工业出版社，2017年。

孙希旦：《礼记集解》，沈啸寰，王星贤点校，北京：中华书局，1989年。

孙玉红、杨恒海：《中华文明起源初探：伏羲文化》，北京：光明日报出版社，2012年。

孙作云：《美术考古与民俗研究》，开封：河南大学出版社，2003年。

唐兰：《唐兰文集》，上海：上海古籍出版社，2015年。

陶渊明：《陶渊明集校笺》，龚斌校笺，上海：上海古籍出版社，1996年。

脱脱：《宋史》，北京：中华书局，1977年。

汪曾祺：《汪曾祺文集（文论卷）》，南京：江苏文艺出版社，1993年。

王弼注，楼宇烈校释：《老子道德经注校释》，北京：中华书局，2008年。

王东：《中国龙的新发现：中华神龙论》，北京：北京大学出版社，2000年。

王符：《潜夫论笺校正》，汪继培笺，彭铎校正，北京：中华书局，1985年。

王国维：《宋元戏曲史》，北京：东方出版社，1996年。

王嘉：《拾遗记》，萧绮录，齐治平校注，北京：中华书局，1981年。

王力：《老子研究》，天津：天津市古籍书店，1989年。

王守仁：《王阳明全集》，吴光、钱明、董平等编校，上海：上海古籍出版社，2014年。

王天奖、李绍连主编：《中州文化》，石家庄：河北教育出版社，2010年。

王万邦主编：《河南革命根据地实录》，郑州：河南人民出版社，

1997 年。

王先谦：《诗三家义集疏》，吴格点校，北京：中华书局，1987 年。

王先谦：《荀子集解》，沈啸寰、王星贤点校，北京：中华书局，1988 年。

王先慎：《韩非子集解》，钟哲点校，北京：中华书局，1998 年。

王星光：《中国农史与环境史研究》，郑州：大象出版社，2012 年。

王兴亚等编：《清代河南碑刻资料》，北京：商务印书馆，2016 年。

王英志编纂校点：《袁枚全集新编》，杭州：浙江古籍出版社，2015 年。

王育民：《中国历史地理概论》，北京：人民教育出版社，1985 年。

王运熙、周峰：《文心雕龙译注》，上海：上海古籍出版社，1998 年。

魏源：《老子本义》，上海：华东师范大学出版社，2010 年。

吴乘权：《纲鉴易知录》，北京：中华书局，1960 年。

夏传才主编：《曹丕集校注》，石家庄：河北出版传媒集团，2013 年。

萧绎：《金楼子疏证校注》，陈志平、熊清元疏证校注，上海：上海古籍出版社，2014 年。

谢有顺：《活在真实中》，北京：中国电影出版社，2001 年。

辛文房：《唐才子传》，哈尔滨：黑龙江人民出版社，1986 年。

徐松：《宋会要辑稿》，北京：中华书局，1957 年。

徐永杰：《漕运重地周家口》，郑州：郑州大学出版社，2007 年。

徐宗元辑：《帝王世纪辑存》，北京：中华书局，1964 年。

许凤才主编：《中原文化大观（下）》，北京：新华出版社，2007 年。

许慎：《说文解字》，上海：上海古籍出版社，2007 年。

许檀：《清代河南山东等省商人会馆碑刻资料选辑》，天津：天津古籍出版社，2013 年。

严可均校辑：《全上古三代秦汉三国六朝文》，北京：中华书局，1958 年。

严灵峰：《老子章句新编》，重庆：文风书局，1944 年。

严遵:《老子指归》,王德有译注,北京:中华书局,2004年。

杨复竣:《中国祭祖史》,上海:上海大学出版社,2010年。

杨复竣:《中华始祖太昊伏羲:中国远古文明探源》,上海:上海大学出版社,2008年。

杨复竣主编:《中国民间故事集成(河南淮阳卷)》,周口:河南淮阳印刷厂,1988年。

杨健民编著:《中州戏曲历史文物考》,北京:文物出版社,1992年。

杨占平编:《变革的村庄》,太原:北岳文艺出版社,2009年。

姚思廉:《梁书》,北京:中华书局,1973年。

叶青松:《利剑出鞘:中国人民解放军第十二军征战纪实》,北京:解放军文艺出版社,2007年。

应劭:《风俗通义校注》,王利器校注,北京:中华书局,1981年。

俞陛云:《诗境浅说》,上海:上海书店,1984年。

俞海洛:《周口地域文化十二讲》,郑州:河南人民出版社,2014年。

袁行霈主编:《中国文学史(第三版)》,北京:高等教育出版社,2014年。

曾枣庄、舒大刚主编:《三苏全书》,北京:语文出版社,2001年。

张伯伟:《全唐五代诗格汇考》,南京:江苏古籍出版社,2002年。

张大新:《中国戏剧演进史》,北京:中华书局,2015年。

张怀瑾:《钟嵘诗品评注》,天津:天津古籍出版社,1997年。

张进贤编著:《淮阳人文探究》,深圳:海天出版社,2009年。

张溥:《汉魏六朝百三家集题辞注》,北京:人民文学出版社,1960年。

张澍辑:《世本》,二酉堂藏版,道光元年刻本。

张廷玉等:《明史》,北京:中华书局,1974年。

张彦远辑:《法书要录》,洪丕谟点校,上海:上海书画出版社,1986年。

张云燕等编著:《中国社会生活史》,哈尔滨:黑龙江大学出版社,2014年。

张振犁编著：《中原神话通鉴》，开封：河南大学出版社，2017年。

章炳麟：《章氏丛书》，杭州：浙江图书馆，1919年。

赵一凡等：《西方文论关键词》，北京：外语教学与研究出版社，2006年。

赵翼：《廿二史劄记》，南京：凤凰出版社，2018年。

郑樵：《通志》，北京：中华书局，1987年。

中共河南省委党史研究室：《豫皖苏边区革命史》，郑州：河南人民出版社，2001年。

中共周口市委宣传部、周口市社会科学界联合会：《周口人讲周口故事：红色文化篇》，郑州：河南人民出版社，2021年。

中国人民解放军历史资料丛书编审委员会：《淮海战役》，北京：解放军出版社，1991年。

中国人民政治协商会议河南省淮阳县委员会文史资料研究委员会：《淮阳文史资料》第2辑，周口：淮阳县印刷厂，1990年。

中国人民政治协商会议淮阳县委员会文史资料研究委员会编：《淮阳文史资料（太昊陵专辑）》，周口：淮阳县印刷厂，1991年。

中国戏曲志编辑委员会：《中国戏曲志·河南卷》，北京：文化艺术出版社，1992年。

中国艺术研究院戏曲研究所编：《中国戏曲理论研究文选》，上海：上海文艺出版社，1985年。

中华人民共和国国家旅游局编：《中国旅游景区景点大辞典》，北京：中国旅游出版社，2007年。

周必大：《文忠集》，上海：上海古籍出版社，1987年。

周到：《汉画与戏曲文物》，郑州：中州古籍出版社，1992年。

周德元：《中华姓氏起源与内涵》，南宁：广西民族出版社，2010年。

周华斌：《中国戏剧史论考》，北京：北京广播学院出版社，2003年。

周建山：《旷原碣风：豫东碑刻集萃》，郑州：中州古籍出版社，

2013 年。

　　周口地区文化局:《周口地区戏曲志》, 郑州: 中国戏曲志河南卷编辑
委员会, 1989 年。

　　周口市地方志编纂委员会:《周口市志》, 郑州: 中州古籍出版社,
1994 年。

　　周口市文学艺术界联合会:《飞翔之梦》, 郑州: 河南文艺出版社,
2013 年。

　　周口市文学艺术界联合会:《周口文学 60 年精品大系·短篇小说卷》,
郑州: 河南文艺出版社, 2014 年。

　　周贻白:《中国戏剧史长编》, 上海: 上海书店出版社, 2004 年。

　　朱孔阳:《历代陵寝备考》, 扬州: 江苏广陵古籍刻印社, 1990 年。

　　朱谦之:《老子校释》, 北京: 中华书局, 1984 年。

　　左丘明:《春秋左传正义》, 杜预注, 孔颖达正义, 北京: 北京大学出
版社, 2000 年。

　　〔美〕爱德华·W. 贾:《后现代地理学——重申批判社会理论中的空
间》, 王文斌译, 北京: 商务印书馆, 2004 年。

　　〔英〕汤因比、〔日〕池田大作:《展望 21 世纪: 汤因比与池田大作对
话录》, 荀春生、朱继征、陈国梁译, 北京: 国际文化出版公司, 1997 年。

二、期刊

　　陈隆文:《从〈朱仙镇新河记碑〉看贾鲁河水运的历史价值——水利
碑刻与中原水环境变迁研究之一》,《中原文物》2014 年第 1 期。

　　宫林:《大雪无边》,《山东文学》2001 年第 3 期。

　　龚奎林、吴国如:《打捞历史的文学碎片与寻找区域文化的价值认同:
从〈江西文学史〉的学术品格谈江西文学地理学研究》,《江西社会科学》
2008 年第 2 期。

雷达:《论"新世纪文学":我为什么主张"新世纪文学"的提法》,《文艺争鸣》2007 年第 2 期。

雷达、任东华:《新世纪文学初论:新世纪以来中国文学的走向》,《文艺争鸣》2005 年第 3 期。

刘庆邦:《听戏》,《作家》2000 年第 11 期。

刘小新:《文学地理学:从决定论到批判的地域主义》,《福建论坛（人文社会科学版）》2010 年第 10 期。

缪俊杰:《周口作家群印象》,《神州》2005 年第 8 期。

邵丽:《故园中的现代女人》,《中国作家（文学版）》2000 年第 7 期。

邵丽:《水星与凰》,《花城》2006 年第 4 期。

宋志军:《关于鱼儿的记忆》,《环境经济》2015 年第 9 期。

宋志军:《长在瓜秧上的夏天（外二篇）》,《中国作家（文学版）》2014 年第 15 期。

王翠莲:《晏殊诗文校注》,广西师范大学硕士学位论文,2013 年。

王剑:《太昊伏羲考辨——兼及古史帝王世系研究中的问题》,《周口师范学院学报》2005 年第 4 期。

王迅:《尊读者的写作:从麦家的读者意识看文学常道与变道》,《当代作家评论》2015 年第 5 期。

徐艺玮:《河南文化资源对外传播的策略初探》,《安阳师范学院学报》2012 年第 1 期。

翟尚美:《淮阳泥玩具内涵考略》,《周口师范学院学报》1994 年第 1 期。

张岱年:《辨程门立雪》,《群言》1992 年第 8 期。

三、报纸

邓涛:《农村生态文明的历史呼唤》,《文艺报》2009 年 1 月 17 日。

杜学霞:《中原文化与黄河文化、黄河文明的关系阐释》,《河南日报》2020 年 3 月 27 日。

高小立:《文艺作品的中国精神》,《文艺报》2013 年 4 月 15 日。

何弘:《因为理解 所以悲悯:邵丽小说简评》,《文艺报》2007 年 11 月 13 日。

李凤霞:《周口市第二届文学艺术优秀成果奖颁奖大会隆重召开》,《周口日报》2012 年 7 月 18 日。

李学勤:《谈淮阳平粮台纺轮"易卦"符号》,《光明日报》2007 年 4 月 12 日。

刘琼:《"周口作家群"的关怀和焦虑》,《人民日报》2007 年 5 月 24 日。

秦永军、李全立:《河南周口迄今发现的裴李岗、仰韶文化初探》,《中国文物报》2005 年 5 月 27 日。

石华鹏:《一个成熟小说家的写作品质》,《文艺报》2016 年 3 月 2 日。

王剑:《漫说陈楚文化》,《周口晚报》2018 年 9 月 6 日。

习近平:《在文艺工作座谈会上的讲话》,《人民日报》2015 年 10 月 15 日。

许峰:《小说类型学、创意写作与文化人类学》,《人民日报》2010 年 11 月 24 日。

朱汉民:《宋代书院的"师道"精神》,《学习时报》2021 年 9 月 3 日。

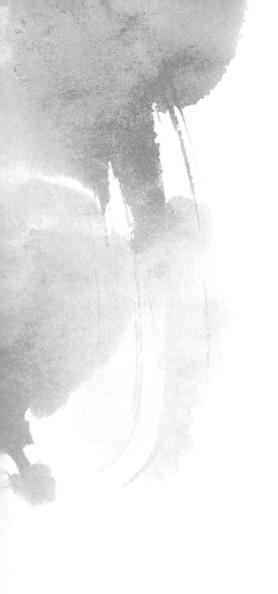

索引

B

班社　234~235，239~240，243，
　　245~247

碑刻　104~105，109，243，250~
　　253，262，264，266~269，271，
　　273，275，277，280

C

创世神话　28~29，31~35，37，45，
　　46，50，58

D

大程书院　191，193~198，202，
　　204，262

定姓氏　60，68，70，72~73，87

F

伏羲　2~3，5，13，15~16，36~37，
　　40，48~49，53，60~89，100，
　　111，130~132，233

H

鸿沟　13，19~20，208~210，213，
　　215

画卦　15，51，63~64，66，76，
　　131，200~201

黄泛区　5，8~11，308，313~314

J

家族文学　136，138，140~142，
　　145~147，149

贾鲁河　2，6，10~12，22~24，48，
　　208，218，220~223，225，232

L

老子　53，92~101，103，105~127，
　　130，133~134，145~146，
　　171~183，238，273，277~278

刘庆邦　166，181，184~187

龙图腾　75，77

N

女娲　28~29，31~58，62，68，70，
　　77，79~81，111，130~132

P

盘古　28~30，33~50，52~58

S

沙颍河　2~3，5~6，223，226~229，
　　232

邵丽　166，179~180，184~187

神话　28~29，31~37，43，48，
　　51~52，65，80，83~84，96，
　　130~131，138，148

《诗经》　78，132，194

周口地域文化

W

无为　62，92，114，117~118，
　　121~122，172~173，175，179

X

戏曲　50~51，152，186，232~241，
　　243~247

弦歌书院　191，198~202

Y

演剧　236，241

义塾　190~193，195，198，
　　202~205

Z

制嫁娶　2，60，68~69，72~73，
　　87，131

周口港　226~230

周口作家群　164~171，177~181，
　　183~185，188

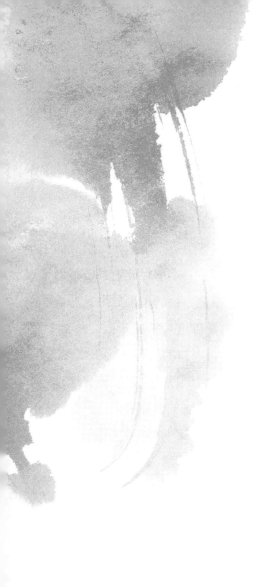

后 记

自 2011 年开始，周口师范学院把"周口地域文化校本特色课程"列入人才培养方案，每年委托文学院教师面向大一新生开展周口历史文化系列讲座，帮助学生了解周口深厚的历史文化底蕴，获得了社会各界好评。经过十余年课堂教学实践，我们积累了地方文化课程改革方面的教学成果和探索经验。近年来，周口师范学院党委持续创新思想政治工作方式方法，着力把中华优秀传统文化、革命文化和学校文化有机融入人才培养各环节，讲好周口故事、红色故事、奋斗故事，引导学生从博大精深的中华文化中汲取滋养，让学子爱上家乡、建设家乡。本书在此背景下开展编撰工作，同时斟酌吸收近年来周口地域文化研究方面的前沿成果，形成了别具一格的地域文化课程读本。本书在原有基础进行拓展开掘，分为 11 个专题，从大处着眼，细节入手，分别介绍了周口的创世文化、伏羲文化、老子文化、漕运文化、戏曲文化、碑刻文化、红色文化以及历史地理、教育传统和文学渊源，对周口地域文化进行了系统的梳理和研究，并从地域特色文化和中华民族精神相结合的角度，展现了周口地域文化的丰厚底蕴与深层内涵。为确保科学性和规范性，本书以脚注的形式标明引文出处，借以启发引导学生扩充学术视野，培养学生独立思考、钻研学术问题的自觉意识。

周口师范学院党委书记王云彪教授主持筹划了这部兼具学术性和应用性的地域文化读本，从整体构架的设计、章节细目的设置、文稿的审阅修改等方面指导课题组分工合作、稳步推进。初稿完成后，笔者对全书进行统稿，从写作体例的统一到行文的规范，做了最后的修订和补充完善。现将本书章节初稿写作的分工情况简列于下：

第一章　周口地理与社会（刘运动）

第二章　盘古女娲创世文化（唐旭东）

第三章　伏羲文化（刘坤）

第四章　老子文化（谭泽宁）

第五章　周口古代文学（焦华丽）

第六章 "周口作家群"与周口现当代文学（任动）

第七章 书院义塾与周口传统教育（常威）

第八章 周口漕运文化（刘运动）

第九章 周口戏曲文化（杨蕾）

第十章 周口碑刻文化（王国民）

第十一章 周口红色文化（张冬冬）

在本书编校定稿、即将出版发行之际，笔者由衷地感谢周口师范学院副校长陆相欣教授。作为分管教学的副校长，他在繁重的工作之余，挤出时间审阅书稿，检查文中疏漏和失检之处，给予修改意见。在书稿成型之后，他积极联络，郑重推荐，促成本书出版。笔者时时感念，甚以为慰。此外，感谢高等教育出版社编辑包小冰对本书初稿中出现的行文规范、引文注释、文献出处、索引标识等方面的疑问和疏漏标明提醒。这种对著作出版高度负责、严格把关的治学风范和敬业精神，令笔者肃然起敬。唯有如此，才能保证本教材的编撰质量。

当笔者参照该书责任编辑注满心血智慧的编校提示，检验核订完全部书稿之后，不免有如释重负的轻松和愉悦之感，但更多是对本书规划实施过程中编撰团队之间相互砥砺、默契配合的感佩和欣慰，同时对全程参与并主导本书出版的周口师范学院教务处领导和同仁表示衷心感谢。

丁恩全

2021 年 12 月

后
记